TRIBUS

JAHRBUCH BAND 59 – 2010

TRIBUS

JAHRBUCH DES LINDEN-MUSEUMS

NR. 59 – SEPTEMBER 2010

LINDEN-MUSEUM STUTTGART
Staatliches Museum für Völkerkunde

Stuttgart 2010

Herausgeber
Linden-Museum Stuttgart, Staatliches Museum für Völkerkunde
Hegelplatz 1, D-70174 Stuttgart, Germany

Redaktion
Dr. Uta Werlich, Martin Otto-Hörbrand

Koordination
Elfie Höfling

Fachbezogene Beratung
Abteilungsreferenten des Linden-Museums Stuttgart

Fotos des Linden-Museums
Anatol Dreyer

Die Verfasser der Aufsätze und Buchbesprechungen sind für
den Inhalt ihrer Beiträge allein verantwortlich.

Redaktionsschluss jeweils 1. April

Titelbild
Tibetischer Teppich mit floralem Muster (Illustration)
Wolle; geknüpft, L 174 cm; B 90 cm; Tibet, 20. Jahrhundert; Inventarnr. SA 31498

Das Objekt wird in der Sonderausstellung „Indiens Tibet –Tibets Indien. Das kulturelle Vermächtnis des Westhimalaya"
vom 23.10.2010 bis zum 01.05.2011 im Linden-Museum Stuttgart zu sehen sein.
Der Teppich illustriert das Leben der Rupshu-Nomaden im äußersten Norden Indiens an der Grenze zu Tibet.

Konzept und Design
GZD Media (Gottfried Bühler und Robert Filipovic), Ditzingen

Druck
GZD Designpress, Ditzingen

ISBN 978-3-9813850-0-7

JAHRESBERICHT

11 Editorial

14 Bericht des Vorstands

Jahreshöhepunkte *Martin Otto-Hörbrand, Sophia Porcaro*
20 Veranstaltungen
22 Ausstellungen

Kooperationen *Elfie Höfling*
24 Leihgaben
31 Leihnahmen

Sammlungszugänge im Jahr 2009
33 Afrika-Referat *Hermann Forkl*
37 Nordamerika-Referat *Sonja Schierle*
39 Orient-Referat *Annette Krämer*
43 Ostasien-Referat *Uta Werlich*
47 Ozeanien-Referat *Ingrid Heermann*
49 Südasien-Referat *Susanne Faller*

Berichte aus den Arbeitsbereichen
51 Afrika-Referat *Hermann Forkl*
52 Lateinamerika-Referat *Doris Kurella*
53 Nordamerika-Referat *Sonja Schierle*
55 Orient-Referat *Annette Krämer*
56 Ostasien-Referat *Uta Werlich*
59 Ozeanien-Referat *Ingrid Heermann*
61 Südasien-Referat *Susanne Faller*

64 Museumspädagogik *Sonja Schierle*
71 Öffentlichkeitsarbeit *Martin Otto-Hörbrand, Sophia Porcaro*
74 Ansätze der Besucherforschung *Sonja Schierle, Martin Fromm*

Jahresbericht 2009 der Gesellschaft für
88 Erd- und Völkerkunde zu Stuttgart e.V. *Roland Hahn*

93 Nachruf Prof. Dr. Friedrich Kußmaul (1920-2009) *Johannes Kalter*

WISSENSCHAFTLICHER TEIL

AUFSÄTZE   **Afrika**

100   **Ilsemargret Luttmann**
Fashion and Fashion Development in Africa:
An Introduction to the Main Research Fields

136   **Winfried Moench**
Kamerun und Fernando Póo in Fotos von Hermann Harttmann:
Ein Blick auf bemerkenswerte Bilder aus dem ersten Weltkrieg

Lateinamerika

164   **Christiane Clados**
Tocapus in „loser Formation" im Mittleren Horizont,
Peru: Federhut M 32205 des Linden-Museums, Stuttgart

Südasien

180   **Susanne Faller**
Devatās aus Himachal Pradesh:
Nordindische Metallarbeiten im Linden-Museum, Stuttgart

192   **Adalbert J. Gail**
Structure and Decor: The Development of the Serpent Motif
in Orissa Sacred Architecture

202   **Reinmar Grimm**
Kurzer Bericht über die Deutsche Indien-Expedition 1955-58,
insbesondere über ihre völkerkundliche Ausbeute

BUCHBESPRECHUNGEN   **Afrika**

221   **Helga Jockenhövel-Schiecke**
Soziale Reproduktion in den Zeiten von Aids.
Waisen und ihre Familien im ländlichen Tansania (R. Kutalek)

222   **Thomas Reinhardt**
Geschichte des Afrozentrismus.
Imaginiertes Afrika und afroamerikanische Indentität (K. Probiesch)

Lateinamerika

224 Josef Drexler
Öko-Kosmologie. Die vielstimmige Widersprüchlichkeit Indioamerikas.
Ressourcenkrisenmanagement am Beispiel der Nasa (Paéz) von Tierradentro,
Kolumbien (K. Kurella)

226 Astrid Erhartt-Perez Castro
Tlatel – die Stadt am Müll.
Müll als Ressource für eine nachhaltige Stadtteilentwicklung in Mexiko-Stadt (K. Kobler)

Orient

228 Martin Van Bruinessen; Julia Day Howell (Hrsg.)
Sufism and the ›Modern‹ in Islam

Catharina Raudvere; Leif Stenberg (Hrsg.)
Sufism Today. Heritage and Tradition in the Global Community. (A. Krämer)

Sibirien

233 Sew'Jan I. Weinshtein
Geheimnisvolles Ruwa. Expeditionen in das Herz Asiens (U. Bohnet)

Südasien

237 Muhammad Azam Chaudhary
Cultural Analysis of Politics, Law and Religion in Pakistan.
Some Essays in Interpretative Anthropology (C. Spiess)

241 Tina Otten
Heilung durch Rituale. Vom Umgang mit Krankheit bei den Ron im Hochland Orissas. (C. Kalka)

243 Elisabeth Schömbucher
Wo Götter durch Menschen sprechen. Besessenheit in Indien (M. Gaenszle)

245 Herwig Zahorka
The Sunda Kingdoms of West Java. From Tarumanagara to Pakuan
Pajajaran with the Royal Center of Bogor (B. Dahm)

249 Redaktion und Autoren dieser Ausgabe

LIEBE LESERINNEN UND LESER,

seit über einem halben Jahrhundert erscheint „Tribus", das wissenschaftliche Jahrbuch des Linden-Museums. 1951 wurde die Publikation als „Jahrbuch des Linden-Museums" ins Leben gerufen, ein Jahr nachdem das in den Kriegsjahren stark beschädigte Haus seinen regulären Betrieb wieder aufgenommen hatte. Zwei Jahre später, mit Erscheinen der nächsten Nummer, erhielt das Jahrbuch seinen eigenwilligen Namen „Tribus".
„Tribus" verstand sich von Anfang an als „Forum für die Diskussion ethnologischer Fragen".
(So formulierten es zumindest die Herausgeber der ersten Ausgabe, Julius F. Glück und Fritz Jäger.)
Diesen Anspruch vertritt die Publikation bis heute. Beibehalten wurde über die Jahre auch die Schwerpunktsetzung in Essays und Rezensionen auf Themen aus dem weiten Feld der *material culture studies* und, beinahe selbstverständlich für eine Museumsschrift, der Dokumentation und Publikation der eigenen Sammlungen.
Ein Jahresbericht, der über die verschiedenen Aktivitäten des Museums im jeweils zurückliegenden Jahr informiert, begleitet den wissenschaftlichen Teil des Jahrbuchs seit 1959. Vor allem der Jahresbericht hat mit der Zeit erheblich an Umfang gewonnen, was nicht zuletzt den gewachsenen Anforderungen und Herausforderungen an den Museumsbetrieb geschuldet ist. Dem aufmerksamen Leser wird dabei kaum entgangen sein, dass es sich beim Linden-Museum um ein überaus lebendiges Haus handelt, in dem sich die Kulturen der Welt auf Augenhöhe begegnen und das in vielfacher Hinsicht den Ansprüchen der heutigen Zeit an ein völkerkundliches Museum gerecht wird.
Diese Lebendigkeit möchten wir in Zukunft nicht nur rein über die Inhalte unseres Jahrbuchs vermitteln. Wir haben uns daher entschieden, „Tribus" ein neues äußeres Erscheinungsbild zu verleihen! Auch möchten wir unseren Leserinnen und Lesern durch eine großzügigere Gestaltung und eine bessere Lesbarkeit des Jahrbuchs entgegenkommen. Wir hoffen vor allem von Ihrer Seite auf eine positive Resonanz auf die wie wir finden gelungene neue Aufmachung von „Tribus".
Letztere wäre ohne die tatkräftige Unterstützung von Robert Filipovic und Gottfried Bühler von GZD aus Ditzingen nicht möglich gewesen, denen wir für die graphische Neugestaltung unseren Dank aussprechen möchten. Besonderer Dank gilt auch Frau Elfie Höfling, die in unserem Haus die Koordination der Zusammenarbeit mit unseren Autorinnen und Autoren übernommen hat und diese zeitintensive Aufgabe mit großem Engagement erfüllt.
Schließlich und endlich möchten wir den vielen Kolleginnen und Kollegen danken, die uns in den zurückliegenden Jahren bereitwillig ihre Texte zur Verfügung gestellt haben. Auf ihr Vertrauen in uns und unsere Arbeit hoffen wir auch weiterhin, denn ohne ihr Mitwirken wäre eine Publikation wie „Tribus" nicht denkbar.

Unseren Leserinnen und Lesern wünschen wir auch mit der neu gestalteten „Tribus"-Ausgabe wieder eine anregende Lektüre!

Ihre Uta Werlich

JAHRESBERICHT

Bericht des Vorstands für das Jahr 2009

Im Jahr 2009 konnten im Linden-Museum erste Schritte in Richtung Verbesserung der Besucherfreundlichkeit unternommen werden. Unter Leitung des Amtes für Vermögen und Bau Baden-Württemberg wurde das Treppenhaus in den Bereichen Ost- und Südasien sowie Orient und Afrika renoviert und neu gestaltet. Dies konnte leider nicht ohne Einschränkungen für unsere Besucher vonstatten gehen, aber wir haben uns bemüht, diese möglichst gering zu halten und bitten nachträglich noch einmal um Entschuldigung für mögliche Beeinträchtigungen.

Die bereits 2008 eröffnete Ausstellung „Schamanen Sibiriens – Magier, Mittler, Heiler" erfreute sich auch 2009 zahlreicher Besucher. Das anspruchsvolle Begleitprogramm wurde sehr gut angenommen. Besonders gefreut hat uns die starke Nachfrage nach dem Begleitheft für Kinder, unserem „Forschertagebuch".

Selbstverständlich standen im Jahr 2009 die Vorbereitungen für die nächste große Sonderausstellung „Südsee-Oasen: Leben und Überleben im Westpazifik" im Mittelpunkt. Sie wurde am 4. Dezember 2009 durch Herrn Steinle, Abteilungsleiter der Abteilung Kunst im Ministerium für Wissenschaft, Forschung und Kunst Baden-Württemberg, eröffnet. Es erschienen ein umfangreicher, sehr anspruchsvoll gestalteter Katalog und wieder ein Forschertagebuch, diesmal „Logbuch" genannt, für unsere jungen Besucher. Der Höhepunkt der Ausstellungsvorbereitung war sicher das Eintreffen eines von der Ozeanien-Referentin Dr. Heermann angekauften Auslegerboots im Linden-Museum. Es wurde von einem speziell dafür angereisten Team von Bootsbauern und Navigatoren im Museum fachgerecht wieder aufgebaut. Das Linden-Museum war hocherfreut, als die Ausstellung kurz nach ihrer Eröffnung am 12. Dezember Besuch durch den Präsidenten von Palau, Johnson Toribiong, erhielt. Er besuchte die Ausstellung, begleitet durch eine Delegation, auf dem Weg zur Klimakonferenz in Kopenhagen. Ebenfalls begonnen wurden konzeptionelle Arbeiten für die „Große Landesausstellung 2011", für die zu Beginn des Jahres 2009 ein wissenschaftlicher Gastkurator, Herr Ulrich Menter, eingestellt werden konnte. Unter der Leitung von Herrn Menter wurde das Konzept neu erarbeitet und erste Schritte in Richtung Titelfindung, Gestaltersuche und Katalog unternommen. Die Objektlisten wurden erstellt und erste restauratorische Maßnahmen eingeleitet.

Als weiteres, bedeutendes Ausstellungsprojekt wurde „Indiens Tibet – Tibets Indien" in das Programm des Linden-Museums aufgenommen. Die Ausstellung wird von Oktober 2010 bis April 2011 zu sehen sein. Leider wird auch hierfür wieder die Schließung einer Dauerausstellung (Ozeanien) nötig. Ein Zustand, der so auf Dauer nicht akzeptabel ist. Die Ausstellung ist eine Übernahme aus dem Historischen- und Völkerkundemuseum in St. Gallen, Schweiz. Das Konzept wird durch unsere Südasien-Expertin Frau Susanne Faller erweitert und die Ausstellung durch Linden-Museumsobjekte ergänzt. Auch hier wird wieder ein anspruchsvolles Begleitprogramm, erarbeitet mit unseren Referaten Öffentlichkeitsarbeit und Museumspädagogik angeboten werden.

Der in Stuttgart lebende Künstler Nikolaus Koliusis initiierte ein Projekt mit dem Stuttgarter

Katharinenhospital. Im dortigen zentralen Verwaltungsgebäude findet der Besucher nun fotografische Kunstwerke, die Objekte aus dem Linden-Museum mit Arbeiten von Nikolaus Koliusis kombinieren. Die Kooperation zwischen den beiden Stuttgarter Institutionen Linden-Museum und Katharinenhospital soll weitergeführt werden. Es wurden Leihgaben von Objekten erörtert sowie Veranstaltungen für Mitarbeiter des Katharinenhospitals im Linden-Museum. Auch an verstärkte Werbung für Ausstellungen und Veranstaltungen des Museums im Katharinenhospital ist gedacht.

Das RIME-Projekt, an dem das Linden-Museum ebenfalls beteiligt ist, begann im Laufe des Jahres 2009 Form anzunehmen. Zwei der drei Workshops beschäftigten sich mit dem Thema des Sammelns. Das erste Treffen diente dem Vorstellen der einzelnen Museumssammlungen sowie der Sammlungsstrategien. Das zweite Treffen hatte „Sammeln in der postkolonialen Welt" zum Thema. Die vorgeschlagenen Strategien zielen in die Richtung, die bereits mit dem IndiaMus-Projekt (siehe Lateinamerika-Referat) eingeschlagen wurde. Es soll versucht werden, die in den Museen vorhandenen Sammlungen gemeinsam mit den indigenen Gruppen zu erforschen und, falls mög-

Johnson Toribiong, Präsident von Palau, mit Dr. Ingrid Heermann (Kuratorin) und Thomas Schubert (Honorarkonsul der Republik Palau) am Geisterhaus in der Ausstellung „Südsee-Oasen", 12. Dezember 2009.
Foto: A. Dreyer.

lich, zu rekontextualisieren, beim Überführen und Inventarisieren der Objekte verlorengegangene Information nachzutragen. Auch das Thema, wie Museen stärker für Diaspora-Gruppen geöffnet werden könnten, stand im Zentrum der Diskussion. Ein Bericht aus Leiden stellte vor, wie die Erforschung einer Sammlung (Indonesien) über Kontakte im kulturellen Bereich sogar zu einer Annäherung im politischen Bereich geführt hat.

Ende des Jahres 2009 wurde der Direktor des Linden-Museums, Prof. Dr. Thomas Michel, in den Ruhestand verabschiedet. Er leitete die Geschicke des Hauses seit 2001. Als „Wegmarker" können sicher die Einrichtung des vergrößerten Sonderausstellungsraumes, die Einführung des Corporate Designs, die Kooperation mit dem russischen ethnographischen Museum (REM) in St. Petersburg und die daraus hervorgegangene Ausstellung „Schamanen Sibiriens – Magier, Mittler, Heiler" genannt werden. Auch die Verankerung des Museums im Europa-Projekt RIME geht auf Prof. Michel zurück.

Eine definitive Nachfolge für Prof. Michel war Ende des Jahres 2009 noch nicht benannt.

Besonders positiv zu vermerken ist, dass das Linden-Museum wieder verstärkt Besucher anzieht. Ein attraktives Ausstellungsprogramm, unsere wertvollen Sammlungen, zahlreiche spannende Veranstaltungen und Führungen sowie eine dank großzügiger Sponsoren möglich gewordene verstärkte Öffentlichkeitsarbeit haben dazu beigetragen. Wir sind sicher, dass das stark verbesserte Erscheinungsbild innerhalb des Hauses, das im Jahr 2010 mit der Renovierung des Foyers und 2011 mit der Umgestaltung des Außenbereichs vollendet sein wird, weiter zur Steigerung der Besucherzahlen beiträgt.

Die beiden Außendepots des Linden-Museums entsprechen nicht mehr den konservatorischen und klimatischen, räumlichen und logistischen Erwartungen eines modernen, völkerkundlichen Museums. Um hier Abhilfe zu schaffen, haben das Linden-Museum, das Land Baden-Württemberg und die Stadt Stuttgart, die entsprechenden Investitionsmittel für die Einrichtung eines seit langem gewünschten neuen Zentraldepots bereitgestellt. 2009 beteiligte sich das Museum intensiv an der Bauplanung für das Zentraldepot. Es wird damit gerechnet, dass das Depotgebäude zum 1. Oktober 2010 bezogen werden kann.

Dieses überaus positive Resümee des Jahres 2009 wäre ohne die engagierte und kompetente Arbeit unserer Mitarbeiter nicht zu denken. Ihrer Flexibilität, ihrem Einsatz und ihrer Geduld sei an dieser Stelle nochmals herzlich gedankt.

Doris Kurella, Mannsfeld Thurm

Mitarbeiterveränderungen am Linden-Museum 2009

Ausgeschieden

Bohnet, Ulrike

Capasso, Alexander

Hülsmann, Brigitte

Marjanovic, Nevenka

Michel, Prof. Dr. Thomas

Mucha, Michael

Sautter, Cornelia

Schibich, Daniela

Schultz, Simone

Spieth, Alexander

Spieth, Yvonne

Weber, Ute

Wollmann, Astrid

Neuzugänge und vorübergehende Beschäftigungen

Dittberner, Lena

Feldmann, Horst

Menter, Ulrich

Schultz, Simone

Schweitzer, Siegrid

10-jähriges Jubiläum

Braun, Gabriele

Drey, Astrid

Dürr, Stefan

Nikic, Branko

Weber, Ute

20-jähriges Jubiläum

Darcis, Günter

Heide, Albert

Saeidi, Shartash

Geld- und Sachspenden in 2009
für das Linden-Museum Stuttgart bzw. die GEV

- **Arndt, Andreas** *Nürtingen*
- **Bader, Franz und Ursula**
- **Billo, Tudi** *Witzenhausen*
- **Bononlmun GmbH** *Köln*
- **Robert Bosch GmbH** *Stuttgart*
- **Brösel, Ernst** *Stuttgart*
- **BW Bank** *Stuttgart*
- **Dachtler, Armin** *Esslingen*
- **Dewall, Dr. Magdalena** *Neckargemünd*
- **Elgner, Magda** *Stuttgart*
- **Eppler, Joachim** *Stuttgart*
- **Fischer, Elfriede** *Stuttgart*
- **Frisierbar** *Stuttgart*
- **Funk, Theresia** *Kornwestheim*

- **Grotz, Prof Dr. Reinhold** *Stuttgart*
- **Gudrun Sjödén GmbH** *Zirndorf*
- **Hapag-Lloyd Kreuzfahrten** *Hamburg*
- **Haug, Hans Peter**
- **Hessischer Museumsverband**
- **Heymann, Rosemarie** *Augsburg*
- **Holzinger, Luise** *Stuttgart*
- **Horstmann, Udo** *Zug*
- **Hubbes, Harro und Gerlinde** *Korntal-Münchingen*
- **Ilg-Außenwerbung** *Stuttgart*
- **Jimis Gastronomie** *Stuttgart*
- **Jourdan, Uwe** *Stuttgart*
- **Katholisches Bildungswerk Ostalb**

- **Kölle Zoo** *Stuttgart*
- **König, Corinna** *Stuttgart*
- **Korn, Erika** *Konstanz*
- **Krüger, Olaf** *Stuttgart*
- **Kühnle, Gerold** *Sulzbach*
- **Kunzi, Hugo und Sybille** *Stuttgart*
- **Leis, Siegfried** *Stuttgart*
- **Lerch, Carmen Cornelia** *Uhingen*
- **Lernidee Erlebnisreisen GmbH** *Berlin*
- **Lochner, Manfred** *Korb*
- **Lohding, Annemarie** *Sulzbach-Laufen*
- **Malerwerkstätten Heinrich Schmid GmbH & Co. KG** *Niederlassung Stuttgart*
- **Maritim Hotel** *Stuttgart*

■ **Meissner, Marliese** *Stuttgart*

■ **Merk, Siegfried** *Leutenbach*

■ **Metzgar, Erik** *Los Angeles*

■ **Michel, Prof. Dr. Thomas** *Stuttgart*

■ **Müller, Wolfgang** *Murr*

■ **Müller-Arens, Hans-Jürgen** *Stuttgart*

■ **Müller-Rust, Bernardina** *Stuttgart*

■ **Müller-Seitz** *Markgröningen*

■ **Odenthal, Alois und Hildegard** *Sachsenheim*

■ **Orth, Peggy und Ulrich** *Stuttgart*

■ **Pazifik-Informationsstelle** *Neuendettelsau*

■ **Peter, Klein GmbH**

■ **Pfaff, Renate und Ulrich** *Oberndorf*

■ **Pietschmann, Maria**

■ **Poitras, Jim** *Auenwald*

■ **Preuß, Karin** *Bietigheim-Bissingen*

■ **Pro Stuttgart Verkehrsverein**

■ **Renz, Hanna** *Stuttgart*

■ **Rhein, Siegrid** *Stuttgart*

■ **Richter, Peter**

■ **Riehm, Dr. Gisela** *Stuttgart*

■ **Rohde, Gudrun** *Stuttgart*

■ **Rudolph, Hermann**

■ **Schnell, Dr. Manfred** *Baden-Baden*

■ **Schmidt, Albert** *Stuttgart*

■ **Schnier, Edith H.** *Euskirchen*

■ **Seitz, Annemarie** *Stuttgart*

■ **Sieglin, Ernst Alfred** *Stuttgart*

■ **Stähler, Johannes** *Stuttgart*

■ **Staatliche Toto-Lotto GmbH Baden-Württemberg** *Stuttgart*

■ **Stellwaag, Sigrid** *Stuttgart*

■ **Stiftung Landesbank Baden-Württemberg** *Stuttgart*

■ **Thiele, Prof. Dr. Peter** *Berlin*

■ **Trautmann, Michael** *Stuttgart*

■ **Trieselmann, Renate**

■ **TSV Uhlbach** *Uhlbach*

■ **Winter, Hans**

■ **Zöller-Unger, Susanne** *Stuttgart*

Veranstaltungen

Umfassende Begleitprogramme machen das Linden-Museum zusätzlich zu den Ausstellungen lebendig und schaffen unmittelbare interkulturelle Begegnungen. Das Jahr 2009 bot mit 112 eigenen Veranstaltungen (ohne Führungen) eine enorme Vielfalt an Vorträgen, Konzerten, Filmen, Vorführungen, Workshops, Kinderprogrammen sowie vielem mehr und war reich an Höhepunkten.
Zum Jahresauftakt stand das Begleitprogramm zur Sonderausstellung „Schamanen Sibiriens: Magier, Mittler, Heiler" im Vordergrund, das hervorragend angenommen wurde. Neben sechs Thementagen, die einzelne Aspekte der Ausstellung vertieften, gab es besondere Gäste und Formate. Am 28. Januar war der langjährige ARD-Russland-Korrespondent Klaus Bednarz zu Gast, der von seiner 10.000 km langen Reise durch Sibirien berichtete und mit einem besonderen Lob aufwartete: „Besuchen Sie die Ausstellung, Sie kommen bereichert wieder heraus!". Das Ensemble Transmongolia begeisterte in der Langen Nacht der Museen am 21. März mit der Kunst des Kehlkopfgesangs. Extravagant war die Modeperformance

„Vom Amur zur Haute Couture" am Internationalen Museumstag: Zwölf Models, auch aus unseren Reihen, präsentierten Fischleder-Kreationen wie Lachslederhosen, Heilbuttkleider oder Karpfentops von Mareile Onodera. Ihr Partner Anatoly Donkan vom Volk der Nanai hat diese alte Kulturtechnik reanimiert und gab in einem Werkstattgespräch Einblicke in seine Arbeit. Und noch ein ungewöhnliches Format stieß auf große Resonanz: Am 23. Mai war die Filmemacherin Ulrike Ottinger zu Gast und präsentierte in einer Langen Filmnacht bis zum Sonnenaufgang um 5 Uhr ihr achteinhalbstündiges Dokumentarfilm-Epos „Taiga". Höhepunkt und Abschluss des Begleitprogramms zur Ausstellung war der Auftritt des Jugendtanzensembles Orjakan mit renommierten Solistinnen aus Kamtschatka am 21. Juni: Die Jugendlichen, die alle zum ersten Mal in Deutschland waren, rissen das Publikum mit traditionellen Tänzen zu stehenden Ovationen hin.

Ein besonderes Geschenk erhielt das Linden-Museum am 10. Mai, als der Indianer Jim Poitras (Cree, Lakota, Métis) seine traditionelle Tanzkleidung unserer Nordamerika-Sammlung übergab.

Die Veranstaltungsreihe Fokus widmete sich 2009 den menschlichen Lebensphasen und stellte in jedem Quartal einen Lebensabschnitt vor: Vom „Beginn des Lebens" über „Jugend" und „Die Welt der Erwachsenen" bis hin zum „Herbst des Lebens".

Auch musikalisch und tänzerisch wurde 2009 die Welt bereist: Präsentiert wurden die indischen Tanzperformances „Traum und Erwachen" mit Hasita Sonn und Schülerinnen sowie die Premiere „Panschabhutasthala" von Caroline Gebert-Khan, die die fünf Elemente eindrucksvoll im klassischen indischen Tanzstil Bharata Natyam zum Leben erweckte. Musik und getanzte Legenden aus Amazonien zeigten sechzehn Jugendliche der Grupo IACA aus Belém/Brasilien. Parallel zur Frankfurter Buchmesse gaben die Musikerin Zhang Zhenfang und der Sprecher Rudolf Guckelsberger „Kostproben chinesischer Dichtkunst" und führten durch die verschiedenen Epochen chinesischer Lyrik. Traditionelle japanische Kompositionen der Zen-Mönche spielte Jim Franklin im November bei seinem Konzert „Die leere Glocke" auf der japanischen Bambusflöte Shakuhachi.

Unter dem Titel „WortOrt Stuttgart" feierte der Stuttgarter Märchenkreis sein 20-jähriges Bestehen. Neben restlos ausgebuchten „Märchenhaften Weltreisen" für Schulklassen fanden eine Erzählwanderung für die ganze Familie durch die Ausstellungen sowie der große Erzählabend „In 80 Minuten um die Welt" großen Anklang.

Im Dezember 2009 war das Linden-Museum schließlich wieder Mitveranstalter des europaweit einzigartigen Nordamerika-Filmfestivals „Indianer Inuit". „Special Guest" des Festivals war Andrea Menard, die nicht nur ihren preisgekrönten Film „The Velvet Devil" vorführte, sondern auch gemeinsam mit dem Gitaristen Robert Walsh beim Konzert im Wannersaal mit ihrer Stimme verzauberte.

3

Abb. 1+2 *Vom Amur zur Haute Couture: Fischlederkreationen auf dem Laufsteg am Internationalen Museumstag. Foto: A. Dreyer.*

Abb. 3 *Ensemble Orjakan aus Kamtschatka. Foto: S. Bohl.*

Ausstellungen 2009

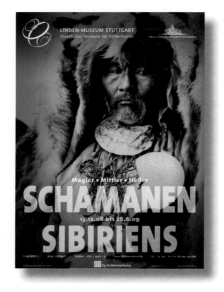

Schamanen Sibiriens: Magier, Mittler, Heiler

In Kooperation mit dem Russischen Ethnografischen Museum St. Petersburg
Große Sonderausstellung, 13. Dezember 2008 bis 28. Juni 2009

Die Ausstellung präsentierte über 200 erstmals in Westeuropa zu sehende Spitzenobjekte der weltweit bedeutendsten Sibiriensammlung des Russischen Ethnografischen Museums St. Petersburg. Ergänzt durch noch nie gezeigte Objekte der Sibiriensammlung des Linden-Museums wurden bei dieser zukunftsweisenden Museumskooperation die sibirischen Lebens- und Glaubenswelten lebendig.

Umfassende und überraschende Einblicke in die Lebenswirklichkeiten der sibirischen Völker wurden möglich. Im Mittelpunkt stand die bis heute verbreitete, religiös-magische Weltsicht des Schamanismus. Schamanistische Elemente sind in der ganzen Welt zu finden, aber in keinem anderen Kulturraum waren Zivilisation und Kunst so tief mit dem Schamanismus verwoben wie in Sibirien. Die Menschen dort suchten den Dialog mit der extremen Natur, um in ihr überleben zu können: Schamanen nahmen im Zustand der Trance Kontakt zu übernatürlichen Kräften auf, um das Gleichgewicht zwischen Mensch, Natur und Geisterwelt wiederherzustellen.

Die Ausstellung erzählte in spannenden Inszenierungen die Lebensgeschichten historischer Schamanen. Sie präsentierte ihre reich verzierten Gewänder und Ritualgegenstände wie Trommeln und Spiegel und ließ ihre Musik ertönen. Sie thematisierte Sibirien aber auch im Spannungsfeld

zwischen Tradition und Moderne, gab zeitgenössischen sibirischen Künstlern Raum und zeigte, wie das Schamanentum bis heute fortlebt.

Für die Ausstellung wurde die Sonderausstellungsfläche verdoppelt: Mit einer Fläche von rund 1.200 m² war sie die größte Ausstellung des Museums seit der Sonderausstellung „Zeit der Buddhas" (1999/2000). Mit über 34.000 Besuchern war sie auch die meist besuchte Sonderausstellung seit Jahren. Besonders das umfangreiche Begleitprogramm zur Ausstellung wurde hervorragend angenommen.

Schamanischer Besuch: Oorzak Dugar-Sjurjun Ochur-oolovich aus Tuwa mit seiner Begleiterin Klara Ricanova und der Leiterin der Orient-Abteilung Dr. Annette Krämer (links) in der Ausstellung „Schamanen Sibiriens", 23. Juni 2009.
Foto: A. Dreyer.

Südsee-Oasen: Leben und Überleben im Westpazifik

Große Sonderausstellung, 5. Dezember 2009 bis 6. Juni 2010

Mikronesien: ungezählte Inseln, von Palmen umsäumte Sandstrände, bunte Unterwasserwelten – die europäische Vorstellung eines Traumurlaubs. Gleichzeitig ist die Inselwelt ein Brennpunkt des globalen Klimawandels: Das Korallensterben bedroht die Riffe, Sturmfluten die Bewohnbarkeit einzelner Inseln und den Lebensraum ganzer Staaten.

Die Ausstellung verbindet die Sicht auf die faszinierende Unterwasserwelt der Korallen, Atolle und Riffe mit Fragen nach dem traditionellen Leben und Überleben in dieser Inselwelt. Sie beleuchtet die Deutung und Nutzung der Umwelt, die sozialen Strukturen und die besonderen kulturellen Leistungen in Bootsfahrt und Navigation, Architektur, Kunst und Design, die diesem Leben sein ganz besonderes Gepräge gaben und geben. Weltbild und Kultur der Mikronesier spiegeln die Bedingungen der Umwelt. Die überregionale Vernetzung durch Hochseereisen war Teil der Überlebensstrategie. Zentrum des Ausstellungsteils „Kultur und Umwelt – Bootsbau und Navigation" ist ein Auslegerkanu in originaler Größe von Yap, das den Modellen und dem Segelzubehör der Sammlung Dimension und Fokus gibt. Film- und Videosequenzen verdeutlichen die Lebensräume Land und Meer und machen Bootsbau, Sternenkompass und Segeltechniken in ihrer Komplexität erfahrbar.

Die Welt der Götter und Geister wird im Ausstellungsteil „Kunst und Ritual" durch ein originales „Götterhaus" von Palau, durch Skulpturen, Masken und Segelzauber lebendig, mit denen man jenseitige Kräfte mobilisierte, ergänzt durch Blütenkränze, mit denen die Frauen vielerorts ihre Verbindung zu Geistern und Ahnen demonstrieren. Große Zeremonialschalen, Tanzschmuck, Kleidung und Geldformen ermöglichen einen Blick auf die großen Feste, die bis heute die Stationen des individuellen Lebens – Geburt und Tod – und die Einweihung von Versammlungs- und Bootshäusern begleiten. Rüstungen und Waffen von Kiribati verweisen auf den vormals kriegerischen Aspekt mikronesischer Kulturen.

Die Ausstellung entstand in Kooperation mit deutschen und europäischen Museen und Sammlungen. Weitere Kooperationspartner sind das Etpison Museum in Palau, das Micronesian Seminar (Pohnpei), Kölle-Zoo, das Carl-Zeiss-Planetarium Stuttgart, das International Year of the Reef, das Pacific Year of Climate Change sowie Ethnologen und Fotografen mit Schwerpunkt Mikronesien aus Deutschland, Österreich, USA und Neuseeland, die Traditional Navigation Society in Colonia (Yap) und das Institut für den Wissenschaftlichen Film (Göttingen).

Martin Otto-Hörbrand, Sophia Porcaro

Männerhaus-Modell und „Geisterhaus"
in der Sonderausstellung „Südsee-Oasen".
Foto: A. Dreyer.

Objekte des Linden-Museums,
die in anderen Ausstellungen gezeigt wurden (Leihgaben) *Elfie Höfling*

AUSSTELLUNGSDAUER REFERAT	LEIHNEHMER ◀ LINDEN-MUSEUM
25.01.2009–28.06.2009 Ozeanien	Fondation Beyeler und Beyeler Museum AG, **Basel/Schweiz** 3 Objekte für die Ausstellung „bildgewaltig – Kunst aus Afrika und Ozeanien in Begegnung mit der Moderne"
07.02.2009–24.05.2009 30.05.2009–30.08.2009 Afrika	Zentrum Paul Klee, **Bern/Schweiz** 3 Amulettblätter für die Ausstellung „Auf der Suche nach dem Orient" und „Teppich der Erinnerung"
15.06.2008–18.01.2009 Ostasien	Stadtmuseum Hornmoldhaus, **Bietigheim-Bissingen** 30 Objekte für die Ausstellung „Japan badet"
16.07.2009–05.08.2009 Afrika	Stadtmuseum Hornmoldhaus, **Bietigheim-Bissingen** Webrahmen für Workshops „Schmalbandweben mit afrikanischen Webern von der Elfenbeinküste"
11.10.2009–21.02.2010 Ostasien	Stadtmuseum Hornmoldhaus, **Bietigheim-Bissingen** 6 Objekte für die Ausstellung „Apfel, Nuss und Mandelkern. Backgeschichte(n) aus Baden-Württemberg"
08.10.2009–28.02.2010 Orient	Jüdisches Museum, **Berlin** 7 Objekte für die Ausstellung „Essen und Religion"
08.04.2009–10.08.2009 Südasien	Martin-Gropius-Bau, **Berlin** 2 Objekte für die Ausstellung „Ghandara – das buddhistische Erbe Pakistans"

AUSSTELLUNGSDAUER REFERAT	LEIHNEHMER ◀ LINDEN-MUSEUM
05.11.2009–18.01.2010 Orient	Martin-Gropius-Bau, **Berlin** 9 Objekte für die Ausstellung „Taswir – Islamische Bildwelten und Moderne"
21.11.2008–15.03.2009 Südasien	Kunst- und Ausstellungshalle der BRD GmbH, **Bonn** 2 Objekte für die Ausstellung „Ghandara – das buddhistische Erbe Pakistans"
13.12.2008–03.05.2009 Nordamerika	Überseemuseum Bremen, Stiftung öffentlichen Rechts, **Bremen** 18 Objekte für die Ausstellung „Sitting Bull und seine Welt"
17.08.2008–25.01.2009 Orient	Museum für Kunst- und Kulturgeschichte, **Dortmund** 9 Objekte für die Ausstellung „Evet – Ja, ich will. Hochzeitskultur und Mode von 1800 bis heute: eine deutsch-türkische Begegnung"
11.07.2008–19.04.2009 Lateinamerika, Ostasien, Ozeanien	Stiftung Deutsches Hygiene-Museum, **Dresden** 9 Objekte für die Ausstellung „2° Plus. Das Wetter, der Mensch und sein Klima"
29.11.2009–14.03.2010 Lateinamerika, Ostasien, Orient, Südasien	Museum Stadt **Ettlingen** 28 Objekte für die Ausstellung „Chili, Teufelsdreck und Safran"
08.10.2008–22.02.2009 Ostasien	Louisiana Museum of Modern Art, **Humlebaek/Dänemark** 11 Objekte für die Ausstellung „Mangamania"

AUSSTELLUNGSDAUER REFERAT	LEIHNEHMER ◄ LINDEN-MUSEUM
10.06.2009–10.01.2010 Afrika	Staatliches Museum für Naturkunde, **Karlsruhe** 36 Objekte für die Ausstellung „Madagaskar – eine vergessene Welt"
13.07.2008–06.01.2009 Afrika	Schwäbisches Bauernhofmuseum Illerbeuren, **Kronburg-Illerbeuren** 1 Objekt für die Ausstellung „Ordnung ist das halbe Leben"
14.11.2008–15.03.2009 Ostasien	Museo Poldi Pezzoli, **Mailand/Italien** 27 Objekte für die Ausstellung "Sculpture in palmo di mano – Netsuke dalla collezione Lanfranchi"
28.02.2009–07.06.2009 Orient	Curt-Engelhorn-Stiftung für die Reiss-Engelhorn-Museen, **Mannheim** 9 Objekte für die Ausstellung „Evet – Ja, ich will. Hochzeitskultur und Mode von 1800 bis heute: eine deutsch-türkische Begegnung"
21.01.2009–03.05.2009 Ostasien	Staatliches Museum für Völkerkunde, **München** 1 Objekt für die Ausstellung „Die Kunst des Fälschens"
22.03.2009–21.06.2009 Orient	Museum für Lackkunst, **Münster** 13 Objekte für die Ausstellung „Aus 1000 und 1 Nacht – Islamische Lackarbeiten aus deutschen Museen und Bibliotheken"

AUSSTELLUNGSDAUER REFERAT	LEIHNEHMER ◀ LINDEN-MUSEUM
04.04.2009–31.05.2009 Ostasien	Nagano Prefectural Shinano Art Museum, **Nagano/Japan** 1 Objekt für die Ausstellung "Forms of Prayers – Gokaicho Commemorative Exhibition: Zenkoji Belief"
04.09.2009–18.04.2010 Südasien	Stiftung St. Galler Museen, Historisches und Völkerkundemuseum, **Sankt Gallen/Schweiz** 11 Objekte für die Ausstellung „Indiens Tibet – Tibets Indien"
22.05.2009–13.09.2009 Südasien	Hällisch-Fränkisches Museum, Fachbereich Kultur, **Schwäbisch Hall** 42 Objekte für die Ausstellung „Wie der indische Pfeffer zum Haller Salz kommt"
10.03.2009–30.08.2009 Orient	Staatliche Akademie der bildenden Künste, **Stuttgart** 1 Objekt für Studienzwecke
20.05.2009–29.05.2009 Nordamerika	Staatliches Museum für Naturkunde, **Stuttgart** 1 Objekt zur Multi-Media-Präsentation in der Ausstellung "Der Fluss des Lebens – 150 Jahre Evolutionstheorie"
03.07.2009–13.09.2009 Orient	Ifa-Galerie Stuttgart, Institut für Auslandsbeziehungen e.V., **Stuttgart** 1 Objekt für die Ausstellung „Die Welt wird Stadt"
11.06.2009–08.11.2009 Nordamerika	Museum Centre Vapriiki, **Tampere/Finnland** 18 Objekte für die Ausstellung "Sitting Bull"

1

2

3

Abb. 1 *Mokkasins, 1833–1834; Leder, Quill, Glasperlen, Seidenband; genäht und bestickt; Irokesen (Seneca?); L 24,5 cm; ausgeliehen an das „Nordamerika Native Museum (NOAM)", Zürich*

Abb. 2 *Uli-Skulptur; H 70 cm, B 15 cm, T 21 cm, nicht montiert; Holz, Rauch geschwärzt, Pigment-Spuen; Westküste des nördlichen Neu-irland, Madak-Region; Lemau, Anfang 20. Jh.; ausgeliehen an die „Fondation Beyeler", Riehen/Basel*

Abb. 3 *Frauenkleid; Leder, Glasperlen, Blechkonusse; L 128 cm, B 100 cm; Hunkpapa Teton Sioux; Smlg. Charles Schreyvogel; ausgeliehen an das „Überseemuseum Bremen"*

Abb. 4 *Hängerolle: „Schildkröten-Karikaturen"; Hokushû (tätig Mitte 19. Jh.); Tusche und Farben auf Seide; H (mit Montierung) 188,5 cm, B (mit Montierung) 58,5 cm; Japan, Mitte 19. Jh.; ausgeliehen an das „Louisiana Museum of Modern Art", Humlebaek/ Dänemark*

Abb. 5 *Hanging scroll: The Literary Gathering Beside the Winding Stream at Wang Xizhi´ Pavillon; Kano Hidenobu; Ink and light colours on silk; 122,1 x 51,2 cm; Japan, 19th c.; ausgeliehen an „DAIKA Advertising Inc.", Tokio*

Abb. 6 *Rosenwasserflasche in Pinienzapfenform; Silber, getrieben, vergoldet; H 12 cm, D 7,5 cm; Syrien Damaskus, Ende 19. Jh.; ausgeliehen an die „Reiss-Engelhorn-Museen", Mannheim*

Abb. 7 *Tongefäß mit Bügelhenkel „Coca-Zeremonie"; Keramik, dreifarbig bemalt, H 23 cm, D 14 cm; Altperu, Moche III, 5.-6. Jh. n. Chr.; ausgeliehen an die „Stiftung Deutsches Hygiene-Museum Dresden"*

4

5

6

7

AUSSTELLUNGSDAUER REFERAT	LEIHNEHMER ◄ LINDEN-MUSEUM
25.04.2008–10.05.2009 Ostasien	DAIKO Advertising Inc., **Tokyo/Japan** 165 Objekte für die Wander-Ausstellung "The beauty of Edo to Meiji – Aesthetic of Doctor Baelz" Ausstellungsorte und -daten: 1) Gifu City Museum of History (25.04.2008–25.05.2008) 2) Shimane Art Museum (31.05.2008–07.07.2008) 3) Sendai City Museum (18.07.2008–31.08.2008) 4) Osaka Museum of History (25.10.2008–08.12.2008) 5) Takaoka Art Museum (06.02.2009–15.03.2009) 6) MOA Museum of Art (28.03.2009–10.05.2009)
26.10.2008–31.12.2009 Nordamerika	Fort Mandan Foundation, **Washburn (ND)/USA** 8 Objekte für die Ausstellung "Enlightened Travel: Prince Maximilian in America, 1832–1834"
09.12.2009–28.03.2010 Nordamerika	Kunsthistorisches Museum Wien, **Wien/Österreich** 18 Objekte für die Ausstellung „Sitting Bull und seine Welt"
08.04.2009–25.10.2009 Lateinamerika	Ethno-Expo GmbH, **Zürich/Schweiz** 1 Objekt für die Ausstellung „Weibs-Bilder – Frauenträume und Lebensentwürfe"
07.02.2009–09.08.2009 Nordamerika	Nordamerika Native Museum (NONAM), **Zürich/Schweiz** 24 Objekte für die Ausstellung „Karl Bodmer 1809–2009: Präzision und Schönheit. Europa trifft Amerika"
06.09.2009–03.01.2010 Südasien	Museum Rietberg, **Zürich/Schweiz** 2 Objekte für die Ausstellung „Ghandara – das buddhistische Erbe Pakistans"

Objekte aus anderen Museen,
die in Ausstellungen des Linden-Museums gezeigt wurden (Leihnahmen) *Elfie Höfling*

AUSSTELLUNGSDAUER REFERAT	LEIHGEBER ▶ LINDEN-MUSEUM
13.12.2008–28.06.2009 Orient	Anna Myga Kasten, **Berlin** 22 Objekte für die Ausstellung „Schamanen Sibiriens. Magier – Mittler – Heiler"
13.12.2008–28.06.2009 Orient	Stiftung Preußischer Kulturbesitz, Staatliche Museen zu Berlin, Ethnologisches Museum, **Berlin** 4 Objekte für die Ausstellung „Schamanen Sibiriens. Magier – Mittler – Heiler"
05.12.2009–06.06.2010 Ozeanien	Klaus Maaz, **Detmold** 5 Objekte für die Ausstellung „Südsee-Oasen – Leben und Überleben im Westpazifik"
13.12.2008–28.06.2009 Orient	Dr. Erich Kasten, **Fürstenberg/Havel** 27 Objekte für die Ausstellung „Schamanen Sibiriens. Magier – Mittler – Heiler"
05.12.2009–06.06.2010 Ozeanien	Roemer- und Pelizaeus-Museum **Hildesheim** GmbH 3 Objekte für die Ausstellung „Südsee-Oasen – Leben und Überleben im Westpazifik"
05.12.2009–06.06.2010 Ozeanien	Museum Volkenkunde, National Museum of Ethnology, **Leiden/Niederlande** 1 Objekt für die Ausstellung „Südsee-Oasen – Leben und Überleben im Westpazifik"
05.12.2009–06.06.2010 Ozeanien	Reiss-Engelhorn-Museen, **Mannheim** 1 Objekt für die Ausstellung „Südsee-Oasen – Leben und Überleben im Westpazifik"

AUSSTELLUNGSDAUER REFERAT	LEIHGEBER ▶ LINDEN-MUSEUM
05.12.2009–06.06.2010 Ozeanien	Galerie Daniel Blau, **München** 4 Objekte für die Ausstellung „Südsee-Oasen – Leben und Überleben im Westpazifik"
05.12.2009–06.06.2010 Ozeanien	Anthony JP Meyer, **Paris/Frankreich** 1 Objekt für die Ausstellung „Südsee-Oasen – Leben und Überleben im Westpazifik"
13.12.2008–28.06.2009 Orient	Russisches Ethnographisches Museum, **Sankt Petersburg/ Russland** 240 Objekte für die Ausstellung „Schamanen Sibiriens. Magier – Mittler – Heiler"
13.12.2008–28.06.2009 Orient	Werner Funk, **Stuttgart** 6 technische Geräte für die Klanginstallation in der Ausstellung „Schamanen Sibiriens. Magier – Mittler – Heiler"
13.12.2008–28.06.2009 Orient	Mareile Onodera und Anatoly Donkan, Fischlederhaus, **Viechtach** 9 Objekte für die Ausstellung „Schamanen Sibiriens. Magier – Mittler – Heiler"
05.12.2009–06.06.2010 Ozeanien	Udo Horstmann, **Zug/Schweiz** 22 Objekte für die Ausstellung „Südsee-Oasen – Leben und Überleben im Westpazifik"

Sammlungszugänge im Jahr 2009

Afrika-Referat

Im Jahr 2009 konnten seit längerem wieder einmal Objekte käuflich erworben werden. Dazu haben die Afrika-Sammlungen auch wieder Zuwachs durch Schenkungen erhalten, wofür den Spenderinnen und Spendern hiermit herzlich gedankt sei. Insgesamt umfassen die Neuzugänge 103 Positionen.

Die kulturgeographische Region Oberguinea ist diesmal mit einer Männer-Festtagstracht chinesischer Produktion von den Wolof im Senegal vertreten, die aus jeweils zwei übereinander getragenen langen Hosen und Toben sowie aus einer Kappe besteht. Die Stickereien auf dem Grundstoff aus Baumwolle sind zum großen Teil in Seide ausgeführt.

Aus dem Südlichen Afrika stammen eine Souvenirpuppe in der Tracht der Ndebele-Frauen (Südafrika) und zwei Elfenbein-Skulpturen von den Makonde im Süden Tansanias (Motive: *shetani*-Gruppe und *ujamaa*).

Überaus reichhaltig fielen diesmal die Sammlungen aus, die wir aus dem östlichen Afrika erhalten haben. Wenden wir uns zunächst dem eigentlichen Ostafrika zu. Aus Tansania ohne nähere Zuordnung stammen ein Lamellophon, zwei Zahnputzhölzchen, zwei durch Ziehen an einer

Abb. 1 *Männerkopf. Terracotta. H 9 cm. Falasha (Äthiopien), 1975 oder früher. Inventarnr. F 56203. Foto: A. Dreyer.*

Abb. 2 *Frauenkopf. Terracotta. H 8 cm. Falasha (Äthiopien), 1975 oder früher. Inventarnr. F 56204. Foto: A. Dreyer.*

Abb. 3 *Rinderkopf. Terracotta. H 6,5 cm. Falasha (Äthiopien), 1975 oder früher. Inventarnr. F 56205. Foto: A. Dreyer.*

1

2

3

Schnur bewegliche Spielzeug-Figuren aus Holz in Form eines Vogels beziehungsweise eines Reckturners sowie eine Schüssel aus gebranntem Ton (Chaga?), aus Kenia eine Kalebassenflasche von den Pokot oder Turkana. Speziell bei den Masai Kenias waren eine Kalebassenflasche und ein Umhang aus Rinderfell für einen verheirateten Mann gesammelt worden, beide reich mit Glasperlen verziert.

Ferner konnten einige von den Briten in den 1950er Jahren erbeutete, historisch bedeutsame Ausrüstungsstücke von der Mau-Mau-Armee der Kikuyu (Kenia) dank der Aufnahme in unsere Sammlung erhalten werden: ein Generalshut aus der Haut einer Bongo-Antilope sowie, ebenfalls vor Ort hergestellt, ein Gewehr, eine Pistole und ein zumindest von den Kikuyu durch Löten repariertes Fernglas.

Von dem nilotischsprachigen Volk der Anuak auf der äthiopischen Seite gelangten in unsere Sammlung eine konventionelle Tabakspfeife, eine Wasserpfeife, ein alter Armring aus Elfenbein und zwei in Pyrogravur figürlich hübsch verzierte Kalebassenflaschen.

Der Ostafrikanischen Küstenzivilisation sind ein Schöpflöffel aus Kokosschale und ein geschnitzter Doppelsteckkamm jeweils von den Swahili zuzuweisen.

Das ostafrikanische Zwischenseengebiet ist diesmal mit 23 Objekten vertreten, die erfreulicherweise, abgesehen von einer Wasserpfeife der Rundi (Burundi) und einer Binnenspießlaute der Uganda-Pygmäen, sämtlich unsere alten Haya-Sammlungen (Tansania) mit entsprechend zeitgenössischem Material (um das Jahr 2000) ergän-

zen. Im Einzelnen handelt es sich dabei um vier Päckchen Kaffeebohnen zum Kauen in Originalverpackung aus Bananenblättern, fünf Stück Tabak (darunter Schnupftabak) unterschiedlicher Sorten zum Teil ebenfalls in handelsüblicher Verpackung, einen Fußball in Kombination traditioneller Herstellungstechnik für pflanzliche Fasern mit einer solchen für Plastik, eine dazu gehörige Trillerpfeife aus Blech, die ebenso lokal gefertigt wurde wie zwei Öllampen, eine Mausefalle, zwei Trichter, eine Küchenreibe, ein Pfannenwender, ein Schaumlöffel und zwei ästhetisch besonders ansprechende Küchensiebe, alle jeweils ebenfalls aus unterschiedlichen Metallen. Den Abschluss bilden ein Spielzeug-Bus, ein Handbesen und zwei Korbteller.

Nach siebenjähriger Wartezeit gelang endlich die Bezahlung einer Nordost-Afrika-Sammlung (wenn nicht anders angegeben aus Äthiopien), die für das Sammelerwerbsjahr 2009 einen noch bemerkenswerteren Höhepunkt darstellt. (Von dem gleichen Sammler stammen auch die schon erwähnten Objekte von den Anuak sowie drei aus Tansania).

Besonders erfreulich dabei ist, dass nunmehr auch das jüdische Äthiopien der Falasha bei uns durch eine Sammlung vertreten ist, die diesen Namen verdient: Abgesehen von einer gegossenen Kupferstatuette handelt es sich dabei um sieben Terracotta-Figürchen, unter denen drei der inzwischen in Sammlerkreisen hoch geschätzten Köpfchen hervorragen, die jeweils einen Mann, eine Frau und ein Rind vorstellen. Ebenso bemerkenswert eine aus Baumwolle hergestellte (gebrauchte) Puppe in Form einer Mutter mit ty-

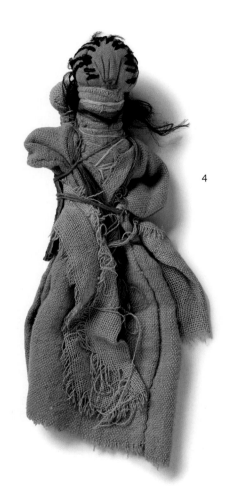

4

Abb. 4 *Puppe: Mutter mit auf dem Rücken getragenen Kind. Baumwolle, Leder. H 21 cm. Falasha (Äthiopien), 1975 oder früher. Inventarnr. F 56198a-b. Foto: A. Dreyer.*

5

Abb. 5 *Hals- und Brustschmuck. Pflanzen-fasern, Leder, Kunststoff- und Glasknöpfe, Glasperlen. L 47 cm. Oromo (Arussi-Stamm? Äthiopien), 1975 oder früher. Inventarnr. F 56208. Foto: A. Dreyer.*

pischer afrikanischer Zöpfchenfrisur, die ihr (aus dem Tragetuch herausziehbares!) Baby auf dem Rücken trägt.

Ferner konnte durch diese Neuzugänge unsere alte Oromo-Sammlung sinnvoll ergänzt werden, vor allem in Form von jeweils reich mit Glasperlen verziertem Hals- und Rückenschmuck, Hals- und Brustschmuck (zwei Exemplare) sowie einem Ohrgehänge. Ebenfalls der Welt der Frauen zuzuweisen sind ein mit Glasperlen bestickter Umhang aus Rinderfell, sechs Armringe, ein Halsring und ein breiter phallischer Aufnäher jeweils aus Messing, eine hölzerne Kopfstütze, ein Korb, ein tönernes Milchgefäß mit geflochtenem Aufsatz und Deckel sowie ein hölzerner Frisurkamm. Den Abschluss bilden zwei Amulettanhänger, ein Halsring aus dem Haar eines Elefantenschwanzes und – schon von der kenianischen Seite – ein Behältersatz zum Tabakschnupfen.

Selbstverständlich darf bei einer solchen Sammlung auch das christliche Äthiopien der Amhara nicht fehlen. An Gegenständen für den Alltagsgebrauch umfasst die neue Äthiopien-Sammlung davon einen alten geschnitzten Lehnstuhl in Durchbrucharbeit, ein Umhängetuch, ein geflochtenes Döschen mit Deckel, einen Satz Honigwein-Geschirr (je ein Glasfläschchen und Zinnbecher), einen Brotkorb mit Deckel und einen Pferdegurt. Zwei als Töterzeichen verliehene Becher aus Rhinozeroshorn, davon einer noch im Lederfutteral, runden diese Gruppe ab.

An moderner Malerei im traditionellen Stil konnten folgende Motive erworben werden: Die Schlacht bei Adua, Leben im Tanasee, eine Jagdszene und dreimal die Legende der Königin von Saba.

Aus dem kirchlichen Bereich stammen ein von mir lange ersehnter seidener, mit Silberfaden bestickter Priesterschirm, ein Priesterwedel, zwei Amulettrollen mit den Motiven des Gesichtes im achtstrahligen Stern beziehungsweise eines Dämonen nur mit den Augen im Gesicht, zwei handgeschriebene Gebetbücher (17. und 19. Jahrhundert), zwei Exemplare der „Psalmen Davids" (die eine Ausgabe handgeschrieben aus dem 17., die andere gedruckt aus dem 20. Jahrhundert), wie üblich jeweils in der Kirchensprache Geᶜez und zum Teil noch im Lederfutteral, sowie vier Amulettkettchen und ein -anhänger jeweils aus Silberfiligran.

Das islamische Äthiopien ist vertreten durch eine Wasserpfeife, einen Dolch mit Scheide und eine Kunst-Bernstein-Perle. Vermutlich gehört hierher auch ein mit Knochen eingelegter hölzerner Fingerring. Speziell den Tigre zuzuschreiben ist ein anderer Dolch mit Scheide, während ein weiterer sowie ein alter Deckeleimer mit schöner Kerbschnitt-Zier stilistisch auf die Somali verweisen.

Und wiederum konnte mit dieser umfangreichen Äthiopien-Sammlung ein Beutestück aus einem Kolonialkrieg erworben werden, nämlich ein italienisches Offiziersmesser mit ausklappbarem Essbesteck, das von den Äthiopiern bei den 1935-41 während den Kampfhandlungen erbeutet wurde.

Einen besonderen Höhepunkt bildete der Ankauf eines Ölgemäldes mit der Darstellung des Ornithologen, Afrika-Forschers, Kolonialpolitikers, Abenteurers und Hochstaplers Baron John Wilhelm von Müller vor einer, der Region Ostsudan zuzuweisenden, sudanesischen Landschaft, durch den württembergischen Hofmaler Franz

Seraph Stirnbrand aus dem Jahr 1850. Von Müller, übrigens väterlicherseits durch seine südafrikanische Khoekhoe-Großmutter selbst afrikanischer Abstammung, stand im engen Austausch mit anderen Forschungsreisenden im Sudan, wie Alfred Brehm, Paul Wilhelm von Württemberg und seinem Jugendfreund Theodor von Heuglin, dessen Reisen er finanzierte. Von Paul Wilhelm und von Heuglin verfügt das Linden-Museum übrigens über bedeutende Sammlungsbestände, die zusammen mit dem Portrait von Müllers ihren Platz in der Jubiläumsausstellung des Linden-Museums im Jahr 2011 finden sollen.

Schließlich konnten noch aus dem Kameruner Grasland ein sehr schön aus Holz gearbeiteter Schülerkoffer (Bandjun) und eine mit französischen Münzen (soweit erkennbar aus dem Jahr 1920) reich verzierte Kalebasse in Form einer Palmwein-Flasche, sowie aus der Region Westsudan ein lederner Pfeilköcher im Malinke-Stil (Nordghana?) erworben werden.

Hermann Forkl

Abb. 6 *Franz Seraph Stirnbrand: Portrait des Afrikaforschers Baron John Wilhelm v. Müller und zweier afrikanischer Kinder vor einer sudanesischen Landschaft. Öl auf Leinwand. 138 x 105 cm. 1850. Inventarnr. F 56155. Foto: Galerie Neuse.*

Nordamerika-Referat

Abb. 1 *Schildhülle des Crow-Anführers „Ten Bears"; Vorderseite der Schildhülle mit Dekor aus Bärenohren. Kranz aus getrimmten Adlerfedern auf bemaltem Hintergrund, Haarzopf und Pferdehaarstrang. Crow, um 1870. Material: Wildleder, Bärenohren, Adlerfedern, Menschen- und Pferdehaar, Lederstreifen, Sehnen, roter Woll- und Leinenstoff, Farbe. D 55 cm. Inventarnr. 113348 b. Foto: A. Dreyer.*

Abb. 2 *Schild des Crow-Anführers „Ten Bears"; Rückseite des Schildes vermutlich mit Sonnenmotiven, die aus der Epidermis herausgeschnitten und -geschabt wurden. Crow, um 1870. Material: Bisonrohhaut und Lederstreifen. D 53 cm. Inventarnr. 113348 a. Foto: A. Dreyer.*

Von einem amerikanischen Privatsammler konnte ein Kriegsschild des Crow-Indianers Ten Bears mit Mitteln der Museumsstiftung Baden-Württemberg erworben werden. Der Schild und die dazu gehörende Schildhülle stammen aus der renommierten Charles Schreyvogel-Sammlung und befanden sich ursprünglich im Besitz des Linden-Museums. Die Epidermis wurde mit einem eindrucksvollen Schabmuster gestaltet, ein Dekor, das hauptsächlich bei den Crow und im Plateau-Gebiet anzutreffen war. Diese Technik, auf relativ starker Bisonrohhaut ausgeführt, ging nach 1870 mit der Dezimierung der Bisonherden nahezu verloren. Daher liegt es nahe, dass der Schild auf die Zeit um 1870 zu datieren ist. Die Schildhülle besteht aus weichem Hirschleder, bestückt mit einem Kranz aus schwarzen, in Form geschnittenen Federn. In der Mitte befestigt sind ein schwarzer Haarzopf und ein schwarzer Strang aus Pferdehaar. Flankierend zieren zwei Bärenohren das kreisförmige Muster. Es ist sehr erfreulich, dass dieses herausragende und seltene Objekt wieder in den Besitz des Linden-Museums zurückgeführt werden konnte. Im Mai 2009 vermachte Jim Poitras die komplette Ausstattung seiner Powwow-Tanzkleidung dem Linden-Museum. Die Übergabe dieses ein-

3

drucksvollen Geschenks erfolgte als öffentliche Veranstaltung, die Gelegenheit gab, jedes Stück in seiner Bedeutung und Herkunft vorzustellen. Jim Poitras, (Hehaka-to-hoksina, Blue Elk Boy) stammt aus Moose Jaw, Saskatchewan, Kanada und führt seine indianischen Wurzeln auf Cree-, Lakota- und Métis-Vorfahren zurück. Die Tanzkleidung umfasst insgesamt 15 Gegenstände, die Jim Poitras als traditionellen Powwow-Tänzer ausweisen. Dazu gehören ein von ihm selbst bemaltes Wildlederhemd, ein mit bunten Tüchern dekorierter Brustschmuck aus Röhrenknochen, ein Halsschmuck (choker), ein Lederbeutel, ein Paar perlenbestickte Mokkasin, ein Lendenschurz und Knöchelschmuck aus Wildleder, Metallschellen und eine lange Synthetikhose. Eine mit Adlerfedern bestückte Mütze bzw. ein Wolfspelz dienten ihm als Kopfschmuck, als Rückenschmuck formieren sich Adlerfedern radförmig um einen kleinen Tierschädel als Mittelpunkt. Traditionelle Statusabzeichen sind der bemalte Schild, Adlerfedernfächer und Tanzstab mit Adlerklaue und -federn.

Die Tanzausstattung von Jim Poitras ist ein individueller Ausdruck indianischer Kultur, in der sich Tradition und Moderne vereinen. Eben in dieser Synthese liegt die Attraktivität der Powwow-Tanzfeste, die Indianerinnen und Indianern Gelegenheit bieten, ihre Kultur zu zelebrieren. Im Namen des Linden-Museums danke ich Jim Poitras für dieses sehr persönliche Geschenk, mit dem er zahlreiche Erinnerungen verbindet.

2009 konnten aus Zentralfond-Mitteln zwei Halsketten und ein Paar Ohrringe von einem Privatsammler erworben werden. Es handelt sich dabei um klassische Navajo-Schmuckstücke, die aus Silber mit eingearbeiteten Türkissteinen gearbeitet sind. Ebenfalls aus einer Privatsammlung stammt der 1988 veröffentlichte limitierte Originaldruck „Blizzard Along Beartooth Range" des Crow-Künstlers Earl Biss (1947-1998), dessen Werke international Anerkennung genießen. Er begann sein Kunststudium im Institute of American Indian Arts in Santa Fe, New Mexico, gefolgt von mehreren Studienjahren am San Francisco Art Institute und einigen Jahren künstlerischen Schaffens in Europa.

Sonja Schierle

Abb. 3 *„Blizzard Along Beartooth Range". Earl Biss (Crow), 1988. Material: Lithographie, limitierter Druck, Ex 68/225. L 90 cm, H 67 cm Inventarnr. M 35810. Foto: A. Dreyer.*

Abb. 4 *Jim Poitras in seiner Powwow-Kleidung. Foto: A. Dreyer.*

4

Orient-Referat

Die Orient-Sammlung konnte im Berichtsjahr um 38 Objekte bereichert werden.

Aus Zentralfondsmitteln wurde eine Auswahl zeitgenössischer anatolischer Knüpfteppiche erworben: Textiles Wohnen war und ist von herausragender Bedeutung für die materielle Kultur des islamischen Orients, und Teppiche sind ein selbstverständlicher Bestandteil einer jeden Sammlung von Orient-Textilien. Orient-Teppiche sind seit Jahrhunderten auch hierzulande populär: als Luxusobjekte, Sammlerstücke und inzwischen weit verbreitet auch in bürgerlichen Haushalten. Verbunden mit der globalen hohen Nachfrage nach Teppichen sind heute jedoch auch sozialpolitische Fehlentwicklungen in Entwicklungsländern wie ungerechte Entlohnung, Kinderarbeit oder gesundheitsschädliche Produktion. Umgekehrt werden qualitativ hochwertige Teppiche in den früheren Produktionszentren von den einheimischen Bevölkerungen aus den verschiedensten Gründen weniger nachgefragt und in den Haushalten durch Massenproduktion, oftmals importiert, ersetzt. Dies macht Teppiche für völkerkundliche

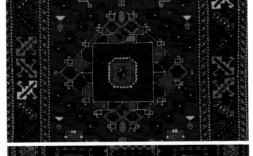

Abb. 1 *Läufer. Wolle, Naturfarben. L 255 cm, B 70 cm. Knüpferin Esma Sak. Yuntdag/Türkei. 1999. Inventarnr. A 70033 L. Foto: A. Dreyer.*

Abb. 2 *Teppich. Wolle, Naturfarben. L 173 cm, B 107 cm. Knüpferin Neslihan Vural. Ayvacik/Türkei 2009. Inventarnr. A 70031 L. Foto: A. Dreyer.*

Abb. 3 *Teppich. Wolle, Naturfarben. L 291 cm, B 219 cm. Knüpferin Sevim Arslan, Ayvacik/Türkei. 2003. Inventarnr. A 70030 L. Foto: A. Dreyer.*

Sammlungen jedoch keinesfalls weniger interessant, sondern im Gegenteil zu besonders aussagekräftigen, facettenreichen Objekten, die nicht nur über „den Orient" – gestern und heute –, sondern auch über die sammelnden Individuen, Institutionen und Gesellschaften erzählen können.

Der Orient-Sammlung des Linden-Museums fehlte es bisher jedoch an zeitgenössischen Teppichen. Gründe dafür, dass solche Teppiche oft als wenig interessant betrachtet wurden, mögen der Anstieg der Produktion in Manufakturen nicht zuletzt aufgrund der Nachfrage im „Westen" und die Bewertung zeitgenössischer Teppiche als weniger „authentisch" sowie Qualitätsaspekte (geringere Knotenzahl etc.) gewesen sein. Nach einem zeitgemäßen Verständnis völkerkundlichen Sammelns sind jedoch gerade auch die oben genannten Aspekte relevant.

Erworben wurden sechs Teppiche des DOBAG-Projektes (türkische Abkürzung für „Forschungs- und Entwicklungsprojekt für Naturfarben" in anatolischen Teppichen), darunter auch ein Gebetsteppich mit dem typischen Mihrab-Motiv (Gebetsnische). Das Projekt hat einen wichtigen Beitrag zur Wiederbelebung von Färbetraditionen in Anatolien geleistet und ist dadurch international bekannt geworden. Ebenfalls hervorzuheben ist die Fortführung der örtlichen Mustertradition im Projekt. Zudem ist das DOBAG-Projekt auch

Abb. 4 *Gebetsteppich. Wolle, Naturfarben. L 177 cm, B 100 cm. Knüpferin Leyla Cinar. Yuntdag/Türkei. 2009. Inventarnr. A 70034 L. Foto: A. Dreyer.*

4

5

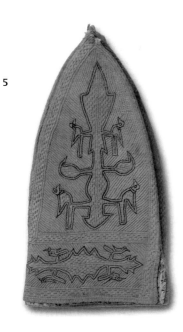

Entwicklungsprojekt: Die Knüpferinnen werden pro Knoten bezahlt; die Mitglieder der entstandenen Kooperativen tragen maßgeblich zum Lebensunterhalt ihrer Familien bei. Schließlich ist das Projekt als nachhaltig einzustufen. Begonnen und gefördert als Vorhaben internationaler Zusammenarbeit, wird es nun in Kooperation der Genossenschaften mit der Marmara-Universität Istanbul fortgeführt. Die Objekte sind bis hin zu den Namen der Knüpferinnen dokumentiert. Die sechs Teppiche stellen wichtige Motive der Mustertradition Anatoliens vor – die sich zum Beispiel in Ausstellungen auch mit alten Beispielen verbunden präsentieren lassen könnten.

Aus Eigenmitteln wurden weitere elf Objekte erworben. Verstärkt werden konnte die mittelasiatische Schmucksammlung: Einige rezente Stücke kasachischen Silberschmucks, darunter vier Gewandschließen, ergänzen die vorhandenen, wenigen Objekte kasachischen Stils, die sich in der Sammlung befinden. Die Stücke stammen zum Teil aus dem Norden Kasachstans, der in der Sammlung bislang noch nicht mit Objekten vertreten war.

Die reiche Turkmenen-Sammlung der Abteilung wurde um ein Paar silberne Schläfengehänge für Mädchen erweitert. Erworben werden konnte auch ein wohl den Hazara zuzuordnendes Paar silberner Oberarmschmuck.

Schließlich wurde auch eine Derwischmütze (Iran, 19. Jahrhundert; Baumwolle, bestickt) erworben. Stark stilisierte Bäume mit Vögeln bilden den bemerkenswerten Dekor.

Unter den Schenkungen beziehungsweise Spenden an die Orient-Abteilung sei ein usbekischer Ikatmantel (Seide/Seide) hervorgehoben. Zeitlich einzuordnen ist er in die erste Hälfte des 20. Jahrhunderts. Auffallend ist der westliche Schnitt, mit Kragen, Knöpfen und Knopflöchern sowie einer äußeren Brusttasche.

Auch wenn nicht alle eingegangenen Objekte im Einzelnen gewürdigt werden können, sei allen Spendern und Donatoren an dieser Stelle herzlich gedankt.

Annette Krämer

Abb. 5 *Derwischmütze. BW/Seide, bestickt. B 26,0 cm, L 27,0 cm. Iran. 19. Jh.. Inventarnr. A 70047. Foto: A. Dreyer.*

Abb. 6 *Ikatmantel. Seide. L 118 cm,
B (Ärmelkante zu Ärmelkante) 130 cm,
B (Saum) 71 cm, B (Schulter) 44 cm. Usbekistan.
Mitte 20. Jh. Inventarnr. A 70048.
Foto: A. Dreyer.*

Ostasien-Referat

Im Jahr 2009 wurde der Sammlungsbestand der Ostasien-Abteilung um insgesamt neun Objekte erweitert. Bereits Anfang des Jahres konnte mit Zentralfonds-Mitteln eine Gruppe japanischer Lackarbeiten aus dem 19. Jahrhundert erworben werden. Neben einer kleinen Dose in den Umrissen des auf zwei Reisballen tanzenden Glücksgottes Daikoku und einer grün lackierten, runden Dose für Duftstoffe, die auf dem flachen Deckel einen Musikinstrumenten-Dekor trägt, gehören zu dieser Gruppe drei Sakeschalen in Rotlack mit *makie*. Die erste dieser Schalen zeigt im Spiegel die lebhafte Darstellung eines schwimmenden Karpfens zwischen Wasserpflanzen. Im Fußring stehen die in Gold geschriebene Signatur des Lackmeisters Shôkasai und ein rotes kaô-Siegel. Zentrales Motiv der zweiten, etwas größeren Schale ist der Glücksgott Ebisu, wie er in Begleitung eines Kindes auf einer großen Garnele das Meer überquert (Abb. 1). Gemeinsam mit einer

Abb. 1 *Sakeschale. Holz mit rotem und schwarzem Lack, Gold- und Silber-makie und Gold-kirigane. H 2,5 cm; D (Mündung) 15,0 cm. Japan, 19. Jh., vor 1891. Inventarnr. OA 25.955 L. Foto: A. Dreyer.*

Abb. 2 *Sakeschale. Holz mit rotem und schwarzem Lack, Gold-makie und Gold-kirigane. H 1,5 cm; D (Mündung) 10,2 cm. Japan, um 1820. Inventarnr. OA 25.953 L. Foto: A. Dreyer.*

1

2

3

dritten Sakeschale (Abb. 2), die eine Landschaft mit Gebäuden an einem Wasserfall zeigt, gehörte diese Schale ehemals zur Sammlung des Linden-Museums.

Die Sammlung ostasiatischer Lackarbeiten des Linden-Museums zählt zu den bedeutenden Sammlungen in Europa. Dabei stammt der Großteil der japanischen Lacke aus der Sammlung Erwin Baelz, die 1891 vom Landesgewerbemuseum Stuttgart erworben wurde. Erste Stücke dieser Sammlung gelangten bereits 1907, wahrscheinlich als unentgeltliche Überlassung, ins Linden-Museum. Nach der Zerstörung des Landesgewerbemuseums im Jahr 1933 wurden die ethnographischen Sammlungen des Hauses, darunter die Sammlung Erwin Baelz, dem Linden-Museum zunächst als Depositum überlassen, bevor sie 1982 endgültig in Eigentum umgewandelt wurden. Bedauerlicherweise hat das Linden-Museum in den 1950er und 60er Jahren, als Reaktion auf die prekäre finanzielle Lage in der Nachkriegszeit, immer wieder Objekte aus den eigenen Sammlungen im Tausch abgegeben oder veräußert. Die vorhandenen Sammlungen sollten auf diesem Weg umstrukturiert und komplementiert werden. Aus der Ostasien-

Abb. 3 *Jacke. Cremefarbene Seide mit polychromer und Brokatstickerei. L 99,0 cm. China, um 1924. Inventarnr. OA 25.984. Foto: A. Dreyer.*

Abb. 4 *Teller. Blauweiß-Porzellan, Japan, Anfang Edo-Zeit (1603-1868), 17. Jh. Inventarnr. OA 25.958. Foto: A. Dreyer.*

Abb. 5 *Handpuppe. Holz, Textil und andere Materialien. Taiwan, 1980er Jahre. Inventarnr. OA 25.948. Foto: A. Dreyer.*

Sammlung fielen vor allem Objekte, die bereits 1907 als Übernahme vom Landesgewerbemuseum ins Haus gekommen waren, dieser Sammlungspolitik zum Opfer. Bis heute tauchen daher immer wieder einzelne dieser Stücke, wie die beiden Sakeschalen, im Kunsthandel auf, und nur in seltenen Fällen bietet sich dem Haus die Gelegenheit, diese Stücke zurückzuerwerben.

Die Japan-Sammlung des Museums wurde im weiteren Verlauf des Jahres noch um zwei Imari (Arita) Blauweiß-Porzellane aus dem 17. Jahrhundert bereichert, die dem Haus als großzügige Schenkung überlassen wurden. Es handelt sich um eine kleine Schale in Form von gefaltetem Geschenkpapier mit dem Motiv eines Berges und um einen Teller (Abb. 4) mit der Darstellung eines singenden Vogels auf einer Chrysanthemenstaude. Der Teller trägt auf der Fahne verschiedene mit einem Model in den Scherben gedrückte Schriftzeichen, unter anderem das Zeichen *bu* für Kampf oder Militär. Auf dem Boden steht in einem Quadrat in Unterglasurblau die Marke des Brennofens.

Der chinesische Sammlungsbestand erfuhr durch die Schenkung von fünf Handpuppen (Abb. 5) aus den 1980er Jahren einen interessanten Zuwachs. Die Puppen sind typisch für das traditionelle Puppentheater Taiwans, das mit seinen überaus lebhaften Darbietungen heute sogar Eingang in das taiwanesische Fernsehprogramm gefunden hat. Ende des Jahres konnten für die China-Sammlung mit Eigenmitteln ein langes fliederfarbenes Sommergewand für Frauen aus bedruckter Seide aus dem späten 19. Jahrhundert sowie eine Jacke (Abb. 3) aus cremefarbener Seide mit aufwendiger Bambus-Stickerei in Goldlahnfäden erworben

werden. Im Revers der Jacke steht eine Tuscheaufschrift, mit deren Hilfe das Kleidungsstück in die 1920er Jahre datiert werden kann.

Als Nachtrag für das Jahr 2008 und als willkommene Bereicherung unserer Japan-Bestände sind als Schenkung noch vier sehr große, tiefe Schalen aus der Zeit um 1700 zu nennen, ein Spucknapf mit Kirschblütendekor aus derselben Zeit sowie eine sehr schöne Kakiemon-Teekanne (Abb. 6) mit Blumendekor und holländischer Silbermontierung, die um 1670-1690 zu datieren ist.

Ebenfalls im Jahr 2008 wurden dem Museum 13 Objekte für die Korea-Sammlung geschenkt. Auf diesem Weg kamen neben einem kleinen Räuchergefäß aus Bronze und einem sehr gut erhaltenen

4

5

46

Rangabzeichen mit Kranichmotiv aus dem späten 19. Jahrhundert auch verschiedene Keramiken ins Haus: Zwei Fußschalen aus hart gebrannter Tonware, zwei runde Endziegel sowie eine Schale mit eingepresstem buddhistischem Dekor aus der frühen Silla-Zeit (57 v. Chr. - 935) ergänzen den bereits vorhandenen Bestand früher koreanischer Keramiken; eine große Langhalsflasche aus Blauweiß-Porzellan, ein kantig geschnittenes, weißes Väschen mit sparsamem Pflanzendekor in Unterglasurblau, zwei Wassertropfer sowie eine kleine, unverzierte weiße Vase sind typische Beispiele für koreanisches Porzellan aus dem 19. Jahrhundert; eine blau glasierte Flasche (Abb. 7) mit floralem Ritzdekor und Goldlackrestaurierung an der Mündung stammt aus dem 18. Jahrhundert.

Den großzügigen Spendern, die mit ihrem Engagement wieder einmal zur Bereicherung der Ostasien-Sammlung beigetragen haben, sei auch in diesem Jahr herzlichst gedankt.

Uta Werlich

6

7

Abb. 6 *Teekanne. Blauweiß-Porzellan mit Schmelzfarben und holländischer Silbermontierung. H (mit Henkel) ca. 20,5 cm; D (Basis) 8,0 cm; D (Mündung) 8,4 cm. Japan, Edo-Zeit (1603-1868), 1670-1690. Inventarnr. OA 26.021 a+b. Foto: A. Dreyer.*

Abb. 7 *Flasche mit floralem Ritzdekor. Blauglasiertes Porzellan. H ca. 22,5 cm; D (Boden) 9,7 cm; D (Mündung) 4,0 cm. Korea, späte Joseon-Dynastie (1392-1910), 18. Jh. Inventarnr. OA 26.009. Foto: A. Dreyer.*

Ozeanien-Referat

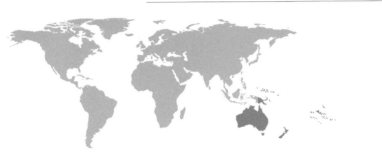

Die Erwerbungen der Ozeanien-Abteilung waren im Berichtszeitraum zahlenmäßig klein, aber keineswegs unbedeutend.

Udo Horstmann überließ der Sammlung das Modell eines Bambusfloßes und den Steven eines kleineren Auslegerkanus mit dem typischen Ga-belschwanz, beides von Yap beziehungsweise den Außeninseln.

Eric Metzgar bereicherte Ausstellung und Sammlung durch einen Kapitänshelm, der traditionell dem Führer einer Segelflotte zustand und der von dem verstorbenen Navigator Urupiy anlässlich der Initiation *pwo* seines Sohnes Ali Haleyalur in die Navigatorengemeinschaft gefertigt worden war.

Von Fais schließlich stammen zwei neuere *machi*-Gewebe, die Ende 2008 auf Yap angekauft werden konnten. Höhepunkt allerdings ist zweifellos der Ankauf eines hochseetüchtigen Fischerbootes von Yap.

Ingrid Heermann

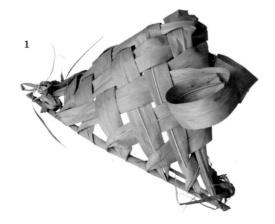

1

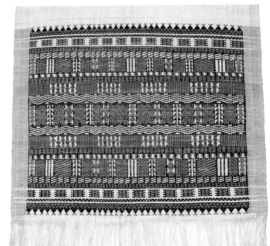

2

Abb. 1 *Navigatoren-Helm für den Führer einer Flotte vom Navigator Urupiy 1992 anlässlich einer pwo-Initiationszeremonie auf Lamotrek hergestellt. Junge Kokosfiedern, geflochten. L 30 cm. Inventarnr. S 4870. Foto: A. Dreyer.*

Abb. 2 *„Machi"-Zeremonialmatte. 2006 anlässlich eines Webworkshops auf Fais gewebt. Bananenbast, Hibiskusfasern, Naturfarben. B 52 cm. Inventarnr. S 4869/1. Foto: A. Dreyer.*

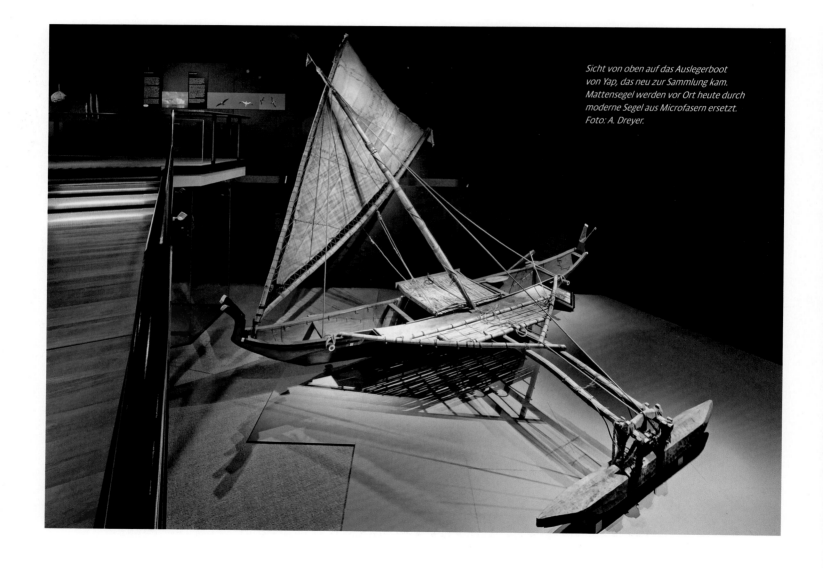

Sicht von oben auf das Auslegerboot von Yap, das neu zur Sammlung kam. Mattensegel werden vor Ort heute durch moderne Segel aus Microfasern ersetzt. Foto: A. Dreyer.

Südasien-Referat

Die Südasien-Abteilung wurde im Jahr 2009 durch 264 neue Objekte erweitert. Dabei handelte es sich zumeist um Schenkungen und in bescheidenem Maße konnten auch Ankäufe durchgeführt werden. Allen Sammlern sei hiermit herzlich gedankt.

In die Textilsammlung wurden drei mehrfarbige Stickereien aus Kalimantan (Borneo) und ein Ikat aus Sarawak (Malaysia) aufgenommen. Ein 550 cm

2

langer Wandbehang mit Lama- und Buddha-Darstellungen und zwei Kanthob-Tibi-Hüte aus Ladakh ergänzen die tibetische Sammlung.

Eine rote Tanzmaske aus Sri Lanka, im Stil von Ambalangoda gefertigt, stellt eine erfreuliche Erweiterung der vielfältigen Ambalangoda-Sammlung dar. Die aus Holz geschnitzte Maske zeigt zwölf eindrucksvolle Kobra-Darstellungen. Zwei weitere Masken aus Indonesien sowie vier Schattenspielfiguren runden die jeweiligen Sammlungsbereiche ab.

Zwei interessante Neuzugänge sind aus Ost-Kalimantan zu verzeichnen: Ein buntes Fadenkreuz *kebemakng* und ein geschmückter Bambus-Wasserbehälter *tolakng boboq buroq*. Beide Gegenstände werden beim Totenfest Kwankai der Benuaq Dayak benutzt. Das fünffarbige Fadenkreuz wird mit Gongbegleitung sieben Mal um den

Abb. 1 *Krishna als Milchdieb. Temperamalerei auf Baumwollgewebe. Orissa, Indien. 20. Jh.. L 20,3 cm, B 15,2 cm. Inventarnr. SA 05160. Foto: A. Dreyer.*

Abb. 2 *Tanzmaske mit Naga-Darstellungen. Holz, im Stil von Ambalangoda, Sri Lanka. 20. Jh.. L 49 cm, B 59 cm. Inventarnr. SA 05139. Foto: A. Dreyer.*

3

telangkotng getragen, einen Tücherschrank, in dem die Knochen der Verstorbenen bis zur Beisetzung ruhen. Die fünf Farben sollen fünf Kategorien von Geistern erfreuen und hilfreich stimmen. Besonders willkommen sind elf Malereien aus Orissa (Indien), da die Südasien-Sammlung bisher nicht über solche verfügte. Die in einem Dorf in der Nähe von Pipili auf Baumwollgewebe gemalten Darstellungen zeigen Szenen aus dem Leben Krishnas wie Krishna als Kleinkind, Krishna gestillt von Putana, Krishna als Milch- und Butterdieb, Venugopala und Krishna und Radha im Reigentanz. Auch die Königsweihe Ramas wird abgebildet.

Vervollständigt wird die indische Spielkarten-Sammlung durch den Ankauf einer Privatsammlung. 204 Tempera-Malereien zeigen eine große Vielfalt an Motiven. Die Sammlung setzt sich vor allem aus verschiedenen Varianten des Dashavatara-Ganjifa zusammen. Besonders hervorzuheben ist hier ein fast vollständiges Dashavatara-Ganjifa-Spiel mit französischen Farben. Die Blätter jeder Farbe sind von eins bis dreizehn durchnummeriert und alle Karten sind mit Inkarnationen Vishnus illustriert ohne besondere Hervorhebung der Figurenkarten.

Susanne Faller

Abb. 3 *Spielkarten. Temperamalerei auf Baumwollgewebe, lackiert. Indien. 20. Jh. D 7-9,5 cm. Inventarnr. SA 05172f, SA 05173e, SA 05172d, SA 05177m, SA 05173i, SA 05174c. Foto: A. Dreyer.*

Berichte aus den Arbeitsbereichen

Afrika-Referat

Der von mir im Rahmen der Sonderausstellung „Von Kapstadt bis Windhuk. ‚Hottentotten' oder Khoekhoen? Die Rehabilitierung einer Völkergruppe" (29. November 2007 - 24. April 2008) unterbreitete Vorschlag zur Umbenennung der Leutweinstraße mündete letztlich in die Einweihung des Albert-Luthuli-Platzes in Stuttgart-Burgholzhof am 11. März 2009. Die unvermeidliche Anwesenheit der politökonomischen Prominenz bei dieser Gelegenheit darf nicht darüber hinweg täuschen, dass es sich bei der Aktion letztlich um einen Pyrrhus-Sieg handelte.

Gar nicht berücksichtigt wurde mein erster Vorschlag zur Umbenennung der von den Nationalsozialisten eingeführten Leutweinstraße in Stuttgart-Untertürkheim: der Name von Jakob Marengo, der 1907 im Widerstandskampf gegen die so genannte Schutztruppe Deutsch-Südwest-Afrikas gefallen ist. Positiv aufgenommen wurde aber immerhin der von mir ebenfalls vorgeschlagene südafrikanische Friedens-Nobelpreis-Träger Albert Luthuli. Mit dessen Namen wurde auf Grund des Protestes der Anwohner aber nicht die umzubenennende Leutweinstraße bedacht, die jetzt „Am Weinberg" heißt, sondern ein Platz im Burgholzhof. An jenem Platz gibt es zwar eine Bus-Haltestelle, jedoch keine Wohnadresse.

Die drei Stationen mit Musik aus Kamerun und Mosambik in der Afrika-Dauerausstellung bildeten im Jahr 2008 den Gegenstand einer Untersuchung, die inzwischen als eines der Hauptthemen in die folgende Diplomarbeit eingeflossen ist:

Grohall, Arila-Maria: „Ganzheitliche Wahrnehmung von fremden Kulturen - Einsatz und Wirkung von Klang- und Geräuschkulissen in ethnologischen Museen und Ausstellungen", Diplomarbeit, Leipzig: Hochschule für Technik, Wirtschaft und Kultur Leipzig (FH), Fachbereich Medien, Studiengang Museologie, 2008.

Der Text ist als CD in der Bibliothek des Linden-Museums vorhanden.

Im Zuge seiner Arbeit zu ethnographischen Photos der Mariannhiller Mission in Südafrika konnte Herr Christoph Rippe vom Institute of Cultural Anthropology and Development Sociology der Universität Leiden (in Zusammenarbeit mit dem Rijksmuseum voor Volkenkunde) in unserem Photoarchiv ca. 152 Photographien Mariannhill zuordnen, darunter solche, die in keinem anderen Archiv, ja nicht einmal in dem der Mariannhiller Mission selbst vorhanden sind. Die aus dieser Quelle stammenden Photos, ein Geschenk des Stuttgarter Fabrikanten Adolf Mayer zu Beginn des 20. Jahrhunderts, sind nach Herrn Rippe „ziemlich einzigartig, was die Repräsentation der historischen Region des heutigen KwaZulu-Natal betrifft; sowohl auf Grund der Flächendeckung durch die vielen Filial-Stationen, als auch wegen der Langzeit-Beziehung, welche die Missionare zu den jeweiligen Bevölkerungsgruppen aufgebaut haben."

Herr Rippe verlieh ferner zu Recht seinem Bedauern darüber Ausdruck, dass die Photoarchive des Linden-Museums zwar weitgehend benutzbar seien, Katalogisierung und besonders Konservierung jedoch sehr im Argen liegen.

Hermann Forkl

Sotho-Mädchen mit Musikbogen (Südafrika); Sammlung Adolf Meyer; Südafrika I, 32, rechts oben

Lateinamerika-Referat

Das Lateinamerika-Referat war im Jahre 2009 durch die Schließung der Dauerausstellung zu Gunsten der Schamanismus-Ausstellung eingeschränkt, was die Öffentlichkeitsarbeit und die Museumspädagogik anging. Es konnten nur in der kurzen Zeit von Anfang Juli bis Ende August Publikumsführungen angeboten werden, die überaus gut angenommen wurden. Es stellt sich immer wieder heraus, dass das Thema „Inka" viele Besucher anzieht.

Im wissenschaftlichen Bereich konnten die Arbeiten an der geplanten Buchpublikation nur in geringem Umfang weitergeführt werden. Im Rahmen der großen Landesausstellung 2011 wird das Lateinamerika-Referat voraussichtlich einen Beitrag zum Thema „sakrale Landschaften" beisteuern, ausgehend von der Kultur der Mapuche. Anlässlich dieser Ausstellung wird die Mapuche-Sammlung des Linden-Museums, die ungefähr 150 Objekte umfasst und größtenteils aus dem Jahre 1897 stammt, gründlich aufgearbeitet. Um die Kenntnisse zu vertiefen und aktuelle Aspekte einfließen zu lassen, ist ein Forschungsaufenthalt in Temuco, Chile, dem Kerngebiet der Mapuche-

Kultur, geplant. Er wird in Zusammenarbeit mit dem Museo Regional de la Araucania und der Katholischen Universität in Temuco durchgeführt und ist für Januar/Februar 2010 vorgesehen. In Chile leben bis heute über eine Million Mapuche.

Das Lateinamerika-Referat ist seit 2009 Mitglied bei IndiaMus, einem Zusammenschluss mehrerer Südamerika-Kuratoren (Basel, Wien, Leiden, Stuttgart, Berlin, München, Staatliche Ethnographische Sammlungen Sachsens) und Südamerika-Tiefland-Spezialisten. Ziel dieses Zusammenschlusses ist es, zu einer engeren Zusammenarbeit zwischen Museen und indigenen Gruppen zu kommen. Es ist vorgesehen, in Museen vorhandene Sammlungen von indigenen Gruppen vervollständigen zu lassen. Eine Delegation der jeweiligen Gruppe wird dann nach Europa eingeladen, um die Objekte selbst hierher zu bringen und vor Ort mit den vorhandenen Sammlungen zu arbeiten, um die Rekontextualisierung zu verbessern und teilweise sogar erst zu ermöglichen. Für die indigenen Kooperationspartner bietet der Aufenthalt die Möglichkeit, mit alten, sehr wertvollen Objekten arbeiten zu können. Gegenstand des zweiten IndiaMus-Treffens, das erste fand 2008 in Berlin statt, Ende Oktober in Dresden und Herrnhut war der Bericht einer ersten Kooperation zwischen Berlin, Leiden, Wien und Basel und Indigenen aus Brasilien. Zu Besuch in diesen vier Museen waren Vertreter der Arua, Canoe, Jabuti, Makurap und Tupari aus Brasilien (http://about-amazonas.illov.de/guapore). Die Teilnahme des Linden-Museums an einem solchen Austausch ist für 2013 vorgesehen, im Rahmen einer Kooperation mit den Wayana-Apalai (Brasilien) oder so-

gar bereits 2012 mit den Macushi und Taulipang (Grenzgebiet Guyana-Brasilien), da das Linden-Museum von allen Gruppen signifikante Sammlungen besitzt.

Die Neuordnung der Moche-Keramiken der Sutorius-Sammlung sowie die Vorbereitungen zu deren Publikation konnten ebenfalls weitergeführt werden.

Doris Kurella

Nordamerika-Referat

Die grundlegenden Tätigkeiten umfassten die Objekterfassung und -bearbeitung im Imdas-Dokumentationssystem, Kommunikation in Verbindung mit dem Erwerb von Sammlungsstücken, der Bereitstellung von Leihgaben, Bearbeitung vielfältiger Anfragen und Durchführung von Projekten zum Thema „Indianer Nordamerikas und Inuit". In Vorbereitung der 2011 stattfindenden Jubiläumsausstellung „Weltsichten" wurden inhaltliche Schwerpunkte im Kontext der Gesamtkonzeption diskutiert und eine erste Auswahl von Objekten aus der Nordamerika-Sammlung getroffen.

Aus dem Alltag ragte eine Reise nach Jakutsien heraus, um auf Einladung der Unesco vom 27. Juli bis 2. August an der Konferenz „Circumpolar Civilizations" teilzunehmen und einem internationalen Fachpublikum Geschichte, Objektkontext und Highlights der Sibirien-Sammlung des Linden-Museums vorzustellen. Es ist beabsichtigt, die wissenschaftliche Kooperation zu vertiefen mit dem Ziel, die mit Jakutsien in Verbindung stehenden völkerkundlichen Sammlungsbestände zu publizieren. Das Interesse an sichtbaren Dokumenten indigener Kulturtraditionen ist sehr stark und mit dem Bestreben verknüpft, seine eigene kulturelle Identität bestätigt zu finden. Als solches verbindet sich mit dem Projekt auch die politische Absicht nach kultureller Eigenständigkeit.

Ebenfalls sehr wertvoll war der fachliche Austausch während der viertägigen Tagung des American Indian Workshop, die im März in Bremen stattfand und unter dem Motto „Transgressing Borders – Defining Boundaries" stand. Bereichernd war auch der Besuch von Fachkollegen wie Arni Brownstone, Kurator am Royal Ontario Museum in Toronto, mit dem die Planung eines gemeinsamen Projekts vertieft wurde. Es ist vorgesehen, dass das Linden-Museum in Kooperation mit kanadischen Partnern 2013-2014 eine „Blackfoot"-Ausstellung vorwiegend aus Beständen des Royal Ontario Museum zeigt und dieses im Gegenzug eine Ausstellung in seinen Räumen mit Objekten des Linden-Museums aus der berühmten Sammlung des Prinzen Maximilian zu

Wied präsentiert. Im Mai 2009 beteiligte sich das Linden-Museum an den American Days mit einer ganztägigen Veranstaltung, die Jim Poitras gewidmet war, der erst als Erwachsener mit der Kultur seiner Cree-, Métis- und Lakota-Vorfahren in Kontakt kam, sich als Künstler etabliert hat und dem Linden-Museum an diesem Tag seine Powwow-Tanzkleidung als Geschenk vermachte.

Es war eine ehrenvolle Aufgabe, mit einer einführenden Ansprache an der offiziellen Eröffnung der Ausstellung „Karl Bodmer. Ein Schweizer Künstler in Amerika" am 7. Februar im Nordamerika Native Museum Zürich mitzuwirken. Ebenso die Beteiligung am Ausstellungskatalog mit einem Artikel über die Sammlung des Prinzen Maximilian zu Wied, Karl Bodmers Werken und deren Relevanz für heutige Indianer sowie durch einen Vortrag über die Nordamerikareise des Prinzen zu Wied im Begleitprogramm zur Ausstellung.

Mit einem Highlight fand das Jahr 2009 seinen Abschluss: „Indianer Inuit: Das Nordamerika-Filmfestival" konnte in Kooperation mit der Volkshochschule und dem Deutsch-Amerikanischen Zentrum zum dritten Mal in Stuttgart veranstaltet werden. Im Linden-Museum fand neben einer Lehrerfortbildung mit indigenen Gästen aus den USA und Kanada ein Konzert mit der renommierten Schauspielerin und Sängerin Andrea Menard, einer Métis aus Saskatoon, und dem aus Montreal stammenden Gitarristen Robert Walsh statt. Die während des Festivals gezeigten Filme zeigten ein weites Themenspektrum und gaben Anlass zu vielschichtigen Diskussionen. Ermutigt durch die positive Resonanz wurde mit Michael Smith, dem Gründer und Direktor des American Indian Film

Festival San Francisco vereinbart, die Kooperation zu vertiefen und in den Jahren zwischen dem Stuttgarter Filmfestival eine Auswahl der besten Filme des vorangegangenen, jährlich stattfindenden Festivals in San Francisco zu zeigen. Diese erste „Best of"-Präsentation wird im Juni 2010 im Linden-Museum stattfinden.

Sonja Schierle

Orient-Referat

Im Berichtszeitraum konnte die datenbankgestützte Inventarisierung der Orient-Sammlungsbestände fortgesetzt werden. Dabei wurde die Abteilung von Praktikantinnen unterstützt. Josefine Frank, Nadia Loukal sowie Sabrine Gasmi arbeiteten hierbei mit der Magazinverwaltung zusammen. Ihnen sei auf diesem Wege herzlich für ihren Einsatz gedankt.

Die Inventarisierungsarbeiten, die vor allem Basisdaten zu den Objekten erfassen und diesen Magazinstandorte zuweisen, wurden mit einer weitergehenden Bearbeitung ausgewählter Sammlungsbestände verknüpft.

Besonderes Augenmerk galt hierbei den Beständen, die im Zuge der „Stuttgarter Badakhshan-Expedition (SBE)" 1962/63 in Afghanistan erworben wurden. Der Teilnehmer der Expedition Dr. Peter Snoy (früher an den Universitäten Mainz und Heidelberg tätig) stellte in diesem Zusammenhang wertvolle schriftliche Informationen zu den Objekten zur Verfügung, besuchte aber auch mehrfach das Museum und die Bestände, deren gemeinsame Sichtung weitere Erinnerungen weckte und zahlreiche Informationen lieferte.

Die neuen Informationen – angefangen von sehr exakten Materialangaben über Informationen zu Vorbesitzern, Verwendung der Objekte bis hin zu exakten Preisen – erlauben für manche Objekte eine bemerkenswert detaillierte Kontextualisierung, die bislang nicht möglich gewesen war.

Intensiv wurde im Berichtszeitraum auch an der Planung und Vorbereitung von Ausstellungen gearbeitet. Dies betrifft zunächst die Orient-Dauerausstellung: Zwar stehen für eine grundsätzliche Umgestaltung derzeit keine Mittel zur Verfügung. Bewilligt wurde jedoch eine gestalterische Modifikation ausgewählter Bereiche der Ausstellung im Rahmen der bestehenden Konzeption. Den Zuschlag für die Gestaltung erhielt das Büro Ebner Design, Esslingen. Die Arbeiten sollen im Sommer 2010 abgeschlossen sein. Sie zielen vor allem auf eine besucherfreundlichere Präsentation.

Geprägt war 2009 auch von den Vorbereitungen für die Große Landesausstellung 2011 anlässlich des 100-jährigen „Jubiläums" des Linden-Museums. Im Zusammenhang mit diesem Vorhaben wurde eine weitere Projektidee entwickelt: Als ein modernes Völkerkundemuseum, das sich auch um kulturellen Dialog in einer stark von Migration geprägten Stadt wie Stuttgart bemüht, bietet der 2011 ebenfalls anstehende 50. Jahrestag des deutsch-türkischen Anwerbeabkommens einen geeigneten Anlass, das deutsch-türkische Miteinander in Stuttgart als begleitende Schau im Linden-Museum zu präsentieren. „Ein halbes Jahrhundert in Stuttgart" entsteht in Kooperation mit dem Planungsstab Stadtmuseum Stuttgart sowie dem Deutsch-Türkischen Forum. Allerdings werden für das Projekt zusätzliche Mittel benötigt, um deren Einwerbung sich die Abteilung und die genannten Partner derzeit bemühen.

Neue internationale Kooperationen und Perspektiven für künftigen Sammlungserwerb der Abteilung ergaben sich in Bezug auf in jüngster Zeit intensivierte Beziehungen zwischen der Stadt Stuttgart und der ehemaligen Hauptstadt der Republik Kasachstan, Almaty. In diesem Zusammenhang konnte Dr. Annette Krämer vom 24. bis 31.10.2009 an der Delegationsreise nach Kasachstan (Astana, Almaty) unter Leitung des Oberbürgermeisters der Landeshauptstadt Stuttgart, Herrn Dr. Wolfgang Schuster, teilnehmen. Auf dieser Reise wurden von ihr mehrere Museen besucht und viel versprechende Arbeitsbeziehungen zu dort beschäftigten Wissenschaftlerinnen und Wissenschaftlern aufgenommen. Als wichtig dürfte sich jedoch auch die Kontaktaufnahme zu an Kasachstan interessierten Unternehmen erweisen, die künftige Sammlungsaktivitäten unterstützen könnten. Gespräche mit Vertretern der Deutschen Botschaft / des Generalkonsulates

in Astana bzw. Almaty sowie – in Vor- und Nachbereitung der Reise – die Kontaktaufnahme zu Vertretern der Botschaft Kasachstan in Deutschland ergänzten die neuen Beziehungen der Abteilung. Kasachstans bzw. die kasachische Kultur sind von hohem Interesse für die Orient-Abteilung, die über eine auch im weltweiten Vergleich herausragende Mittelasien-Sammlung verfügt. Denn gerade in Bezug auf die materielle Kultur der Kasachen besteht hier noch eine bedeutende Sammlungslücke. Diese zumindest ansatzweise zu schließen ist durch die neuen Kontakte eine realistischere Perspektive geworden.

Annette Krämer

Ostasien-Referat

Für das Ostasien-Referat war das Jahr 2009 ein eher ruhiges Jahr. Nachdem im Kabinettbereich der Dauerausstellung über mehrere Monate Textilien der Miao zu sehen waren, fand im Sommer 2009 die Neubespielung des Ausstellungsberei-

Buseki Suikô

ches mit Lackarbeiten aus China und Japan statt. In etwa zur gleichen Zeit wurden die Vitrinen im Wannersaal mit chinesischem Glas und Porzellan aus der Qing-Dynastie (1644-1911) bestückt. Beide Objektgruppen sind in der Dauerausstellung Ostasien wenig beziehungsweise gar nicht vertreten. Die Bespielung der Wannersaal-Vitrinen stellte daher eine willkommene Gelegenheit dar, auch diesen Sammlungsbestand unseren Besuchern zugänglich zu machen, zumal sich unter den farbenfrohen qing-zeitlichen Porzellanen ausgesuchte Spitzenstücke befinden.

Ein Höhepunkt im Veranstaltungskalender des Referats war der Besuch des japanischen Korbflechtmeisters Buseki Suikô. Am 31. Oktober präsentierte und erläuterte Herr Buseki in der Dauerausstellung Ostasien die Besonderheiten und Arbeitstechniken traditioneller japanischer Bambusflechtkunst, die ihren Ausdruck vor allem in der Gestaltung filigraner Blumenkörbe findet. Im Rahmen seines Besuches wurden Herrn Buseki auch die japanischen Flechtarbeiten im Depot des Linden-Museums gezeigt. Die kleine Sammlung umfasst insgesamt 29 Objekte, die bereits in der Zeit um 1900 ins Haus gekommen sind. Sehr erfreulich war in diesem Zusammenhang, dass Herr Buseki zwei dieser Objekte als Arbeiten des in Japan hoch angesehenen Korbflechtmeisters Hayakawa Shôkosai II (1860-1905) identifizieren konnte.

Besondere Erwähnung verdient auch die Ausleihe einer Amida-Trias aus dem 14. Jahrhundert nach Japan. Das wertvolle Objekt ist insofern einzigartig, als außerhalb Japans keine weiteren vergleichbaren Stücke bekannt sind. Es war Teil der Ausstellung „Forms of Prayers – Gokaichô Commemorative Exhibition: Zenkôji Belief" im Shinano Art Museum der Präfektur Nagano, wo Kopien der verborgenen Amida-Trias des Zenkôji-Tempels ausgestellt waren. Der Zenkôji-Tempel ist einer der bedeutendsten buddhistischen Tempel Japans und beherbergt eine Amida-Trias, die als erste buddhistische Darstellung überhaupt im 6. Jahrhundert von Korea aus nach Japan gekommen sein soll. Die Originalskulptur wird heute im Tempel hinter einem Vorhang verborgen und vor menschlichen Blicken geschützt. Kopien dieses Heiligtums, wie unsere Amida-Trias, werden alle sechs Jahre im Rahmen des Gokaichô-Festivals gezeigt.

Gegen Ende des Jahres wurden schließlich noch zwei zukünftige Projekte der Abteilung angestoßen. Zum einen wurden wesentliche Vorbereitungen für eine Online-Ausstellung der umfassenden Netsuke-Sammlung des Linden-Museums getroffen und ein Antrag zur Finanzierung des lang ersehnten Projektes an das Ministerium für Wissenschaft, Forschung und Kunst Baden-Württembergs gestellt. Zum anderen ist das Haus mit der Korea Foundation übereingekommen, im Frühjahr 2011 eine Sonderausstellung mit Glanzstücken aus neun deutschen Korea-Sammlungen zu zeigen.

Einen besonderen Dank möchte die Abteilungsleitung in diesem Jahr Frau Simone Schultz aussprechen, die im Frühjahr 2009 für 3 Monate an je 1,5 Tagen in der Woche im Ostasien-Referat beschäftigt war. Die Referatsleitung befand sich während dieser Zeit nicht im Haus. Durch die tatkräftige Mitarbeit von Frau Schultz konnte jedoch sichergestellt werden, dass die Abteilungsgeschäfte reibungslos weiterliefen.

Uta Werlich

Ozeanien-Referat

Die Arbeit der Ozeanien-Abteilung war 2009 fast vollständig auf die Ausstellung „Südsee-Oasen – Leben und Überleben im Westpazifik" (5. Dezember 2009 - 6. Juni 2010) konzentriert, mit der das Linden-Museum seine umfangreichen Mikronesien-Sammlungen präsentiert und die einen großen Teil der Belegschaft – neben den Restauratoren vor allem auch die technischen Abteilungen des Hauses – für eine lange Zeit in Atem hielt.
Während die heute angespannte Klima-Situation und umfassende Klima-Diskussion Anlass und Hintergrund der Ausstellung bilden, lag die eigentliche Herausforderung darin, die teils über hundert Jahre alten Sammlungsobjekte mit dieser Thematik in einen sinnvollen Kontext zu bringen. Dabei wurde deutlich, dass die Beschäftigung mit

Klima und Wetter auch in voreuropäischer Zeit ein wichtiges Thema in den traditionellen Kulturen war, deren „Make-up" in der sozialen Organisation wie auch in der Tradition der Navigation und des Bootsbaus ganz wesentlich durch diese Problematik geprägt erscheint. Die nachhaltige Nutzung der teils bescheidenen Ressourcen und die große Bedeutung, die Nahrungsmitteln auf allen Inseln zugeschrieben wird, belegen dies ebenso wie die Vernetzung der einzelnen kleinen Inseln mit ihrem weiteren Umfeld durch Handels- und Tausch- wie auch durch Tributbeziehungen. Spannend gestaltete sich auch der Blick auf die Nutzung der überall vorhandenen Grundmaterialien wie Kokospalme, Pandanus, Bananenfasern und Hibiskus, aus denen unter anderem Kleidung und Schmuck gestaltet wurden, die trotz der traditionellen Vernetzung ganz eigene kulturelle „Handschriften" zeigen und die vorhandenen Technologien ausreizen.
Höhepunkte der Ausstellungsvorbereitungen war zweifellos der Aufbau eines originalen Fischerkanus von Yap in der Ausstellung durch Bootsbauer von Yap unter der Leitung von Chief Bruno Tharngan und dem Navigator Ali Haleyalur von Lamotrek, der heute für die Yap Traditional Navigation Society arbeitet. Sie setzten das für den Transport in Einzelteile zerlegte 20 Jahre alte Auslegerkanu, das eine Länge von sieben Metern hat, wieder zusammen und bestückten es mit einem traditionellen Mattensegel. Dass unsere Gäste auch Mitarbeitern und Besuchern die Grundprinzipien des Bootsbaus und der Navigation nahe brachten, war eine wunderbare Erfahrung. Weitere Besucher, die wir 2009 in der Südsee-Abteilung

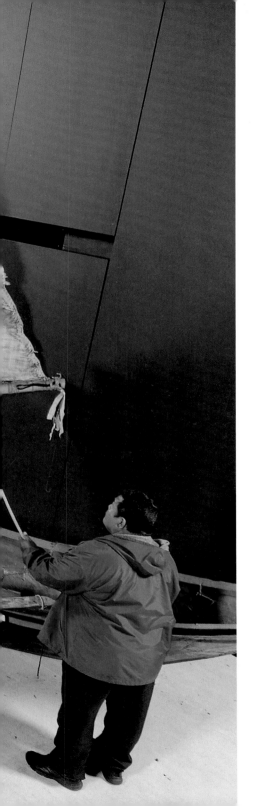

des Linden-Museums begrüßen konnten, waren Dwight Richards, der Kulturdirektor von Palau und Pastor Kalau aus Guam, der seit vierzig Jahren in Mikronesien wirkt und arbeitet und ein riesiges Foto- und Filmarchiv sein Eigen nennt.

Als Begleitbuch zur Ausstellung konnte ein Katalog erarbeitet werden, zu dem auch etliche Kollegen mit Texten und Anregungen wesentlich beitrugen. Ihnen allen gilt unser Dank. Gleiches gilt für die institutionellen und privaten Leihgeber – die Reiss-Engelhorn-Museen in Mannheim, das Roemer- und Pelizaeus-Museum in Hildesheim und das Rijksmuseum voor Volkenkunde in Leiden einerseits und Udo Horstmann in Zug, Peter Maaz in Detmold und Daniel Blau in München andererseits. Sie haben es ermöglicht, die Lücken der eigenen Sammlung zu füllen und so den Besuchern ein möglichst umfassendes Bild der mikronesischen Kulturen und ihrer erstaunlichen Kreativität zu bieten.

Zu der Mikronesien-Ausrichtung des Jahres 2009 trugen aber nicht nur die eigenen Arbeiten bei, sondern auch ein Symposium, zu dem die Fondation Beyeler in Riehen bei Basel eingeladen hat-

Hochseetüchtiges Auslegerboot. Yap-Mahagoni und Brotfruchtholz, Bambus, Kokosfaserschnur, europäische Farbe. Yap. L 7,50 m. Gebaut von Bootsbaumeister Chief Bruno Tharngan in den 80-er Jahren des 20. Jh.
Das Foto zeigt den Aufbau des Bootes im Linden-Museum Stuttgart, vorn der Navigator Ali Haleyalur, am Mast der Assistent Niklas.
Inventarnr. S 4870 L. Foto: A. Dreyer.

te. Für diesen Anlass waren die in der grandiosen Ausstellung „Bildwelten" versammelten Nukuoro-Skulpturen um weitere Beispiele ergänzt worden, wodurch diese ganz besondere Ausdrucksform wohl erstmals überhaupt zu einem wirklichen Vergleich einlud. Es ist wunderbar, dass wir zwei der dort gezeigten Kunstwerke auch in der Stuttgarter Ausstellung präsentieren können, während wir der Basler Ausstellung unsererseits einige Highlights unserer Neuirland-Sammlung als Leihgaben zur Verfügung stellen konnten.

Ingrid Heermann

Südasien-Referat

In der Südasien-Abteilung wurde 2009 zunächst damit begonnen, die Objekte der Südasien-Sammlung in das Datenbanksystem Imdas Pro einzugeben und deren Standorte zu erfassen.

In der zweiten Jahreshälfte verschob sich der Fokus auf die Vorbereitung der zwei kommenden Sonderausstellungen. Die Ausstellung „Indiens

Tibet – Tibets Indien", eine Übernahme aus dem Historischen und Völkerkundemuseum St. Gallen, wird vom 22. Oktober 2010 bis zum 01. Mai 2011 den Westhimalaya – das „tibetische Indien" – thematisieren. In diesem Schmelztiegel der Kulturen vermischen sich Hinduismus und Buddhismus mit uraltem Geisterglauben und die Region bildet eines der letzten Refugien des tibetischen Buddhismus. Bereichert wird die Ausstellung durch umfassende fotografische und filmische Dokumentationen des Frankfurter Gastkurators Peter van Ham und durch zum Teil erstmalig veröffentlichte historische Aufnahmen des Westhimalaya. Inhalt der Arbeit war es, die Ausstellung an die Räume des Linden-Museums anzupassen und durch Objekte aus der Südasien-Sammlung, wie zum Beispiel Werke der seltenen kashmirischen Kunst, zu erweitern. Zudem wurde mit den Planungen für die Große Landesausstellung begonnen, die aus Anlass des hundertjährigen Bestehens des Linden-Museums im September 2011 eröffnet wird.

Weitere Höhepunkte bildeten Aufführungen des klassischen indischen Tanzes. Unter dem Fokusthema Jugend erzählte Hasita Sonn am 24. Mai zusammen mit ihren Schülerinnen tänzerisch die Geschichte eines kleinen Mädchens, das den Bharata Natyam lernt. Caroline Gebert-Khan präsentierte am 6. Juni in „Pancabhutasthala" die Bedeutung der fünf Elemente für den Bharata Natyam. Eine Neuerung, die sehr gut von den Besuchern aufgenommen wurde, waren Führungen, die in Kombination mit dem klassischen indischen Tanz angeboten wurden.

Im Rahmen der Indien-Woche vom 14. bis zum 20.

Juli 2009 wurden mehrere Lesungen im Linden-Museum durchgeführt und eine Kabinettausstellung indischer Miniaturmalereien („Die Spur der Tränen. Ein Märchen aus Indien") im Wannersaal eingerichtet.

Eine positive Resonanz fand auch das Wochenende zur traditionellen asiatischen Medizin am 24. und 25. Oktober („Die Kunst des langen Lebens"), das zum Fokus „Herbst des Lebens" ausgerichtet wurde. Workshops, Seminare und Führungen gaben Einblick in die tibetische und die indische Medizin, Qigong und Yoga.

Susanne Faller

Caroline Gebert-Khan tanzt im klassischen indischen Tanzstil Bharata Natyam in der Südasien-Abteilung des Linden-Museums. Foto: N. Treu.

Musumspädagogik

Im Jahr 2009 haben 63.235 Besucherinnen und Besucher die Ausstellungen des Linden-Museums gesehen. Von ihnen nahmen 42 % an einer Führung teil, wobei der Anteil geführter Besucher in den Dauerausstellungen bei 48 % und in der Sonderausstellung „Schamanen Sibiriens" bei 37 % lag. Obwohl in letzterer eine ausführliche Audioführung angeboten wurde, war der Wunsch, die Ausstellung im Rahmen einer persönlich vermittelten Führung zu erleben, sehr ausgeprägt. Es bestätigt sich die Erfahrung, dass ethnologische Themen einen hohen Vermittlungsbedarf benötigen. Während sich zahlreiche private Erwachsenengruppen für die „Schamanen Sibiriens" interessierten, bevorzugten Schulen und Kindergruppen das breit gefächerte Führungsangebot in den Dauerausstellungen. Angebote, die inhaltliche Vermittlung mit aufwändigeren kreativen Aktivitäten verbinden, waren auch 2009 vor allem bei Führungen für Kinder, Jugendliche und Familien sehr beliebt. Nahezu ein Drittel aller Führungen dauerte 90 oder 120 Minuten. Bei Schulen waren es vor allem Gymnasien, die diese betont interaktiven Führungen bevorzugten, ganz im Gegensatz zu Hauptschulen, deren Schülern häufig zu Unrecht mangelnde Konzentrationsfähigkeit unterstellt wird.

Führungen 2009 im Überblick

Schulen	Stuttgart	auswärtig	2009	2008
Grundschulen	44	75	119	137
Hauptschulen	6	20	26	19
Realschulen	6	36	42	45
Gymnasien	43	83	126	109
Berufsschulen	1	10	11	14
Förderschulen	3	6	9	15
Fremdsprachige Schulen	2	4	6	8
insgesamt	**105**	**234**	**339**	**347**

Außerschulische Kinder / Jugendliche	2009	2008
Kindergärten	23	35
Kindergeburtstage	20	21
Kinder/Jugendliche	27	20
Waldheim	1	0
insgesamt	**71**	**76**

Sonstige Gruppen	2009	2008
Behinderte	2	2
Kunst–Abo der Kulturgemeinschaft	8	14
Kirchliche Gruppen	15	6
Pädagogische Fortbildung	9	19
Private Gruppen	75	55
Senioren	20	8
Uni/PH/FH	28	25
VHS	2	4
Sponsoren	19	nicht erfasst
insgesamt	**177**	**133**
Gruppenführungen gesamt	**587**	**556**

Öffentliche Führungen	2009	2008
Familienprogramme	6	8
Ferienprogramme	17	22
Kindernachmittage	3	3
Publikumsführungen in den Dauerausstellungen	69	74
Familienführung	20	13
Workshop	6	2
Die Weite Welt in Worten	14	7
WeltErfahren ab 55	3	2
insgesamt	**300**	**215**
Gesamtzahl aller Führungen	**889**	**771**

Verteilung der Führungen auf die Sonderausstellungen

2009 fanden in den beiden Sonderausstellungen „Schamanen Sibiriens" (13. Dezember 2008 - 28. Juni 2009) und „Südsee-Oasen" (ab 5. Dezember 2009) insgesamt 390 Führungen statt, davon wurden 181 als öffentliche Veranstaltungen von Seiten des Museums angeboten und 209 von Interessenten gebucht. Allein 369 Führungen fanden in der Sonderausstellung „Schamanen Sibiriens" statt, davon 170 als öffentliche Angebote und 199

von interessierten Gruppen gebucht. Der Anteil der vom Museum öffentlich angebotenen Führungsangebote ist mit 46 % recht beachtlich. Er zeigt das überwältigende Interesse an Publikumsführungen und der damit einhergehenden Vermittlung themenrelevanter Informationen. Durch das eingesetzte Flüsterführungssystem musste die Gruppengröße auf 25-30 Personen begrenzt werden, um die akustische Qualität zu gewährleisten. Dennoch konnte trotz erhöhter Taktzahlen der Führungen der hohen Nachfrage vor allem zu Ausstellungsbeginn nicht voll entsprochen werden. Im Vergleich dazu war die Führungs-nachfrage in der Sonderausstellung „Südsee-Oasen" überschaubar.

Bis Jahresende fanden elf öffentliche und zehn angemeldete Führungen statt. In die Ausstellung integriert wurden Aktionsstationen, die Besucher anregen, selbst aktiv zu werden. Kinder können zudem mit einem museumspädagogisch konzi-pierten Logbuch in der Inselwelt Mikronesiens unterwegs sein.

Diagramm *Prozentuale Verteilung der Führungen auf die Dauerausstellungen 2009*

Bei der prozentualen Verteilung der Führungen in den Dauerausstellungen blieb der Anteil im „Orient" und in „Südasien" im Vergleich zu 2008 konstant, reduzierte sich geringfügig in „Ostasien" und ging in „Lateinamerika" aufgrund der Schließung um die Hälfte zurück. Erfreulich ist, dass in den knapp drei Monaten, einschließ-lich der Sommerferien, in denen „Lateinamerika" geöffnet war, die Nachfrage deutlich anstieg. Eine Steigerung verzeichneten die Dauerausstellungen „Afrika" und „Nordamerika", was überrascht, da letztere größtenteils auf nur einen Raum reduziert war.

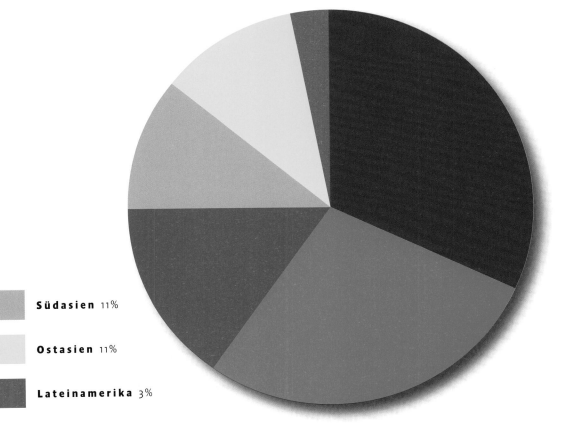

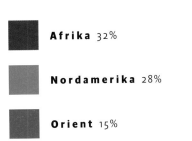

Afrika 32%

Nordamerika 28%

Orient 15%

Südasien 11%

Ostasien 11%

Lateinamerika 3%

Ferien- und Familienprogramme

Die Abenteuerreisen von „Nanu Naseweis" fanden als Ferienprogramm wieder ein sehr großes Interesse, wie auch die Familienprogramme zum Thema „Heilen weltweit". Ab Herbst waren Familien eingeladen, die vielseitigen Beziehungen zwischen Mensch und Tier kennenzulernen. Die dreistündigen Sommerferienprogramme stellten als übergreifendes Thema „Die Welt der Erwachsenen" in den Mittelpunkt. Sie wurden parallel für Kinder ab acht Jahren und für Erwachsene angeboten – mit guter Resonanz. In den Herbstferien fand zum Markt der Völker ein Kinderprogramm statt, das Kinder einlud, Spiele der Welt kennenzulernen. Die 90-minütigen Familienführungen vierzehntägig zu veranstalten hat sich als richtige Entscheidung herausgestellt, da sie weiterhin sehr gefragt sind.

Nachdem die „Lateinamerika"-Dauerausstellung im Sommer wieder zugänglich war, konnten Erwachsene und Kinder erneut den „Südamerika-Rucksack" für eine interaktive Entdeckungsreise nutzen. In den knapp drei Monaten wurde er dreißig Mal ausgeliehen.

Veranstaltungen zu Ausstellungen

Die Resonanz auf die Fokusthemen, die sich 2009 auf die Lebensstadien des Menschen konzentrierten, war ausgesprochen positiv. Ein gemischtes Echo fand die Veranstaltung „WeltErfahren", die in der Sonderausstellung „Schamanen Sibiriens" aufgrund der hohen Nachfrage wiederholt, in „Südasien" jedoch mangels Anmeldungen abgesagt werden musste. Das Verlegen der Uhrzeit von Samstagnachmittag auf einen Vormittag unter der Woche zeigte für das Programm „Die chinesische Sicht auf das Alter" im November bereits positive Wirkung.

Auch das Erzählprogramm „Die Weite Welt in Worten", das die Geschichtenspielerin Uschi Erlewein in den Dauerausstellungen und in der Sonderausstellung präsentiert, erfreut sich großer Beliebtheit. Im Angebot war 2009 ein „Crashkurs Chinesisch", in dem Kinder und Erwachsene lernten, sich in einfachen Sätzen zu unterhalten und einige Schriftzeichen zu entschlüsseln.

Im Rahmen der Veranstaltung „Von der Südsee nach Stuttgart" luden Bootsbauer und Navigatoren aus Mikronesien im November die Öffentlichkeit zum Kennenlernen des traditionellen Bootsbaus ein. Diese Begegnung war auch für die Mitarbeiter der Museumspädagogik eine wertvolle Gelegenheit, sich im persönlichen Gespräch thematisch auf die Sonderausstellung vorzubereiten.

Fortbildungen und Kooperationen

Außer der sehr gut besuchten Lehrerfortbildung, die speziell für die Sonderausstellung „Schamanen Sibiriens" konzipierte Programme für Schulklassen vorstellte, wurden Veranstaltungen durchgeführt, die auf die Interessen von Lehrern, Referendaren und Erzieherinnen abgestimmt waren. Eine sehr positive Resonanz fand die Fortbildung „Kulturen der Welt", die in den Ausstellungen „Afrika" und „Südasien" für Realschulen relevante Lehrplanthemen und Vermittlungskonzepte vorstellte. Großes Interesse fand auch die Fortbil-

dung „Native Peoples – Past and Present", die im Rahmen von „Indianer Inuit: Das Nordamerika-Filmfestival" angeboten wurde und pädagogisch engagierten Personen Gelegenheit bot, mit der kanadischen Sängerin und Schauspielerin Andrea Menard und weiteren indigenen Gästen aktuelle Themen aus dem indianischen Nordamerika zu diskutieren.

Schon Tradition hat die Kooperation mit der Englisch-Lehrerin Ingrid Stritzelberger, die mit Schüler/innen des Otto-Hahn-Gymnasiums Ostfildern Ergebnisse ihres innovativen Schülerprojektes „Dreams and Reality" zusammen mit dem Landesmedienzentrum Baden-Württemberg und dem Diesterweg-Verlag im Linden-Museum Pädagogen und Schulklassen vorstellten. Weitergeführt wurde auch die Zusammenarbeit mit Prof. Dr. Martin Fromm, dem Leiter des Instituts für Pädagogik und Psychologie der Universität Stuttgart. 2009 standen Schülerprojekte mit dem Hölderlin-Gymnasium und dem Eberhard-Ludwig-Gymnasium im Mittelpunkt. Da beide Einrichtungen in unmittelbarer Nähe des Linden-Museums liegen, konnten Schulklassen mehrfach die Ausstellungen besuchen, um ein Feedback auf Objektpräsentation, Audioguide und Führungen zu formulieren. In der Universität wurden sie in wissenschaftliche Forschungsmethoden eingeführt und konnten diese in Schüler-Interviews erproben. Die Ergebnisse

Sommerferienprogramm 2009 „Die Welt der Erwachsenen: Männer in Frauenkleidern – Rollenspiele im Theater Ostasiens".
Foto: Linden-Museum Stuttgart, A. Dreyer.

dienen als Anregungen, die in die museumspäda-gogische Vermittlungsarbeit einfließen.

Ein sehr gutes Echo fand auch 2009 das Tages-seminar „Museumspädagogik und Ausstellungs-gestaltung", das im Rahmen des museumspäda-gogischen Qualifikationskurses „Die Sprache der Dinge" zusammen mit dem freien Architekten Peter Zürn durchgeführt wurde.

Zum Bildatlas „Kunst" erschien im Ernst-Klett-Ver-lag Stuttgart nun auch das Arbeitsbuch „Kunst" mit Beiträgen zur außereuropäischen Kunst, die unter der Federführung des Linden-Museums und in Abstimmung mit Professor Hubert Sowa, PH Ludwigsburg, verfasst wurden.

In Kooperation mit dem Stuttgarter Märchen-kreis, der 2009 sein 20-jähriges Bestehen feierte, wurde eine Reihe von Angeboten präsentiert, in denen das „Erzählen" im Mittelpunkt stand: Matinée-Programme für Schulklassen, in denen Führung und Erzählungen eine Einheit bildeten, waren sehr nachgefragt und fanden ein sehr posi-tives Echo, wie auch die sehr gut besuchte Erzähl-wanderung durch mehrere Ausstellungen und der große Erzählabend.

Die Fortbildung für freie Mitarbeiter in der Mu-seumspädagogik konzentrierte sich 2009 auf die Evaluation von Vermittlungsmethoden, die durch den Input von Andrea Dohse, Dozentin an der Fachschule für Sozialpädagogik Reutlingen, er-gänzt wurde. Sie stellte „Methoden aus der Ho-sentasche" vor – wertvolle kreative Aktivitäten, die geeignet sind, die Attraktivität einer Führung zu optimieren.

Unterstützt wurde die Museumspädagogik durch die Pädagogikstudentin Elly Nabel, die während

ihres sechswöchigen Praktikums einen Themen-katalog für Realschule entwickelte und Petra Depner, die in drei Monaten Berufsorientierungs-praktium den Museumsalltag kennenlernte und ihr künstlerisches Talent in die Gestaltung der Ak-tionsstationen in der Sonderausstellung „Südsee-Oasen" einbrachte. Nur dank des großen Enga-gements aller in der Museumspädagogik tätigen Mitarbeiter/innen, insbesondere auch von Katrin Kobler und Marita Oltersdorf, war es möglich, das breite Angebot und die vielfältigen Aktivitäten durchzuführen. Ihnen allen danke ich im Namen unserer zahlreichen zufriedenen Besucher und Kooperationspartner.

Sonja Schierle

Sommerferienprogramm 2009 „Die Welt der Erwachsenen: Freitagsgebet und Henna-Nacht – Erwachsenwerden im Orient".
Foto: Linden-Museum Stuttgart, A. Dreyer.

Öffentlichkeitsarbeit

Mit der groß angelegten Marketingkampagne für die Sonderausstellung „Schamanen Sibiriens" konnte das Ziel, über 30.000 Besucher[1] zu gewinnen, erreicht werden.

Die Presseresonanz auf die Sonderausstellung „Schamanen Sibiriens" war sehr positiv, vor allem überregional und international. Ausführliche Fernsehbeiträge auf Arte, 3Sat und in Südwest 3 sowie zahlreiche Hörfunkbeiträge (unter anderem Deutschlandradio Kultur, Deutschlandfunk, SWR 2 und 4, Bayern 4) machten die Ausstellung sehr schnell einem großen Publikum bekannt. In der März-Ausgabe der japanischen Vogue war die Ausstellung als einziger Kulturtipp für Europa vertreten. Im Januar erzielte das Museum mit 279 Beiträgen in Medien (ohne Internet) den höchsten Wert seit der Resonanzanalyse im Jahr 2000. Gezielt wurden für die Ausstellung Medien angesprochen, die sich auf russische beziehungsweise sibirische Kultur, Naturheilkunde oder Spiritualität spezialisiert haben – die Zielgruppen wurden hierüber sehr gut erreicht. Die Ausstellung war auch beliebtes Diskussionsthema verschiedener Internetforen. Insgesamt erschienen zum Museum im Jahr 2009 1.530 Presseartikel mit einer Gesamtauflage von 34,5 Millionen.

Die Wirksamkeit der Medienberichterstattung und der Marketingmaßnahmen zur Schamanen-Ausstellung wurde in einer Umfrage im Museum abgefragt mit dem Ziel, den Marketing-Mix für künftige Sonderausstellungen zu optimieren. Das Ergebnis aus 501 Befragten ergab, dass unter den Werbemedien die „Klassiker" wie Plakatierung (39 %), Homepage (12 %) und Werbeflyer (11 %) die größte Aufmerksamkeit erregen. Besonders positiv ist der hohe Wert der Mund-zu-Mund-Propaganda: Gut ein Drittel der Ausstellungsbesucher wurden durch persönliche Empfehlung zum Ausstellungsbesuch animiert. Dies spricht für die Umsetzung des Ausstellungsthemas und ist aus Marketingsicht die wirksamste, aber auch die am schwersten zu erreichende Werbung. Die Analyse zeigte außerdem, dass eine hohe Presseresonanz, vor allem in den regionalen Medien, von großer Bedeutung ist. 16 % wurden durch Berichte der Stuttgarter Zeitung zum Besuch angeregt, weitere 26 % durch andere Zeitungen und Zeitschriften. Zudem wurde die Herkunft der Besucher erfragt. 30,7 % der Besucher kommen aus Stuttgart, weitere 37,7 % aus der Region (Entfernung bis 50 km). Danach folgen mit 18 % Besucher aus dem restlichen Baden-Württemberg und mit 11,7 % die Besucher aus dem restlichen Deutschland. Aus dem Ausland reisten 1,8 % der Besucher an. Dies zeigt, dass auch die überregionale Bewerbung der Ausstellung, mit Plakaten, Anzeigen in großen Medien wie „Zeit", Bahnwerbung, Radio- und Fernsehberichte etc. Anklang gefunden hat, wobei hier für künftige Ausstellungen sicherlich noch Potenzial nach oben ist. Für die Sonderausstellung „Südsee-Oasen" wurden die Erkenntnisse der Evaluation umgesetzt.

Die Sonderausstellung „Südsee-Oasen" startete mit einem sehr guten Medienecho. Der Besuch der Bootsbauer aus Yap im Vorfeld der Ausstellung aktivierte die regionale Presse in starkem Maß und die bewusste Platzierung der Ausstellungseröffnung in zeitlicher Nachbarschaft zur UN-Klimakonferenz in Kopenhagen sorgte für zahlreiche und sehr ausführliche Medienberichte.

---

[1] Insgesamt wurden 34.123 Besucher gezählt.

Im Januar nahm das Museum erstmals mit einem Stand bei der CMT teil. Sowohl was die Ansprache von potenziellen Besuchern als auch die Kontaktaufnahme mit Multiplikatoren (zum Beispiel Stadtmarketing in Baden-Württemberg, Medieninterviews) oder möglichen künftigen Partnern aus der Reisebranche betrifft, erzielte die Teilnahme die gewünschte Wirkung und wird in den kommenden Jahren fester Bestandteil der Marketingaktivitäten sein. Seit Mitte 2008 erfassen wir mittels eines Fragebogens die Besucherzufriedenheit. 98 % der Besucher bewerten ihren Besuch gut bis sehr gut, auch der Service im Museum erhält mit 94 % gute bis sehr gute Noten. Ziel ist es, die Zufriedenheit der Besucher stetig zu steigern, in dem Wissen, dass begeisterte Besucher die beste Werbung sind.

■ From German Vogue

こんな時代だからこそ、シャーマンに会いたい。

ドイツのシュトゥットガルトにあるリンデン美術館で「シベリアのシャーマンたち」展覧会が開催中だ。シベリア地方には古くから霊と交信するシャーマンちが存在し、彼らの衣装、装飾品や写真などをロシアの民族学博物館の協力を得て展示している（1〜3）。今回の展覧会では主に20世紀初頭に実在したシャーマンたちの生活ぶりなどが紹介されている。彼らには不思議な能力があるわれ、特に社会が不安や危機を抱えるときに、彼らの力を借りたいと人々は思うようだ。まるで21世紀初頭にている現在の世界不安や危機から逃れたいという人々の思いが、再び、「シャーマン」という存在に目を向けさせてのかもしれない。6月28日まで。lindenmuseum.de（3月号）

Wie hat Ihnen der Museumsbesuch gefallen?

	sehr gut	gut	zufrieden-stellend	schlecht	sehr schlecht
2009	79 %	19 %	1 %	1 %	0 %
2008	75 %	21 %	1 %	3 %	0 %

Wie beurteilen Sie unseren Service?

	sehr gut	gut	zufrieden-stellend	schlecht	sehr schlecht
2009	66 %	28 %	4 %	1 %	2 %
2008	62 %	32 %	5 %	0 %	1 %

„Schamanen Sibiriens" als Europa-Kultur-Tipp in der japanischen „Vogue", März 2009.

Die Website wurde 2008 von insgesamt 209.721 Personen besucht, was täglich 575 Besuchern entspricht. Jeder Besucher ruft im Durchschnitt 7 Seiten auf. Die Abonnentenzahl des E-Mail-Newsletters konnte um 11 % auf 2.146 Abonnenten gesteigert werden. Um die besonderen Vorlieben und Interessen der Besucher möglichst genau zu bedienen, wurden zudem Special-Interest-Newsletter angelegt, die unser Gesamtprogramm nach 13 Interessensgruppen segmentieren.

Im August 2009 wurde mit dem Kurznachrichtendienst Twitter der Weg ins Web 2.0 beschritten: Seither wird täglich eine Kurznachricht mit Verlinkung auf unsere Website versandt. Inhalte sind Veranstaltungstipps, Aktivitäten und Kooperationen vor und hinter den Kulissen, die Vorstellung von Objekten und Links zu Medienberichten über das Museum. Insgesamt wurden so bis Jahresende mit 119 „Tweets" 38.913 Menschen erreicht. 2010 soll die Präsenz im Web 2.0 kontinuierlich ausgebaut werden.

Auf das Veranstaltungsmanagement, das ebenfalls in den Verantwortungsbereich der Öffentlichkeitsarbeit fällt, wurde bereits im Artikel „Veranstaltungen" eingegangen.

2009 wurden auch zwei Abschlussarbeiten durch das Referat Öffentlichkeitsarbeit betreut: Klaus Lüttich befasste sich in seiner Diplom-Arbeit (Hochschule Reutlingen, Internationales Marketing) mit der Marketingkonzeption für die Ausstellung „Südsee-Oasen". Thomas Müller verfasste im Rahmen seines PR-Plus-Fernstudiums eine herausragende Abschlussarbeit zum Thema „PR-Konzept zur Großen Landesausstellung 2011 des Linden-Museums", die uns fundierte und kreative Anregungen gibt und uns auch im nächsten Jahr noch beschäftigen wird.

Nicht zuletzt gilt den Praktikanten Viola Benz und Julian Eckert großer Dank, die einen wichtigen Beitrag zum Erfolg des ganzen Museums leisteten.

Martin Otto-Hörbrand, Sophia Porcaro

Annäherungen an das unbekannte Wesen „Besucher"
im Linden-Museum Stuttgart:
Besucherforschung jenseits der Sozialstatistik

Ansätze der Besucherforschung

Den Beginn der publizierten Besucherforschung setzt Hein (1998) im Jahr 1884 an. Während der ersten Hälfte des 20. Jahrhunderts konzentrierten sich die Untersuchungen auf das beobachtbare Verhalten der Besucher im Museum, allgemeine Akzeptanzbeurteilungen von Ausstellungen und die Erhebung sozialstatistischer Daten.
Besucherbeobachtungen erfassten dann zum Beispiel die Wege der Besucher durch eine Ausstellung, ihre Aufenthaltsdauer (visitor survival) in einer Ausstellung, wie viele und welche Objekte sie beachteten (attracting-power) und wie lange (holding-power). Eine etwas ausgefallenere Beobachtungsstudie versuchte bereits 1916 zu klären, welche Arrangements dazu beitragen, dass Besucher im Museum ermüden, indem sie etwa gezwungen sind, eine anstrengende Körperhaltung einzunehmen (vgl. Hein 1998: 44). In jüngster Zeit nutzen Beobachtungsstudien die verbesserten technischen Möglichkeiten zur Erfassung von Bewegungen im Raum (Müller und Kälin 2009), Augenbewegungen (Mayr [u. a.] 2009) und physiologischen Daten, wie zum Beispiel Hautwiderstand und Blutdruck, während eines Museumsbesuchs (Projekt „eMotion", vgl. auch Bonstein 2009).
Überwiegend sozialstatistisch angelegte Untersuchungen wurden verstärkt ab den 1970er Jahren eingesetzt (vgl. zum Beispiel Klein 1990) und erfassen Besucherzahlen, Alter, Geschlecht und Bildungsgrad der Besucher, Länge der Anreise, Beförderungsmittel usw. Neben kleineren Untersuchungen an einzelnen Museen gibt es hier den Versuch des Instituts für Museumsforschung, durch seine jährlichen Erhebungen einen bundesweiten vollständigen Überblick zu gewährleisten. Urteile von Besuchern über Ausstellungen sind neben Einträgen in Besucherbüchern vor allem in der Form standardisierter Interviews und schriftlicher Befragungen erhoben worden, in denen Besucher zum Beispiel Objekte oder allgemeine Aspekte einer Ausstellung angeben sollten, was beziehungsweise wie sehr ihnen etwas gefallen hat (vgl. Klein 1990).
Auch im Linden-Museum Stuttgart werden kontinuierlich sozialstatistische Erhebungen durchgeführt. Einer umfassenden Besucherbefragung zur Beurteilung der Dauerausstellungen (Buhl und Vogels 1994) folgten Umfragen etwa zur Zufriedenheit der Besucher mit den Ausstellungen und dem Serviceangebot, zur Akzeptanz des Audioguides oder zur Wahrnehmung von Ausstellungen durch Kinder, um nur einige zu nennen. Dabei kamen die oben bereits angesprochenen Verfahren zum Einsatz: standardisierte Fragebogen und ergänzend dazu Besucherbeobachtungen.

Stand der Forschung

Die oben skizzierten methodischen Zugänge der Besucherforschung informieren darüber, was wann und wie oft geschieht, aber nicht warum. Statistisch formuliert liefern sie Häufigkeiten, vielleicht noch Kontingenzen, aber keinen pädagogisch-psychologischen Sinn. Dies ist aus museumspädagogischer Perspektive unbefriedigend. Hier wäre es vielmehr interessant zu erfahren, warum jemand vor einem Objekt stehen bleibt und was dabei in ihm vorgeht, denn das erfährt

Anhand ausgewählter Objekte macht der Audioguide auf inhaltliche Themen der Ausstellung aufmerksam. Foto: A. Dreyer.

man so nicht. Sozialstatistische Daten informieren zum Beispiel darüber, dass Museumsbesuche selten allein stattfinden, wie lange sie dauern, wer in welche Museen geht (vgl. Schulze 1994), aber nicht, welche Erfahrungen Besucher in einer Ausstellung machen und wie sie das Museumsangebot verarbeiten. Einfache ergänzende Abfragen, ob und wie sehr einem etwas gefallen hat, liefern für die konstruktive museumspädagogische Arbeit keine ausreichenden Anhaltspunkte. Wenn über das Lernen im Museum gesprochen wird, fällt das Urteil über die bisher vorliegenden Erkenntnisse einhellig sehr skeptisch aus (vgl. Paatsch und Schulze 1992; Schulze 1994; Shettel 1996; Brinkman 1996; Hein 1998; Loomis 1973). Der „gläserne Besucher", von dem Klein 1990 sprach, ist selbst bezogen auf sozialstatistische Daten weitgehend noch Wunschvorstellung (vgl. Graf und Noschka-Roos 2009). Wenn es um Erfahrung und Lernen im Museum geht, wäre sogar eher vom „unbekannten Wesen Besucher" zu sprechen.

Dafür gibt es allerdings spezifische Gründe, die in den besonderen Schwierigkeiten des Forschungsfeldes Museum liegen. Museumsbesuche sind extrem heterogen, hinsichtlich der Ausstellungen und Objekte, Wege durch die Ausstellung, Aufenthaltsdauer, verwendeten Informationen, Zusammensetzung der Besuchergruppen, des Alters und Geschlechts der Besucher, deren Vorbildung usw. Es gibt also nicht „den" Museumsbesuch. Selbst bei den noch vergleichsweise einfach zu erfassenden Daten, wie etwa der Anzahl der betrachteten Objekte und der jeweiligen Verweildauer, streuen die Werte in einem Maß, das Aussagen über typisches Besucherverhalten hochproblematisch macht.

Erschwerend kommt hinzu, dass die Beschäftigung mit einzelnen Objekten einer Ausstellung selbst im günstigsten Fall so kurz ist, dass zu fragen bleibt, ob hiervon tief greifende und andauernde Wirkungen auf den Besucher zu erwarten sind. Das schließt subjektiv bedeutsame und biographisch nachhaltige Erfahrungen im Museum nicht aus, sie dürften aber in dieser Intensität die Ausnahme sein und bleiben selbst dann schwer nachweisbar. Um nur zwei Gründe zu nennen: Der Eindruck, den ein Objekt auf den Besucher macht, ist nicht notwendigerweise auch artikulierbar, und der Museumsbesuch, den ein Besucher in der Erinnerung als Auslöser für bedeutsame Lernprozesse ansieht, mag tatsächlich nur eine besonders gute Illustration für den Beginn der individuell erlebten Veränderung sein.

Im Ergebnis bedeutet das: Wenn man sich für individuelle Erfahrungen und Lernprozesse von Museumsbesuchern interessiert, greifen die bisher überwiegend eingesetzten Untersuchungsmethoden zu kurz, weil sie sich für innere Prozesse der Besucher entweder überhaupt nicht oder nur in oberflächlichster Form interessieren. Was in Museumsbesuchern vorgeht, erfährt man daher nicht oder so vage, dass die Befunde für die museumspädagogische Arbeit wenig hilfreich sind. Benötigt werden Untersuchungsverfahren, die über innere Vorgänge von Besuchern sensibler informieren, und das heißt: nicht-standardisierte Befragungsverfahren.

Wie immer diese Untersuchungsverfahren auch aussehen mögen, werden sie allerdings vorhersehbar nicht zu generellen Aussagen über die Wirkung eines Objekts auf „die" Besucher führen

können. Ein Kunsthistoriker wird eben andere Eindrücke aus einer Ausstellung mitnehmen als ein Schüler während einer Klassenführung. Zur Illustration ein konkretes Beispiel aus unserer Projektarbeit (siehe unten): Schüler der 7. Klasse eines Gymnasiums wünschten sich ein „abwechslungsreiches" Angebot, lehnten aber auf Nachfrage entschieden Angebote ab, bei denen sie in verschiedenen Kontexten etwas anfassen oder ausprobieren, hören und ansehen konnten. Begründung: Das erinnere sie an das Stationenlernen in der Grundschule. Da habe dann in einer Ecke der Hund gebellt, in der nächsten durfte man ihn streicheln usw. Über dieses Alter sei man schließlich hinaus. Zunächst überraschend, ist diese Reaktion aber für eine biographische Umbruchphase durchaus verständlich, in der die Ablösung von der Kindheit erfolgt. Man darf vermuten, dass dieselben Angebote zwei Jahre früher und auch wieder zwei Jahre später anders und entspannter aufgenommen werden.

Neue Wege:
Das Projekt „Schüler im Museum"

Seit Herbst 2007 führt das Linden-Museum zusammen mit der Abteilung Pädagogik der Universität Stuttgart und mehreren Schulen unterschiedlichen Typs ein Projekt mit dem Ziel durch, genauer zu erfassen, welche Erfahrungen Schüler im Linden-Museum machen, welche Aspekte einer Ausstellung, einer Führung, des Gesamtangebots sie positiv beurteilen und welche sie ablehnen. Ein Grund für diese Zusammenarbeit lag in der Unzufriedenheit mit dem oben skizzierten Stand der Besucherforschung. Sie bot dem Linden-Museum die Chance, unter professioneller Leitung durch systematisierte Interviews Rückmeldung auf Ausstellungen und Führungen zu erhalten. Zwar werden museumspädagogische Programme und Führungsgespräche kontinuierlich evaluiert, allerdings auf der Basis von Beobachtungen, persönlichen Einschätzungen und punktuellen Gesprächen mit Einzel- und Gruppenbesuchern. Was für die Museumspädagogik fehlt, sind differenzierte Erhebungen, die Aufschluss geben über die Wirkung von Ausstellungsinhalten, Ausstellungselementen (zum Beispiel Objektpräsentation, Inszenierung, Aktionsstationen, Texte) und bei Programmen eingesetzte Vermittlungsmethoden wie -inhalte. Daher wurde von Beginn an Wert darauf gelegt, die ausgetretenen Pfade der bisherigen Forschung zu verlassen und das Methodenspektrum der Besucherforschung zu erweitern. Neben traditionellen Methoden, wie der Besucherbeobachtung und der Inhaltsanalyse von Besucherbüchern wurde für die Besucherforschung erstmalig das Repertory-Grid-Interview (vgl. Fromm 1995) eingesetzt, das nachfolgend noch ausführlicher erläutert wird.

Da Schüler die größte Besuchergruppe nicht nur des Linden-Museums darstellen, bestand ein besonderes Interesse daran, die Erfahrungen von Schülern während der üblichen Klassenführungen genauer kennenzulernen. Insgesamt haben wir in den vergangenen zwei Jahren mit fünf Schulen (drei Gymnasien, eine Realschule, ein Berufsausbildungszentrum) zusammengearbeitet und Schüler der 7., 10. und 11. Klassenstufe sowie Azubis des BAZ bei Museumsbesuchen begleitet und

beobachtet, mit ihnen Einzel- und Gruppeninterviews nach den Museumsbesuchen durchgeführt, dazu auch Betreuer und Lehrer interviewt.

Da ein wesentliches Anliegen des Projekts die Erprobung von bisher wenig oder überhaupt nicht genutzten Möglichkeiten der Besucherforschung war, wurden ergänzend weitere Pilotstudien durchgeführt: So entwickelten etwa Schüler der 10. Klasse mit studentischer Betreuung eigene Konzepte für die Objektpräsentation und erarbeiteten alternative Audioguide-Texte. Im Folgenden soll aber speziell auf das Repertory-Grid-Interview eingegangen werden.

Neue Verfahren: Besucherforschung mit der Grid-Methodik

Das Repertory-Grid-Interview wird seit mehreren Jahrzehnten in sehr unterschiedlichen Untersuchungsbereichen eingesetzt, wenn es darum geht, die subjektive Sicht einer Person einerseits offen, andererseits aber auch strukturiert zu erfassen, also nicht nur in Form freier Erzählungen. Der Vorteil ist, dass der Betroffene weitgehend unbeeinflusst durch den Interviewer bleibt und auf diese Art Einschränkungen durch sprachliche und kulturelle Konventionen abgeschwächt werden. So etwa bei Untersuchungen zur künstlichen Intelligenz, bei denen Expertenwissen erfasst und weitervermittelt werden soll, das den Experten selbst nur teilweise bewusst ist. In unserem Fall sind die Besucher die Experten für ihre Erfahrungen während des Museumsbesuchs. Das Grid-Interview eignet sich insbesondere dann, wenn nur teilweise bewusstes Wissen erfasst und ausgedrückt werden soll. Das Grid-Interview geht (wie andere Ansätze auch) davon aus, dass wir uns in der Welt orientieren, indem wir Wahrnehmungen als ähnlich und unähnlich unterscheiden, Dinge und Erfahrungen zusammenfassen und sie gleichzeitig von anderen unterscheiden. Wir unterscheiden zum Beispiel bestimmte Lebensmittel als „gesund" von anderen, die aus unserer Sicht irgendwie anders sind. Wichtig sind dabei zwei weitere Annahmen: Erstens, dass diese Unterscheidungen auch intuitiv ohne sprachliche Bezeichnungen stattfinden, und zweitens, dass sie individuell verschieden sind und in ihrer Gesamtheit dann die Persönlichkeit eines Menschen ausdrücken. Beides ist auf der Basis der Alltagserfahrung leicht nachzuvollziehen: Wir meiden zum Beispiel bestimmte Situationen, ohne genau formulieren zu können, was diese Situationen unangenehm macht, und wir stellen immer wieder fest, dass andere Menschen ihre Welt subjektiv

ganz anders ordnen als wir selbst – was für uns selbstverständlich „unordentlich" ist, sehen andere beispielsweise als „gemütlich" an. Das Grid-Interview ist nun ein Verfahren, mit dem versucht wird, die subjektive Welt eines Menschen genauer kennenzulernen, indem man herausfindet, wie er es anstellt, sich durch Unterscheidungen in der Welt zu orientieren. Dazu wird er zu einer Serie von Unterscheidungen aufgefordert, also dazu, uns vorzuführen, wie er es konkret macht. Die Betonung auf dem konkreten Tun ist dabei wichtig, der Versuch, die Unterscheidung sprachlich zu formulieren, ist erst der zweite Schritt und mitunter recht schwierig für die Befragten.

In unserem Fall wählten wir zur Unterscheidung Objekte einer Ausstellung aus. Diese wurden den Befragten auf Bildkärtchen vorgelegt, wie etwa diese drei Objekte aus der Ausstellung „Schamanen Sibiriens":

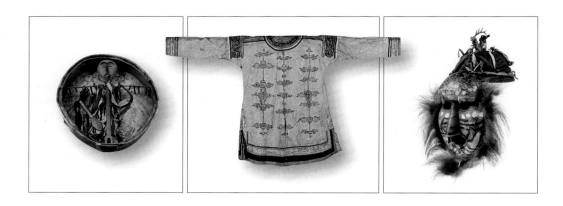

Die Aufforderung an den Befragten lautet dann, zwei dieser Bilder auszuwählen, die etwas Wichtiges gemeinsam haben, das sie vom dritten unterscheidet. Im nächsten Schritt wird dann versucht, die Gemeinsamkeit der beiden und die Charakterisierung des davon unterschiedenen Bildes zu formulieren. In diesem Fall werden die Trommel und das Festtagsgewand als „vertrauensvoll" und die Maske als „angsteinflößend" bezeichnet, also:

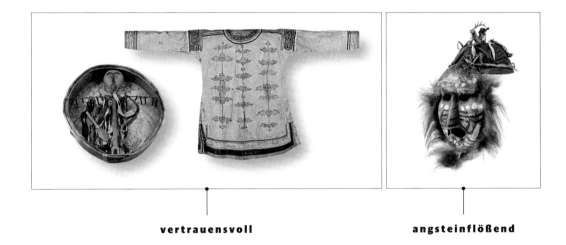

vertrauensvoll **angsteinflößend**

Wichtig an dieser Stelle ist: Die Aufforderung des Interviewers enthält keine inhaltliche Beeinflussung, nur die, eine Unterscheidung vorzunehmen. Der Befragte ist gänzlich frei darin, wie er die Unterscheidung vornimmt, was er als wesentliches Unterscheidungskriterium ansieht und wie er es formuliert. Der Schüler hätte in diesem Fall also auch eine Unterscheidung nach der Form, dem Material, der Farbe, dem Alter, der rituellen Bedeutsamkeit oder einem anderen Kriterium vornehmen können. Er wählte aber einen emotionaleren und persönlicheren Zugang.

Die so gewonnene Unterscheidung wird dann auch auf andere für das Interview ausgewählte Objekte angewandt, dabei wird jeweils auf einer Skala angegeben, wie sehr das Objekt durch die eine oder die andere Seite der Unterscheidung charakterisiert wird. In der Grafik unten reicht die Skala von eins (links) bis fünf (rechts) und jedem Objekt wird eine Zahl zugeordnet, je nachdem ob es der linken beziehungsweise der rechten Seite entspricht. Das erste Objekt, die Maske, hat zum Beispiel in der zweiten Zeile einen Wert von fünf, wird also der rechten Seite, also „angsteinflößend" zugeordnet. Das Festtagsgewand daneben wird mit dem Wert von eins der linken Seite „vertrauensvoll" zugeordnet.

Wenn es der Untersuchungszweck und die Zeit erlauben, werden die Zuordnungen im Gespräch konkretisiert, sodass besser verstehbar wird, was in diesem Fall zum Beispiel für den Schüler eine Erfahrung angsteinflößend macht.

Das Interview wird mit immer neuen Unterscheidungsaufgaben fortgesetzt, um die für den Befragten relevanten Unterscheidungsgesichtspunkte für dieses Thema möglichst vollständig zu erfassen.

1	Maske	Festtagsgewand	Trommel	Wiege	Fischhautgewand	Opferdecke	Boot	Musikstation	Weihebogen	Nachthimmel	5
Im Ritual wichtig	1	4	1	5	5	1	5	2	1	3	hat nichts mit Ritual zu tun
vertrauensvoll	5	1	2	1	1	1	2	2	2	4	angsteinflößend
Gebrauchsgegenstand	5	2	5	1	2	5	1	4	5	3	Ritualgegenstand
farbenfroh	4	1	1	2	2	1	5	3	4	5	einfarbig
sich in der Natur aufhalten	4	5	4	5	5	4	1	4	1	1	sich unter Menschen aufhalten
Sinnliches Erleben	4	5	4	2	2	4	1	1	2	1	mit dem Verstand begreifen
die Geister feiern	1	5	1	4	4	1	3	2	1	3	die Menschen feiern
konkret	2	1	2	1	1	2	1	5	4	5	abstrakt
Kunstfertigkeit	1	1	1	1	1	2	2	3	5	5	Natürlichkeit
etwas erreichen wollen	1	4	1	5	4	1	2	4	2	5	sich anvertrauen
ansprechend in der Ausstellun...	4	1	2	1	1	2	1	5	1	2	nicht ansprechend in der Ausst...
Kraft	2	5	1	3	5	4	1	4	2	3	Anmut
sich entäußern	1	4	1	5	4	4	3	1	5	5	sich zurücknehmen
Vertrauen	4	1	4	1	1	2	5	1	2	1	Risiko
Installation	5	2	5	4	4	5	5	1	2	1	Objekt

Am Ende des Interviews steht dann eine vollständig ausgefüllte Matrix, die angibt, wie welches Objekt charakterisiert wurde. Diese Matrix kann inhaltsanalytisch und statistisch ausgewertet werden. Inhaltsanalytisch wäre etwa zu fragen, ob es sich eher um konventionelle Unterscheidungen („groß / klein"), persönliche („macht mir Angst / beruhigt mich") oder fachwissenschaftliche („ritueller Gegenstand / alltäglicher Gebrauchsgegenstand") handelt, statistisch lässt sich dann genauer der Umgang mit diesen Unterscheidungen analysieren, etwa wie entschlossen oder differenziert der Befragte mit seinen Unterscheidungen umgeht. Je nach Untersuchungsinteresse kann die Auswertung eines einzigen Interviews leicht 15 Seiten und mehr umfassen, daher hier nur ein Beispiel. Wenn man zum Beispiel wissen will, wie einzelne Objekte charakterisiert werden, lässt sich diese Charakterisierung in einem Profil darstellen:

Trommel

	1	2	3	4	5	
Anmut					■	Kraft
Vertrauen				■		Risiko
vertrauensvoll		■				angsteinflößend
ansprechend in der Aus...		■				nicht ansprechend in der...
konkret		■				abstrakt
Kunstfertigkeit	■					Natürlichkeit
sich unter Menschen auf...		■				sich in der Natur aufhalten

Trommel

	1	2	3	4	5	
farbenfroh	■	☐	☐	☐	☐	einfarbig
mit dem Verstand begrei...	☐	■	☐	☐	☐	Sinnliches Erleben
Objekt	■	☐	☐	☐	☐	Installation
etwas erreichen wollen	■	☐	☐	☐	☐	sich anvertrauen
die Geister feiern	■	☐	☐	☐	☐	die Menschen feiern
Ritualgegenstand	■	☐	☐	☐	☐	Gebrauchsgegenstand
Im Ritual wichtig	■	☐	☐	☐	☐	hat nichts mit Ritual zu tun
sich entäußern	■	☐	☐	☐	☐	sich zurücknehmen

Hier wäre vertiefend noch zu klären, was darunter zu verstehen ist, dass diese Person die Trommel zwar als vertrauensvoll charakterisiert, sie auf der Dimension „Vertrauen / Risiko" aber der Risikoseite zuordnet.

Erfahrungen und Befunde

Das Verfahren kann grundsätzlich nur die emotionale und kognitive Verarbeitung der Erfahrungen aufzeigen, die angesprochen werden. Ob der Befragte eigentlich andere Themen wesentlich wichtiger fände, bleibt also, weil nicht angesprochen, unklar. Das gilt auch für die Umsetzung des Erlebten und Gedachten in konkret beobachtbare Handlungen. Den Erfahrungsausschnitt, der im Interview behandelt wird, bringt es allerdings deutlich differenzierter als andere Verfahren zur Darstellung.

Ein Besucher kann sich sehr persönlich und individuell mit den Objekten auseinandersetzen, indem er beispielsweise seine konkrete Alltagserfahrung mit der in anderen Kulturen vergleicht. So überlegten Schüler in unseren Interviews, ob sie die mühsame Karriere eines Schamanen auf sich nehmen wollen würden; sie verglichen verschiedene Wertsysteme indem sie fragten, was einen Gegenstand oder eine Erfahrung wertvoll macht, wer dies bestimmt und wie sich die Zugänge in dieser Kultur von unserer unterscheiden. Solche intensiven Auseinandersetzungen mit den Objekten kommen dann auch im Interview deutlich

In der Gruppe diskutieren Schüler die Auswahl von Objekten und begründen ihre Entscheidung. Foto: S. Schierle.

zum Ausdruck. Das Interview zeigt aber mit der gleichen, in diesem Fall ernüchternden, Klarheit, wenn die Befragten sich nur oberflächlich mit den Objekten auseinandersetzen – oder nur in dieser „sicheren" Weise darüber sprechen möchten. Dann werden Objekte zum Beispiel nur recht

konventionell nach „kein Gewand / Gewänder" oder „speziell / Alltag" unterschieden, wie im Interviewbogen unten, der von einem Interview stammt, das ebenfalls zur Ausstellung „Schamanen Sibiriens" durchgeführt wurde.

1	Weihebogen	Boot	Kinderwiege	Festtagsgewand	Fischhautgewand	Rentierdecke	Maske	Trommel	Nachthimmel	Kopfhörer	5
speziell	5	4	5	5	5	1	1	1	2	2	Alltag
warme Farben	3	5	5	5	1	1	1	1	1	3	kalte Farben
geistliche Welt	3	5	5	1	1	1	1	1	1	3	menschliche/reale Welt
figürlich	3	3	2	1	2	1	1	1	5	3	abstrakt
alt	2	2	1	1	1	1	1	1	5	5	neu
visuell	1	1	1	1	1	1	1	1	1	5	Ton
kein Gewand	1	1	1	4	5	3	2	1	1	1	Gewänder

Diese Unterschiede zwischen den verschiedenen Graden der subjektiven Einlassung auf das Thema können in gängigen Fragebogen, die nur abfragen, ob oder wie sehr einem etwas gefallen hat, nicht deutlich werden. Antworten auf solche unspezifischen Fragen bleiben vieldeutig, präsentieren dabei aber mögliche Probleme auch weniger drastisch.

Auf der Basis unserer bisherigen Arbeit können wir zwar feststellen, dass Schüler im Interview häufig in der oben beschriebenen konventionel-

len Weise antworten, können aber noch nicht genauer einschätzen, welcher der folgenden Faktoren wie einflussreich ist:

• Die Ausstellung: Wenn die Ausstellung keine verständlichen Informationen bietet, kann man sich im Interview natürlich nur auf das beziehen, was ohne weitere Information erkennbar ist. Gegen diese Annahme spricht, dass die befragten Schüler in den Begleitgesprächen durchaus zeigten, dass sie erstaunlich viele Informationen aufgenommen hatten.

• Die Schüler: Es mag sein, dass die befragten Schüler ihre Aufgabe vor allem darin sahen, ihre Aufgabe korrekt zu erledigen und nichts Falsches zu sagen. Für diese Annahme spricht deutlich mehr: Zahlreiche kleinere empirische Untersuchungen bis hin zu den groß angelegten PISA-Studien nährten immer wieder Zweifel, ob Schüler ausreichend zu eigenständigem Denken ermutigt würden.

In unserem Projekt haben wir jedenfalls bisher den Eindruck gewonnen, dass die vorsichtigsten und konventionellsten Aussagen häufig gerade von den erfolgreichen Schüler kamen, während die von Lehrern als „lernbehindert" oder „schwach" eingeschätzten (oder nach üblichen Standards so eingestuften) Schüler sich eigenständig, engagiert und individuell mit den Gegenständen auseinandersetzten.

• Die Interviewführung: Die strukturierte Erhebung des Grid-Interviews wird in unseren Interviews durch Erzählphasen, Nachfragen und andere Kommunikationselemente unterbrochen und aufgelockert, sodass sich eine fordernde, aber gleichzeitig auch anregende Interviewsituation ergibt. Es mag aber sein, dass die strukturierten Phasen des Interviews von den Schülern noch zu sehr als Prüfungssituation wahrgenommen werden und entsprechend vorsichtiges Verhalten fördern. Für diese Annahme spricht, dass in Interviews mit größeren Anteilen für freie Erzählungen die Objekte deutlich persönlicher und nachdenklicher kommentiert wurden.

Wenn wir nur die klar strukturierten Ergebnisse der Grid-Interviews betrachten, bleibt noch ungewiss, ob es dem Museum gelingt, die Schüler zu einer Auseinandersetzung mit den gezeigten Objekten anzuregen. Die freieren Gesprächsphasen, Gruppeninterviews und Rückmeldungen lassen aber erkennen, dass dieser Eindruck unvollständig und korrekturbedürftig ist. Wie sehr, ist noch durch Weiterentwicklung unserer Interviewführung entsprechend den oben skizzierten Überlegungen zu klären. Die Gradwanderung besteht dabei darin, möglichst freie, rückhaltlose Äußerungen zu erhalten, ohne damit vollkommen unstrukturierte Datenmassen oder durch den Interviewer beeinflusste sozial erwünschte Äußerungen zu produzieren.

Bei aller Vorläufigkeit gibt es nach den vielen Einzel- und Gruppengesprächen, die wir mit Schülern in den vergangenen zwei Jahren geführt haben, ein paar „Ergebnisse", die wir für erwähnenswert halten:

• Das Museum darf einen besonderen Charakter haben. Es sollte insbesondere nicht versuchen mit Unterhaltungsorten, die den Schülern vertraut sind, zu konkurrieren.

• Das Museum muss keine Erlebniswelt produzieren, in der „hands on" im Vordergrund steht. Wesentlich wichtiger dürfte das „minds on" sein, der Versuch, das Präsentierte für die Besucher verstehbar zu machen.

• Dafür ist wesentlich, dass die (erwartbaren) Erfahrungskontexte der Besucher ernst genommen und angesprochen werden, nicht vorrangig der Bezug zur jeweiligen Fachsystematik.

• In Führungen wird eine hohe Fachkompetenz geschätzt, die es erlaubt ausgefallene Fragen zu stellen und sich unbekannten Wissenswelten anzunähern. Dabei sollte der Führende auf die Interessen der Gruppe eingehen und die Ausstellung in einen für sie nachvollziehbaren Zusammenhang gebracht werden.

• Vor allem wollen die Schüler den Eindruck haben, dass sie als Gäste willkommen sind – und nicht als potenzieller Störfaktor gelten, weil sie etwas anfassen könnten, zu dumm sind, usw.

• Und: Sieht man von krisenhaften Entwicklungsphasen ab, erwarten Schüler keine Wunder und gehen durchaus tolerant mit dem um, was in einer Ausstellung nicht gänzlich geglückt ist – solange sie sich grundsätzlich als Gäste respektiert fühlen.

Diskussion und Ausblick

Besucherforschung im Museum kann wegen der Heterogenität der Ausstellungen und Besucher und der Unterschiedlichkeit von Museumsbesuchen keine sicheren Aussagen über „die" Wirkung von Objekten oder Installationen liefern. Sie kann aber Hinweise darauf liefern, was für viele Besucher störend oder verwirrend wirkt, was sie anzieht und zu einer weitergehenden Auseinandersetzung mit dem Dargebotenen anregt. Da diese Auseinandersetzung vom persönlichen Hintergrund der Besucher abhängig ist, können auch hier keine einheitlichen Wirkungen erwartet werden.

Wenn man allerdings genauer verstehen will, welche subjektive Bedeutung Besucher den Ausstellungsobjekten verleihen und in welche Richtungen ihre Beschäftigung mit den Objekten geht, sind Forschungsmethoden erforderlich, die we-

sentlich feinfühliger als die bisher verwendeten den Empfindungen und Gedanken der Besucher nachspüren. Diese Verfahren sind aufwendiger, weil man nicht umhin kommt, mit Besuchern ausführlich zu sprechen, aber unverzichtbar, wenn man über Erfahrungen von Besuchern nicht nur mutmaßen will. Das von uns erstmalig in der Besucherforschung eingesetzte Grid-Interview ist vielversprechend, muss allerdings speziell für die von uns untersuchte Gruppe der Schüler noch so eingebettet und angepasst werden, dass die Schüler sich frei fühlen, sich nicht nur angepasst in ihrer Schülerrolle zu äußern.

Sonja Schierle, Martin Fromm

Quellen und Literaturverzeichnis

Bonstein, Julia (2009), Schweiß und Spiele, in: Spiegel 30, S. 124.

Brinkman, Manus (1996), Mehr qualitative und kompatible Daten! In: Annette Noschka-Roos & Bernhard Graf (Hg.), Museen und ihre Besucher, Bonn: Argon, S. 247-256.

Buhl, Ulrike & Raimund Vogels (1994), Besucherbefragung am Linden-Museum Stuttgart 1994, in: Tribus 43, S. 24-31.

eMotion (HYPERLINK „http://www.mapping-museum-experience.com" http://www.mapping-museum-experience.com)

Fromm, Martin (1993), What students really learn: Students' personal constructions of learning items, in: International Journal of Personal Construct Psychology 6.2, S. 195-208.

Fromm, Martin (1995), Repertory Grid Methodik. Weinheim: Deutscher Studien Verlag.

Graf, Bernhard & Annette Noschka-Roos (2009), Stichwort: Lernen im Museum, in: Zeitschrift für Erziehungswissenschaft 12.1, S. 7-27.

Hein, George E. (1998), Learning in the Museum. London [u.a.]: Routledge.

Institut für Museumsforschung Berlin (HYPERLINK „http://www.smb.spk-berlin.de/ifm/" http://www.smb.spk-berlin.de/ifm/)

Kelly, George A. (1955), The Psychology of Personal Constructs. New York: Norton.

Klein, Hans-Joachim (1990), Der gläserne Besucher, Berlin: Mann.

Klein, Hans-Joachim, Alexandra Donecker, Martina Hänle & Nadine Herrmann (2009), Besucherfeedback – Ein Planungskriterium? In: Hannelore Kunz-Ott, Susanne Kudorfer & Traudel Weber (Hg.), Kulturelle Bildung im Museum, Bielefeld: transcript, S. 169-178.

Loomis, Ross J. (1973), Please! Not another visitor survey! In: Museum News 52.2, S. 21-26.

Mayr, Eva, Kristin Knipfer & Daniel Wessel (2009), In-sights into mobile learning: an exploration of mobile eye tracking methodology for learning in museums, in: Giasemi Vavoula (Hg.), Researching Mobile Learning: Frameworks, Tools, and Research Designs, Bern: Lang, S. 189-204.

Müller, Lothar & Thomas Kälin (2009), Analyse von Besucherbewegungen in Museen mittels RFID, in: Museum aktuell 11, S. 8-10.

Paatsch, Ulrich & Christa Schulze (1992), Besuchererhebungen selbst durchführen. Heidelberg: Arbeitsgruppe für Empirische Bildungsforschung.

Schulze, Christa (1994), Besucherinteresse und Besucherverhalten im Museum, in: Hildegard Vieregg (Hg.), Museumspädagogik in neuer Sicht: Erwachsenenbildung im Museum, Baltmannsweiler: Schneider, Bd.1, S. 108-124.

Shettel, Harris H. (1996), Aktueller Stand der Besucherforschung: Museen und ihre Besucher, Bonn: Argon.

Spickernagel, Ellen & Brigitte Walbe (1976), Das Museum. Gießen: Anabas.

Treinen, Heiner (1991), Motivation zum Museumsbesuch, in: Jelich Faulenbach (Hg.), Besucherinteressen und Besucherverhalten in historischen Museen und Ausstellungen, Recklinghausen: Forschungsinstitut für Arbeiterbildung e. V., S. 37-45.

Zeitschrift für Erziehungswissenschaft 12 (2009), Schwerpunkt: Lernen im Museum.

Zeitschrift für Pädagogik 51 (2005), Themenheft: Lernort Museum.

Jahresbericht der Gesellschaft für Erd- und Völkerkunde zu Stuttgart e.V. (GEV)

Neue Organisationsstrukturen, vermehrte Zusammenarbeit von GEV-Vorstand und Museumsleitung

Seit der Umwandlung des Linden-Museums in einen Landesbetrieb wird die Geschäftsführung des Vereins eigenständig, von der Museumsverwaltung getrennt, organisiert. Zwei begrenzt beschäftigte Teilzeitkräfte müssen nun Mitgliedsbeiträge, Spenden und den gesamten Haushalt verwalten, Sitzungen und Vortragsprogramme vorbereiten, die Einladung der Referenten, das Kassieren der Eintrittsgelder sowie entsprechende Abrechnungen ausführen. Hinzu kommt das Drucken und Verschicken von Werbematerial und das Ausdrucken von Plakaten. Ein gesonderter Arbeitsplan ist erstellt worden. Auf eine effektive Ausführung der vielseitigen Arbeiten wird stets geachtet, damit die Gemeinnützigkeit des Vereins gewährt bleibt.

Vermehrte Zusammenarbeit zwischen GEV, Museumsleitung und Kuratoren

Die GEV-Mitglieder erhalten nicht nur freien Eintritt in die Ausstellungen, als besondere Attraktivität bieten Kuratoren des Museums den Mitgliedern spezielle Führungen durch die Ausstellungen und Einblicke in die Magazine. Außerdem erhalten die GEV-Mitglieder bei den Mitgliederversammlungen Primärinformationen durch die Museumsleitung und durch Kuratoren. So erläuterte bei der Außerordentlichen Mitgliederversammlung am 6. November 2009 die stellvertretende Direktorin die geplanten baulichen Veränderun-

gen im Museum und mögliche Ausstellungen der nächsten Jahre. Gleichzeitig versuchen wir bei Führungen geographisch relevante Erläuterungen einzubringen.

Unsere öffentlichen Vorträge bilden zudem einen Magnet für das Museum.

Bei der Verabschiedung des bisherigen Direktors, Herrn Prof. Dr. Michel, am 30. November 2009 dankte der GEV-Vorsitzende mit einer Rede dem scheidenden Direktor. Die künftige Direktorin, Frau Dr. de Castro, wird im Hinblick auf eine erfolgreiche Außenwirkung des Linden-Museums durch GEV-Vorstand und Mitglieder nachhaltig unterstützt werden. Wir alle wünschen ihr viel Erfolg.

Schließung des Instituts für Geographie an der Universität Stuttgart und die Rolle der Geographie im Rahmen des Fördervereins des Linden-Museums

Am 13. November 2009 wurde die bevorstehende Schließung des Instituts mit einer viel beachteten Veranstaltung begangen – nahezu 400 Besucher kamen zu den Fach-Vorträgen am Nachmittag und zum unterhaltenden Abschluss am Abend in den Wannersaal.

Seit Gründung des Vereins im Jahre 1882 gehört die Vermittlung aktuellen geographischen Wissens zur Aufgabe des Vereins, wie dies aus der ursprünglichen Bezeichnung „Württembergischer Verein für Handelsgeographie" zum Ausdruck kommt. Der langjährige Vorsitzende Carl Graf von Linden hat mit einem geographisch ausgerichteten Programm bis zu 50 Vorträge im Jahr organisiert. Der zweite Schwerpunkt des Vereins waren damals die Sammlungen und die Gründung des Museums. Auch in der Zeit nach dem Zweiten Weltkrieg engagierten sich die Direktoren des Geographischen Instituts der Universität Stuttgart nachhaltig für den Verein. Nach der Schließung des Geographischen Instituts wünschen sich viele Mitglieder auch in Zukunft die Beibehaltung der Geographievorträge. Deshalb bemüht sich der Vorsitzende zurzeit um eine Zusammenarbeit mit den Kollegen des Geographischen Instituts der Universität Tübingen.

Fördermaßnahmen der GEV im Jahre 2009

Die GEV hat im vergangenen Jahr drei Projekte des Museums gefördert:
- „Forschertagebuch" für Kinder zur Ausstellung „Schamanen Sibiriens".................................€ 4.225
- „Logbuch" für Kinder zur Ausstellung „Südsee-Oasen"..€ 4.725
- Beitrag zum Bootsbau für die Ausstellung „Südsee-Oasen"...€ 200

Die Projekte sowie die Verwaltung des Vereins werden aus den Mitgliedsbeiträgen finanziert. Außer den Mitgliedsbeiträgen erhielten wir im Jahre 2009:
- zweckgebundene Spenden....................€ 3.960
- ungebundene Spenden.............................€ 640
- Sachspenden...€ 4.850
- ein gesondertes Vermächtnis................€ 8.900

Die Spenden verstehen wir als Ausdruck einer persönlichen Beziehung zum Verein und zum Museum und als Beitrag zur Förderung unserer Ziele und Aufgaben. Im Namen des Vorstandes und der Museumsleitung danken wir den Spendern und Spenderinnen.

Veranstaltungsprogramm

Bei 12 Vorträgen kamen im vergangenen Jahr rund 1.400 Besucher in den Wannersaal; pro Vortrag im Durchschnitt 117 Besucher, ein Zeichen für unsere anspruchsvollen Themen.

Die Vorträge von Januar bis April 2009 behandelten ganz unterschiedliche Themen: lokal ausgerichtete Phänomene wie „Karneval in Venedig: Eleganz und Morbidität" einerseits, „Die Stuttgarter Mineralquellen: Naturgut, Kulturgut, Schutzgut" andererseits. Die farbenprächtigen und sehr unterschiedlich gestalteten Masken aus Venedig faszinierten schon als Bilder, was durch die gesellschaftsbezogene Interpretation durch den Referenten noch gesteigert wurde. Der Vortrag „Stuttgarter Mineralquellen", 19 an der Zahl, aus unterschiedlichen geologischen Schichten und mit unterschiedlicher Zusammensetzung, präsentierte als besonders interessante Themen die Grundwasserströme, den artesischen Aufstieg und die große Menge transportierter Mineralsalze – drei Güterwaggons pro Tag. Das komplizierte geologische Gefüge kann bei baulichen Eingriffen unvorhersehbare Folgen auslösen.

Regional und national ausgerichtet waren die Vorträge „Wälder und Wüsten. Landschaftswandel im Iran aus klimatischer und kulturhistorischer Perspektive" und „Kanada – Natur und Kultur im Westen" sowie der Vortrag „Buffalo – grüne

Infrastruktur als Antwort auf Schrumpfung". Diese zeigten die unterschiedlichen Auswirkungen und Gestaltungsprozesse verschiedener Kulturkreise.

National ausgerichtet war das Thema „Verstädterung der Erde. Gründe und Auswirkungen". Nicht nur viele Erwachsene, sondern auch Schüler und Schülerinnen von sechs Gymnasialklassen füllten den Wannersaal vollständig. Mit großem Interesse haben die Besucher die sozialen, ökonomischen, demographischen Prozesse der Verstädterung und die wachsenden Disparitäten weltweit wahrgenommen.

Im Winterhalbjahr 2009 dominierten Vorträge zur Völkerkunde. Aktuelles hatte der Völkerkundler und Hamburger Museumsdirektor Prof. Dr. Wulf Köpke zum Thema „Völkerkundemuseum und die Rolle des Fördervereins" geboten. Im Zusammenhang mit der Neuorientierung von Zielen und Inhalten der Stuttgarter Gesellschaft für Erd- und Völkerkunde waren die Anregungen hilfreich. Es ging um Werbeargumente, um organisatorische und inhaltliche Aspekte.

Die Vorträge über Australien, die Solomon-Inseln und über Mikronesien führten ein in die Sonderausstellung „Südsee-Oasen. Leben und Überleben im Westpazifik".

Den Abschluss bildete ein Vortrag zum Thema „Globalisierung und Entwicklung". Globalisierungsprozesse wirken sich heute auf allen Kontinenten, in Industrieländern, in Newly Industrialized Countries und in Entwicklungsländern aus in der Form von „regionsspezifischen Disparitäten, Polarisierungsprozessen, Kontrasten zwischen Arm und Reich". Man spricht von der Theorie der „fragmentierten Entwicklung". Das lehrplanrelevante Thema hatte elf Schulklassen in den Wannersaal geführt – zusätzlich kamen rund 85 Mitglieder und Gäste. Mit 240 Besuchern erreichten wir Besucherzahlen wie vor 20 Jahren.

Exkursionen

Der „Truppenübungsplatz Münsingen – heute UNESCO-Biosphärengebiet Mittlere Alb" zeigt Landschaftsformen, Vegetationskomplexe wie sie vor der Industrialisierung auf der Alb um 1830 dominierten. Viele Schafherden unterstreichen diesen Eindruck. Die Exkursion am 4. Juli 2009 lockte über 50 Teilnehmer.

Großes Interesse fand die eintägige Exkursion in den traditionellen Textilindustriebereich von Ebingen-Tailfingen am 14. Juli 2009. Eine ausführliche Betriebsbesichtigung bot Gelegenheit zu vielen Fragen zum Strukturwandel in Industrie, Beschäftigung und Stadtentwicklung.

Die fünftägige Exkursion ins Ruhrgebiet vom 30. Juli bis 3. August 2009 wurde zum zweiten Mal angeboten. Im Vordergrund stand das Motiv „Wandel durch Kultur – Kultur durch Wandel", „Das Ruhrgebiet atmet nicht mehr Staub, sondern Zukunft". Mit der „Kulturhauptstadt Europas 2010" soll der Strukturwandel von Industrieanlagen zu Kultureinrichtungen, Museen und die Zurückeroberung brachliegender Flächen durch die Natur

Textilfabrik Conzelmann, Albstadt-Tailfingen.
Foto: Reiner Enkelmann.

gezeigt werden. Die Teilnehmer, auch „Einheimische" aus dem Ruhrgebiet selbst, haben eine neue Welt erlebt und wahrgenommen.

Erhöhung der Mitgliedsbeiträge bei der Außerordentlichen Mitgliederversammlung am 6. November 2009

Wegen der in den vergangenen zehn Jahren gestiegenen Kosten für die Vorträge (Reise-, Übernachtungskosten) und für die Verwaltung und Geschäftsführung, mussten die Mitgliedsbeiträge „gemäßigt" erhöht werden. Die vom Vorstand vorgeschlagene Erhöhung wurde von den anwesenden Mitgliedern mit großer Mehrheit akzeptiert (drei Enthaltungen und drei Nein-Stimmen). Die Abnahme an Mitgliedern betrug im vergangenen Jahr 101 Personen, neu eingetreten sind 62. Nach aktuellem Stand hat unser Verein jetzt 1520 Mitglieder.

Roland Hahn

Ehemaliger Truppenübungsplatz Münsingen.
Foto: Reiner Enkelmann.

Nachruf
Prof. Dr. Friedrich Kußmaul
(4. November 1920 bis 4. September 2009)

Am 4. September 2009 verstarb nach einem langen, erfüllten und arbeitsreichen Leben, der langjährige wissenschaftliche Mitarbeiter und Direktor des Linden-Museums Prof. Dr. Friedrich Kußmaul.

Kußmaul wurde als Sohn des aus einer alteingesessenen Bondorfer Bauernfamilie stammenden Landwirts Christian Kußmaul geboren. In Bondorf / Kreis Böblingen besuchte er zwischen 1927 und 1931 die Volksschule, wechselte dann an die Realschule Herrenberg und 1936 an das Ludwig-Uhland-Gymnasium Tübingen. 1939 legte er sein Abitur am evangelischen theologischen Seminar Urach ab. Bemerkenswert scheint mir die Einschätzung, die ihm seine Prüfer in das Abiturzeugnis schrieben:

„Er zeichnet sich aus durch gute Begabung, natürliches, aufgeschlossenes Wesen, wachsenden Fleiß und besondere geistige Interessen."

Sein weiterer Werdegang bis zu seinem Dienstantritt im Linden-Museum im Jahr 1954 ist typisch für seine ganze Generation. Im Wintersemester 1939/40 studierte er an der Universität Tübingen Prähistorische Archäologie, Geologie und physische Anthropologie, 1940/41 an der Universität Göttingen Völkerkunde, Geographie und Prähistorische Archäologie. Vom 14. April 1940 bis 31. August 1941 musste er parallel zum Studium den studentischen Ausgleichsdienst leisten. Es folgten Wehrdienst (ab 03. Juni 1941) und Kriegsgefangenschaft bis Mitte Dezember 1945.

Noch im Wintersemester 1945/46 nahm er sein Studium der oben genannten Fächer und zusätzlich der Vergleichenden Religionswissenschaften an der Universität Tübingen wieder auf, das er am

19. Februar 1953 mit der Promotion zum Dr. phil. abschloss. Sein Dissertationsthema lautete „Zur Frühgeschichte des innerasiatischen Reiternomadentums", ein Thema, das ihn zeitlebens nicht mehr losließ. Die mit magna cum laude bewertete Arbeit war nach Aussage vieler Fachkollegen sehr originell und brachte eine Fülle neuer Erkenntnisse. Sein von ihm sehr verehrter Lehrer, der angesehene Kulturgeograph Hermann von Wißmann äußerte sich in einem Schreiben an den damaligen Vorsitzenden des Württembergischen Vereins für Handelsgeographie, Herrn Minister Dr. Theodor Bäuerle, wie folgt:

„Die Doktorarbeit käme eigentlich schon einer Habilitationsschrift gleich, und […] jedenfalls ist mir zur Beurteilung noch keine Dissertation vorgelegen, die den Verfasser so sehr als echten und schon weitgehend gereiften Wissenschaftler ausweist, wie diese."

Von März bis Dezember 1953 war Kußmaul arbeitslos. Während seines sich anschließenden Berufslebens galt seine rastlose Tätigkeit dem Linden-Museum.

Vom 1. Januar 1954 bis 31. Dezember 1954 absolvierte er ein einjähriges Volontariat. Zum 1. Januar 1955 wurde er als Kustos und Leiter der Abteilungen Asien und Ozeanien eingestellt, das heißt, er erfüllte eine Aufgabe, für die nach 1980 in der Regel vier Wissenschaftler und ein bis zwei Volontäre am Linden-Museum beschäftigt waren. Am 1. Januar 1970 wurde Kußmaul zum stellvertretenden Direktor des Linden-Museums berufen, unter Beibehaltung seiner Aufgabe als Leiter der beiden Abteilungen. Was es bedeutet haben muss, diese beiden großen und international bekannten Bereiche zu vertreten, und gleichzeitig das operative Alltagsgeschäft im Haus zu führen, nachdem sich der damalige Direktor vorwiegend auf die Außenvertretung des Linden-Museums konzentrierte, kann ich einigermaßen nachvollziehen, da ich selbst zwanzig Jahre lang Abteilungsleiter und Vertreter des Direktors war. Am 1. Januar 1971 wurde Kußmaul Direktor des Linden-Museums und übte diese Funktion aus bis zum 31. August 1986.

Seine wesentliche Tätigkeit zu Beginn seiner Dienstzeit am Linden-Museum war der Versuch, Kriegsverluste der Sammlungen zu erfassen, Inventarisierungsarbeiten durchzuführen und die Neuordnung der Sammlungen in nach heutigen Begriffen sehr behelfsmäßig eingerichteten Magazinen unter Arbeitsbedingungen, die sich heute wohl niemand mehr vorstellen kann. Es gab keine Restauratoren, keine Magazinarbeiter, keine Aufzüge, das heißt, Material, das rückgelagert wurde oder zur Sortierung vom Untergeschoss ins Dachgeschoss verbracht werden musste, trug er auf seinem Rücken durchs Treppenhaus, schwere Objekte wurden an einem Flaschenzug durch das Treppenauge transportiert. In den Jahren 1953 bis 1959 standen dem Linden-Museum für Ausstellungen nur 700 m2 zur Verfügung, erst 1959 konnte die Ausstellungsfläche verdoppelt werden. In dieser Zeit hat Kußmaul zahlreiche kleine, häufig wechselnde Ausstellungen vorbereitet. Die erste größere Ausstellung nach der Erweiterung der Fläche mit dem Titel „Jäger, Pflanzer, Wanderhirten" wurde gemeinsam von den damaligen drei Kustoden erstellt. Der Gedanke, die drei Hauptformen menschlichen Wirtschaftens an Beispielen rund um die Erde und in ihrer historischen Entwicklung darzustellen, wurde aber von Kußmaul entwickelt und zeigt, dass er schon damals stets über den Tellerrand seiner Abteilungen hinaus dachte. Zu einer derartigen Gemeinschaftsleistung aller Wissenschaftler des Hauses ist es seit damals leider nie mehr gekommen. Die Ausstellung war von weitreichender Bedeutung, weil sie erstmals einem breiteren Publikum das Potenzial vor Augen führte, das schon damals die Sammlungen des Linden-Museums boten.

Die ständige Raumnot veranlasste Kußmaul dazu, wichtige Bestände, vor allem aus den Asien-Sammlungen, in verschiedenen Städten des Landes Baden-Württemberg zu zeigen und innerhalb Stuttgarts Ausweichplätze zu suchen, wie zum Beispiel die Schalterhallen von Großbanken, Räume des Kaufhauses Breuninger aber auch die Ausstellungsflächen des Instituts für Auslandsbeziehungen. Kußmaul war der Meinung, dass man, wenn die Leute nicht zur Kultur kämen, man die Kultur zu ihnen bringen müsse. Er war damit Vorläufer des später vom Ministerium für Wissenschaft, Forschung und Kunst verankerten Konzeptes der Ausstellungen im Lande, das möglichst alle Bürger Baden-Württembergs mit Teilen der Bestände der großen staatlichen Museen bekannt machen sollte.

Kußmauls Absicht, mit der Entwicklung des Linden-Museums den üblichen Rahmen völkerkundlicher Museen zu verlassen, zeigte sich besonders deutlich im Jahr 1966 mit der im Kunstgebäude realisierten Ausstellung „Indische Kunst", die in nur zwei Monaten über 31.000 Besucher erreichte, und das trotz bescheidenster Ausstellungsmittel und faktisch ohne Werbeetat. Vergleichbare Zahlen in derart kurzer Zeit wurden auch später im Linden-Museum nur selten erreicht. Diese Ausstellung war übrigens die erste große Ausstellung mit außereuropäischem Material in Stuttgart.

Das für ihn während seiner Kustodenzeit wohl wichtigste Ereignis war die Durchführung der Stuttgarter Badakschan-Expedition zwischen Juli 1962 und Oktober 1963 unter seiner Leitung. Er selbst musste allerdings im Sommer 1963 wegen einer schweren Infektionskrankheit vorzeitig abbrechen. Ein Teil der wissenschaftlichen Ergebnisse der Expedition wurde in Tribus 14 (1965) veröffentlicht. Darüber hinaus entstanden zahlreiche Dokumentarfilme in Zusammenarbeit mit dem Institut für den wissenschaftlichen Film Göttingen, für die Kußmaul die Begleithefte erarbeitete. Die umfangreiche Expeditionssammlung bildet den Kern der zwischenzeitlich über 5.000 Objekte umfassenden Afghanistan-Sammlung des Linden-Museums. Von unschätzbarem Wert sind auch auf dieser Reise entstandene Fotodokumentationen, die das Alltagsleben in den Dörfern Badakschans, den Verlauf des landwirtschaftlichen Jahres von der Feldbestellung bis zur Ernte sowie alle in der Region gängigen handwerklichen Prozesse zeigen. Im Jahr 1972 wurde zunächst im Institut für Auslandsbeziehungen in Stuttgart, dann im Museum für Völkerkunde in Zürich die Ausstellung mit Katalog „Bergvölker im Hindukusch" gezeigt, die ebenfalls Ergebnis der Arbeiten der Expedition war.

Nach seiner Berufung zum Direktor des Linden-Museums hat Kußmaul jeden eigenen wissenschaftlichen Ehrgeiz aufgegeben und sich ganz um die Entwicklung „seines" Hauses gekümmert.

• Er hat nach erstaunlich kurzer Zeit, bereits im Herbst 1973, die noch mit seinem Vorgänger Hans Rhotert zusammen vorbereitete Übernahme des Museums durch die Öffentliche Hand erreicht und damit den dauerhaften Bestand und die Entwicklungsmöglichkeiten des Hauses gesichert, nachdem der private Trägerverein vor dem Bankrott stand.

• Er hat in erstaunlich kurzer Zeit (Baubeginn 1978) den Umbau und die gründliche Sanierung des Museums erreicht. Wie zäh er dieses Ziel verfolgt hat, zeigt eine Episode aus dem Jahr 1975: Bei einer Begehung des Hauses erklärte ihm der damalige Präsident der Liegenschaftsverwaltung des Landes wörtlich: „Herr Kußmaul, finden Sie sich damit ab, zu Ihren Lebzeiten wird das Gebäude des Linden-Museums nie mehr ganz als Museumsgebäude zur Verfügung stehen." 1985 war die Sanierung abgeschlossen, und das ganze Gebäude stand seit der kriegsbedingten Zerstörung wieder als Museum zur Verfügung.

• Er hat durch seine Sammelpolitik die Schaffung von Wissenschaftlerstellen erreicht und damit die Grundlage für die Einrichtung der drei neuen Asienabteilungen (Südasien, Ostasien, Orient) gelegt. Konzept dieser Abteilungen war, nicht nur völkerkundlich zu sammeln sondern auch in die historische Tiefe zu gehen. Damit hat er dem Linden-Museum zu einem unverwechselbaren Profil verholfen, das in den letzten Jahren leider wieder verwässert worden ist. Das Linden-Museum wurde vom typischen Völkerkundemuseum zu einem Museum der außereuropäischen Kulturen.

• Er hat in zähen Verhandlungen eine personelle

Ausstattung im Bereich der Restaurierungswerk-
stätten, der Haustechnik, der Dokumentation,
der Verwaltung und des Sekretariats erreicht,
die das Linden-Museum erstmals seit seiner Gründung in die Lage versetzten, einen geordneten
Museumsbetrieb aufzunehmen.

• Es ist ihm gelungen, engagierte Sammler wie
zum Beispiel das Ehepaar Trumpf dafür zu gewinnen, ihre wertvolle Netsuke- und Inro-Sammlung
in die Obhut des Linden-Museums zu übergeben,
und wichtige Mäzene wie zum Beispiel Heinz
Breuninger für eine großzügige und selbstlose
Unterstützung der Arbeit des Linden-Museums zu
gewinnen.

• Auch als Direktor hat er die bereits als Kustos
von ihm ausgeübte Tribus-Redaktion beibehalten.
In dieser Zeit war Tribus vor allem wegen seines
umfangreichen Rezensionsteiles aber auch wegen herausragender materialbezogener Artikel
eines der angesehensten Museumsjahrbücher unseres Fachgebiets.

Gelungen ist ihm all das Geschilderte unter anderem als Folge seiner ausgesprochenen Hart-
näckigkeit, verbunden mit einer spezifisch
schwäbischen Form von Diplomatie. Wann immer
Probleme anstanden, lud er Entscheidungsträger
und ihre Zuarbeiter zum abendlichen Vesper mit
Trollinger und hausgemachter Wurst in das Linden-Museum. Es gelang ihm, zu abendlichen oder
sonntäglichen Magazinführungen den Finanz-
minister, den Kultusminister, den Landtagspräsi-
denten, Fraktionsvorsitzende, den Ministerpräsi-
denten mit Frau und den Oberbürgermeister der
Stadt Stuttgart ins Haus zu holen.

Kußmaul sah es als seine vornehmste Aufgabe an,
die Belange des Hauses nach außen zu vertreten.
Das hat ihn aber nicht daran gehindert, morgens
als erster das Haus zu betreten und es abends als
letzter zu verlassen. Er war ein Chef, der forderte
aber auch förderte, hat allerdings nie etwas ver-
langt, was er nicht selbst zu leisten bereit war.

Sein Wirken hat erst spät Anerkennung gefunden.
Im Mai 1980 wurde er zum Professor ernannt, ein
Titel, der erst seitdem fest mit der Direktorenstel-
le des Linden-Museums verbunden ist. Kurz vor
Erreichen des Ruhestandes hat ihm der damalige
Kultusminister Hahn das Große Bundesverdienst-
kreuz überreicht. Neun Monate nach Erreichen
der regulären Altersgrenze konnte Kußmaul seinem Nachfolger ein von Grund auf renoviertes
und saniertes Haus mit sechs neu eingerichteten
Dauerausstellungen, funktionierenden Werkstätten, einem schönen neuen Vortragssaal und neu
eingerichteten Magazinen übergeben. Bei seinem
Ausscheiden durfte er noch hoffen, dass innerhalb der nächsten Jahre der Grundstein für einen
seit den 30er Jahren geplanten Erweiterungsbau
gelegt werde.

Am 4. November 1985 erschien aus der Feder des
damaligen Chefs des Feuilletons der Stuttgarter
Zeitung ein Artikel, in dem er das Linden-Museum
als Stuttgarts beliebtestes Museum bezeichnete
und Kußmaul wie folgt beurteilte:

„Friedrich Kußmaul gehört nicht zu den Muse-
umsmännern, deren Aktivität in lauten Pauken-
schlägen an die Öffentlichkeit dringt. Vielleicht
war es ihm deshalb nicht mehr vergönnt, sein
Lebenswerk mit einem Neubau zu krönen, den
die reichhaltigen, bisher nur zum Teil ausgestell-
ten Sammlungen des Staatlichen Museums für

Völkerkunde auf die Dauer dringend brauchen. Die Bestände sind seit 1971, seitdem Kußmaul die Leitung des Museums übernommen hat, qualitativ und quantitativ enorm gewachsen und stehen heute auf höchstem internationalem Niveau."

Zu Kußmauls großer Enttäuschung ist es zu dem im Grundsatz von den Trägern bereits beschlossenen Erweiterungsbau nicht gekommen, unter anderem wohl auch, weil seine Nachfolger dieser Angelegenheit nicht die nötige Priorität einräumten und vielleicht auch zu wenig mit der Mentalität der württembergischen Entscheidungsträger vertraut waren. In der Folge hat Kußmaul seine Kontakte zum Linden-Museum abgesehen von solchen privater Natur stark reduziert und schließlich ganz eingestellt. Offiziell hat er das Haus im Jahr 1995 zur Eröffnung der Ausstellung „Erben der Seidenstraße – Usbekistan" letztmals betreten.

Kußmauls seit langem schwer kranke Frau wurde kurz nach seinem Eintritt in den Ruhestand bettlägerig und pflegebedürftig, was ihn über mehrere Monate bis zu ihrem Tod vollständig in Anspruch nahm. Sobald er sich von dieser schwierigen privaten Situation etwas erholt hatte, nahm er wieder intensive Kontakte zu Kollegen im In- und Ausland auf, die sich mit den Themen „Mittelasien", „Afghanistan", „Reiternomaden" und „Geschichte der Mongolen" beschäftigten. Zunächst half ihm dabei seine ehemalige Sekretärin, Frau Engel, die ein knappes Jahr nach ihm in den Ruhestand verabschiedet wurde. Später wurde er bei seinen wissenschaftlichen Aktivitäten aber auch bei Kulturreisen und Wandertouren in fast ganz Europa von seiner Partnerin Dietlinde Quati be-

gleitet, die ihn auch in seinen letzten Lebensjahren bis zu seinem Tod umsorgt hat.

Friedrich Kußmaul hat wie alle, die sehr viel und auf sehr unterschiedlichen Feldern arbeiten, gelegentlich auch Fehler gemacht. Allen, die das Glück hatten, mit ihm zusammen zu arbeiten oder ihn als Freund zu erleben, wird er als geradliniger, zielstrebiger und außerordentlich offener Mensch mit einem unglaublichen Arbeitsethos aber auch der Fähigkeit, das Leben zu genießen, in Erinnerung bleiben. Zu einer Zeit, als die Direktoren der großen Häuser noch aktiv in Zusammenarbeit mit der Kunstabteilung des Ministeriums Kulturpolitik betrieben, ist es Kußmaul gelungen, das Linden-Museum in die erste Reihe der europäischen Völkerkundemuseen zu führen.

Johannes Kalter

WISSENSCHAFTLICHER TEIL

ILSEMARGRET LUTTMANN

**FASHION AND FASHION DEVELOPMENT
IN AFRICA – AN INTRODUCTION TO THE MAIN
RESEARCH FIELDS**[1]

Abstract

The 1990s saw the first forays into the study of African fashion; mainly by American female scholars. This delving into a completely new topic introduced a broader view on social change in African related studies, particularly with regards to female agency and female subjectivities. In postcolonial West Africa women developed a very distinctive fashion system with fashionable styles which were very different to men's way of dressing. The article tries to give an overview of the main research findings with its main concern being the development of the so-called "African style" as a result of a popular cultural movement instigated by women. This style has several distinctive features whose meanings go far beyond the level of technical and aesthetical innovations. They embody broader essential cultural, moral and social values incorporated by women. Through fashion, women are articulating their idea of modernity while at the same time, using it as a means and strategy to reacting to globalization. The recourse to tradition is as central to their approach as the active albeit selective research of attractive global goods, technology and styles.

"In the postcolony, magnificence and the desire to shine are not the prerogative only of those who command. The people also want to be 'honoured', to 'shine', and to take part in celebrations [...] in their desire for a certain majesty, the masses join in the madness and clothe themselves in cheap imitations of power to reproduce its epistemology." (Mbembe 2001: 131-133)

Introduction

The aim of this article is to give an overview of the research results concerning various aspects of West African fashion, its specific features and its development, as well as its social role to which I will add my own observations and findings. As it is a rather new field of research, which started a mere 15 years ago, mainly by female American scholars it is not yet very well known among Africanists. Historians and social scientists still have strong reservations about clothing being a valuable resource in its own right without needing other textual references. "Historians of dress and textiles have learned to mine the meaning of material objects, visual and tactile culture, not as a substitute for verbal sources when these are unavailable, but in order to reveal dimensions of political and social transformations that cannot be discerned in observed social behaviour or verbal and writ-

[1] A primary version of this paper was presented at a symposium in Recife/Brazil in May 2008 organized by the German-Brazilian Institute (CCBA). It ran under the title "Global fashion and local identities – case studies from Brazil and Africa". I am grateful to the German Institute for Academic Research (DFG) for its financial support.

ten articulations." (Burman and Turbine 2002: 375) More concerned about social structure social scientists relegated clothing to the minor status of "accessory in symbolic, structural, or semiotic explanations". (Hansen 2004: 370) In more recent times, a change of paradigms is taking place with a general shift towards social agency and practice.

Fashion in Africa is of high relevance and interest in the field of cultural studies as it is situated at the crossroads of several interconnecting developments: between history and contemporariness, between politics, economics, and culture, between subjectivity, individuality, and sociality, between locality and globality. It has emerged in the context of, and as a response to, various developments of the 20th century. The main forces were colonization, the nationalist movements before and after independence, urbanization, modernization in general, and globalization. Both local, and external, international factors were influential in the structuring of the fashion system. The main agents and leaders who made fashion an instrument of identity construction were women in urban areas, tailors and professional designers.

A Multitude of Styles – So what is African Style?

Nowadays, when strolling around a major city in Africa, you will be surprised to see that there is not only one style or even a "typical" style which could immediately be identified as the definitive African style. (Hendrickson 1996, van der Plas 1998, Bauer 2001, Rabine 2002, Allman 2004, Grosfilley 2004, Picton 2004, Geoffroy-Schneiter 2005). Instead, your eyes are struck by a multitude of fashions and styles, appearing side by side. There are European or Western looks; some are so called "originals" imported from Europe, while others are locally made copies. (Scheld 2003, Bauer 2005 a and b, Ruschak 2006, 2007) Moreover, there are western inspired dress types that have turned into icons of ethnicity, in the case, for example, of the long dress of the Herero women in Southern Africa. (Durham 1995, 1999) Then you have fashionalized African garments (Rovine 2004); traditional or ethnic types of dress made of hand-woven and hand-dyed cloth (Luttmann 2005 b) or of imported textiles from Europe, China or India (Eicher 2006). And, of course, there are the even more spectacular creations designed by the young generation of African fashion stylists (Grosfilley 2004, Chassany 2006; 2007).

All these styles coexist at the same time, and they may all be worn by the same person in different situations or subsequently in course of their life.

A person's income and level of education also plays a decisive role in their way of dressing. In Ghana, for instance, it seems that "European dress in West Africa is associated

Fig. 1a *What makes a style worn in Africa "typical African" – the colour, the materials like leather, hand-woven or hand-dyed textiles, the patterns, or specific dress styles? – The manually painted textiles in earth colours are often referred to as typically African. What about these cloths with a bold mixture of motifs with ethical connotations? Photo: New African 1993, march: 14.*

[2] Lane's study (2008) on the symbolism of cloth and clothing among the Dogon of Mali (2008) seems rather antiquated since it is mainly based on Marcel Griaule's severely criticised fictional dialogue with Ogotemmêli, an initiated hunter who apparently possessed a high degree of esoteric knowledge. Nowadays it is no longer a productive approach to study symbolism of cloth in the hermetic circle of the cosmological system most arbitrarily constructed by Griaule.

mostly with the workday and Western-style religious functions." (Dogbe 2003: 388) In the Islamic northern part of Ivory Coast young women abandon their Western style trousers or tight dresses when they get married. By the time they assume the role of a mother they conform more and more to Muslim dress code as religious piety is seen as part of their new social role. (LeBlanc 2000)

Urbanized and highly educated women tend to be more flexible and inclined to embrace a variety of styles. (Ibidem, Schulz 2007) Andrewes (2005: 226f) introduces still another dual set of situations which structures dressing choice: for purposes of representation the person will adopt the constraining Western dress, while he/she favours local styles for socially important situations where authority and competition are at work.

Looking at this huge variety, it is very difficult – especially for an outsider – to judge which style is en vogue and which one should be considered as an "ordinary" garment. Without knowing the historical and socio-cultural context in which each garment is used, chosen, worn and displayed it is impossible – just by pure observation – to make judgments on the ranking of these different types in terms of fashionability, elegance or social worth. Or how can the characterization of a garment as "traditional" or "authentic" be justified? It is highly problematic to define a "typical African" style although this is common practice in fashion journalism where concrete material or stylistic elements are arbitrarily selected "to prove" the ethnic specificity or "African essence". However, the incoherence of its interpretation becomes immediately evident as soon as they are put together and compared with each other. (Figs. 1 a-e)

Classification of Styles

The mere visual contemplation of these diverse styles produces a series of questions which are of great importance here. One of them is the stylistic classification of dresses and other garments and the different trajectories of styles in time and space. This has not been addressed systematically yet, but there are exemplary studies focussing on specific types of garment like that on the boubou or gown whose multiple variations and geographical expansion has been explored by Bernhard Gardi, "Boubou – c'est chic" (2000). This approach where the main focus is on aesthetic and technical questions or a concern for symbolism[2] and functions (Rivière 2008), is rather classical and conventional. Only recently Rivière (2008) brought up a list of interesting topics for new research projects. He suggests questions related to the socio-cultural treatment of cloth and dress like the different types of laundering, techniques of conservation and everyday treatment, special

Fig. 1b *This combination of dress and coat designed by the Nigerian fashion designer Alphadi is a patchwork of hand painted bogolan from Mali and patterned woven strip cloth from Senegal. Photo: Amina 1996, 313: 14.*

Fig. 1c *Leather is commonly regarded as an original African material suited for the production of some-thing typically African. A German fashion magazine presents this model as an example of contemporary African fashion trends. Photo: Marie Claire 2001, 6: 31.*

Fig. 1d *May this dress be labelled typical African because of the woven kente cloth used as the main material? Photo: Amina 1996, 313: 56.*

Fig. 1e *Or is this suit more African because of its panther patterning? Photo: van der Plaas 1998: 259.*

Fig. 1f *Is the wrapper more African than a sewn skirt? Photo: Amina 1999, 347: 43.*

Fig. 1g *This particular style created by Nigerian fashion designer Data Okorududu was part of the annually held Nigerian Fashion Show in 2004. Her label JD7 is typically characterized as Afro-Couture. Photo: Amina 2008, 455: 28.*

spaces where textiles are kept and where people dress, etc. Picton (1988 and 1995) calls for further studies on the development of styles and design over time, their re-adaptations in other regions, and the social agencies behind them. Up to now, the understanding of these phenomena is very superficial, dealing with only selective aspects.

The African Fashion System

Fashion cannot be defined simply as a change of tastes. Instead, it is understood as a distinctive and broad socio-cultural phenomenon based on the systematic change of dress norms, social control over consumption and cyclical reproduction of new fashions products ready for consumption. To gain a deeper insight into the production of fashion, styles and their meanings in Africa, it is necessary to consider how they are embedded into local histories and social norms. Besides this, the fashion system or logic in themselves have to be considered; its economic, cultural and social working and functioning as it strongly influences fashion development. Instead of deducing "essence" from outward signs, the social and technical processes through which fashion is created and constructed materially, marketed and promoted will be examined. It will be seen, that fashion in Africa works quite differently from what is experienced in the West[3].

In the following paragraphs more detailed explanations of the main features which comprise African fashion will be presented: (1.) the mode of production, (2.) the circulation of fashion and (3.) the role of labels and haute couture.

Mode of Production

"Despite the eclectic appropriation of global fashions and ready-to-wear clothing (including embroidered fashion from other African cultures), consumers have resisted any mass production of kaba and slit using standardized global apparel manufacturing procedures." (Dogbe 2003: 390) In other words, African fashion is not produced on a large scale in industrial plants as is the case with garments in western industrialized countries; and it is not uniformly defined through individual label patterns. In the Western world fashionable dress appears in a myriad of versions but, nevertheless, each type is replicated in thousands or millions of identical copies. Thus clothing becomes an anonymous industrial, ready-made product which circulates through a complex and anonymous distribution system before arriving at the consumer who is completely cut off from the development and production process.

[3] These questions have been addressed in depth by Leslie Rabine in her book "The Global Circulation of African Fashion" (2002). She shows convincingly and in concrete terms how deeply the aesthetics, the styles, the form of consumption and the meaning of fashion itself are shaped by the specific social and technological conditions of production which prevail in most African countries. Cf. chapter 1. "Global suitcases: The informal African fashion network".

[4] These processes of international stimulation and even conscious research of external sources for local forms of expression have a long tradition in the sartorial practices of African elites. For the case of royal elites in the Congo of the 16th to 18th century see Martin (1995) and Gandoulou (1989). – The Kalabari of southern Nigeria are well known for their "exotic" taste of Indian velvets and Madras cloths which they are importing now for more than hundred years and whose original design is gradually being transformed according to the Kalabari's own aesthetic standards. See Lutz (2003 and 2005) and Eicher (2005). Taking the bogolan cloth of Mali and the closely related fashion style of Malian designer Chris Seydou as an example Schulz (2007 a: 265) describes the flows of ideas on fashion going out and coming back, thus transforming local styles and meanings: "It [Chris Seydou's style] was accepted only after it had become an astounding success outside the country. It was primarily through the fashion metropolises of francophone West Africa, Dakar, and Abidjan, and the commercial ties connecting these two cities to the African–American consumer network, that this style became more popular in Mali. Transnational circuits in marketing and sales, as well as media representations, were instrumental in this fashion."

[5] "Avenues are saturated with adorned bodies and new fashions during the Muslims Ids, the holy days called Tabaski and Korite in Senegal. Everyone reads the streets for new style ideas. [...] The real tournaments of

distinction are familial ceremonies of weddings and naming ceremonies." (Mustafa
2001 b: 51) The author stresses the merging
of the economic logic of fashion development and the structures of social rivalries
in Wolof society which translate themselves
through practices of concurrence in fashion
consumption. This performative style of fashion in private family ceremonies is one of
the dominant and characteristic features of
African fashion which until now has not yet
found the attention of academics in this field.

[6] From the perspective of gender studies it
is interesting to note that the competition
on the grounds of fashion is nearly exclusively taking place among women. Their status depends on the social position of their
husbands which is extrapolated by female's
physical beauty, dressing elegance and sartorial wealth.

[7] Social rivalries extrapolated in display of
commercial goods and expensive dressing
help to invigorate the fashion sector. Other
local values like shame and honour further
feed the greed for consumption and reinforce the discrepancies between the limited
material resources and the huge investments
in "impression management". "Since the
1980s, both old and new elites have used os-
tentatious weddings and naming ceremonies
as a means of displaying their wealth and
competing with each other. Ordinary people
follow suit in the name of tradition or honor,
relying on savings, community aid, loans and
enormous sacrifice. [...] Today the success
of a day of feasting, dress, dancing and ritual
gift exchange is measured by the quantity of
gift exchange and by the number of guests
and the dress which they choose to wear.
Even middle-class women feel that they cannot wear a robe more than 4 times and must
then relegate it to casual wear or to a relative.
The risk is that their peers would consider
them to be in financial trouble or disregarded
by their husbands." (Mustafa 1998: 38)

As a foreign visitor to Africa you will be struck by the total absence of department stores
and boutiques specializing in dress and accessories. This is because all clothes are made
on demand and tailored by hand, according to the specific measurements and tastes of
each client. The working units are small ateliers with one or more tailors whose technical
equipment is very rudimentary compared to Western standards. (Rabine 2002, Luttmann
2006) The client and the tailor form a close, interactive relationship. (Dogbe 2003, Grabski 2005) While the latter offers considerable input in terms of information on recent
developments and new aesthetic standards, the former translates these into his / her personal stylistic preferences. It often takes many hours of consultation with friends, family
members, specialists, and several visits to different ateliers to get informed on current
trends before the selection of one concrete style is finally made. Thus the processes lea-
ding to the ordering of a garment are very time-consuming and are only carried out with
a high degree of personal involvement from the client.

Circulation of African Fashion

In industrialized countries, fashion is promoted through intense public advertisement in
specialized journals and magazines, television, the internet and at attractive sales points.
These campaigns are launched to market well defined trends and labels. They use a manipulative written and aesthetic language to create a link between the (devised image of
the) product or the designer and the consumer's own sense of social worth.
African tailors and artisans, instead, mainly use social strategies to market their products
and services as they develop very personal relations to their clients. Their workplaces are
central social meeting places where visitors do not only exchange on fashion ideas but
are also invited to relax and spend time with the tailors which no doubt has stimulating
effects on the women's desires for new clothes. The space itself is well arranged to make
the customers feel comfortable. The advertising signs outside the shops are created in
accordance with the general standards of modern graphic design. This contributes to the
perceived professionalism and social standing of the owner, ensuring psychological satisfaction for the clients and visitors. Each tailor strives to be recognized by a wider public
for his technical and creative competence, to make him indispensable as a professional
adviser. Their reputation as an expert in matters of international fashion trends, bolster
their authority.
Women, as consumers and clients, also play a vital role in the creation of fashion as well
as and in its circulation. They take part in the creative process – acting as a kind of co-

author together with the tailor – and they are the ones to give social relevance to certain styles. Their inspiration is drawn from different sources in the local environment as well as in the global market of ideas, images, values, and materials. Music stars or personalities from the national TV are seen as having high social standing and are consequently followed as role models (Schulz 2007 b). Global influences come from American or Brazilian soap operas (Schulz 2002, 2007 b), the Internet, second hand European fashion journals, emigrants and tourists[4]. (Bauer 2001, Mustafa 2001 a, Rabine 2002, Grabski 2005) African traders travel to far away places in the world looking for interesting and up to date accessories. "But immigrants from Futa Toro, Guinee, Benin, Togo, Mauritania and Morocco occupy the markets and surrounding streets alike. They sell cloth, fruit, gold, make garments and pirate music videos. VCRs from New York, cloth from Hong Kong and cosmetics from Nigeria make Sandaga market a West African centre of global culture." (Mustafa 2001 a: 49, see Scheld 2002) However, the most direct regulator of trends is the immediate social surrounding where fashion is performed in the context of family ceremonies like weddings, name giving ceremonies and funerals[5] (Paravano 1998), as it is here that fashion is a vital instrument and symbol in the areas of social competition[6], distinction and differentiation[7]. It is a means of visualizing and enacting women's power to gain access to men's resources. Imbedded in social rivalry, the need for fashion is a more fundamental social need in a society which honours beauty and appearance. Mustafa stresses the importance of photographed portraits, which document and proclaim women's elegance and status, as an efficient medium of fashion promotion[8].

The Role of Labels and Haute Couture

Labels and branding are crucial to Western fashion systems as they are based on the dual and hierarchical construction of original and copy. The original is considered to be the work of an individual, a congenial creator whose work then serves as the model for inferior copies. In the sphere of commercial relations, this duality translates into high price differentials. Consequently, labels are indicators of value and social worth and they play a major role in marketing strategies.

The idea of individual creativity, in the sense of claiming a circumscribed, superior authorship has no tradition in Africa. Creation is not a single act, but a continuous process in which many actors are involved, and in which they take an active part. The dynamic force in the process of creation is copying[9]. (Grabski 2005) One can observe this logic in

[8] "As a new valued commodity and a mechanism of commodification, photography heightens the pace and allure of fashion and ceremonies throughout social networks." (Mustafa 2002: 179)

[9] Taking the cloth consumption in Africa as an example Sylvanus (2007) reads the appropriation processes of a specific Western produced cloth, the wax-prints, as the structuring principle which lends authenticity to this product. In this case authenticity is based on imitation and simulation which might appear contradictory when measured in conventional categories. These processes are by no means passive reproductions but they involve creative symbolic reinterpretations and even stylistic transformations. Thus we can see here another case of this particular model of recreation through copying which is practiced in the fashion sector.

[10] This is a recurring misunderstanding and misinterpretation by Westerners, not only fashion journalists but also academics. To cite just one example I will refer to the comment on a photograph of a Malian woman which figured in a report on contemporary fashion trends in Mali in the fashion magazine Marie Claire. This woman, most probably of rural origin, sits on her donkey cart which probably brings her to the urban market, a social place of high importance. Anyway, her styling easily reveals to any onlooker that she has prepared herself for a special occasion. The subtitle went approximately as follows: "In the streets of Bamako, you can find all kinds of styles, even no name fashion." This interpretation is completely erroneous because it presupposes the universal validity of the system of labels. And besides it sounds arrogant as it speaks from the presumed superior position of a Westerner who believes in the signs of labels as a guarantee for quality, fashionability, and high status.

Fig. 2 *A German fashion journalist's comment on the dress of this Malian woman is that, it should be considered as an example of "no name" fashion.*
Photo: Marie Claire 2001, 6: 32.

the development of fashion styles which evolve around certain patterns and which are based on the infinite re-invention of the original or the originals. There is no formal authorship and thus no single original[10]. (Fig. 2)

In such a system the role of the designers cannot be that of a social and aesthetic authority. Even if they have gained their standing from having a national and international reputation, they are nevertheless in direct competition with other ordinary tailors on the market, without any obvious advantage. The relationship between customer and producer is regulated mainly by the price and the quality of the product. As the consumer appreciates the reproduced model as much as the preceding (original) creation, regardless of the designer's reputation, he / she will certainly opt for the cheaper version – as long as the technical quality is maintained. The value of a dress depends on the novelty effect in itself, its visible material worth and in its being a successful reproduction of the normative, dominant style.

However, in the meantime, the concept of the designer label has been appropriated by the tailors in their own way. Their personal labels, sown into their garments, speak of the latter's uniqueness and originality though in a different sense to that of the Western ideology. The tailors want to add material value to their tailored garments by drawing on the prestige of Western labels and on their imagined modernity. The social appreciation of their work, however, doesn't gain anything from this new practice. It does not transform it into a superior original.

In conclusion, it can be said that labels and haute couture do not, at present, directly influence the local fashion scene[11], although they do have a strong bearing on cultural life in urban Africa. The proliferating fashion shows are extremely popular events, attended for reasons of divertissement by members of higher social strata[12].

The Development of African Fashion

When talking of "African fashion" at this time, we are referring to a modern socio-cultural movement which comprises a number of certain styles – not the whole range of different local fashions. On the one hand, this term relates to the sartorial creations of artists, professionals and fashion designers which are presented on international catwalks like Paris, Hamburg or Milan, or on special, internationally mediated fashion events in Africa itself like the "FIMA" in Niger, the "Nigerian Fashion Show", the "Yaoundé Fashion Week"

[11] Neither the question of labels in African fashion nor the role of professional designers in orienting the conception of fashion has been studied seriously. We only learn from Grosfilley (2004: 170) that the designers' work gets some sort of social recognition by the fact that it is often copied. "La copie des modèles de créateurs, à partir de magazines tels qu'Amina ou Femme d'Afrique, devient une formule économique pour suivre la mode. [...] La copie est une forme d'appropriation, une façon de témoigner son admiration pour une telle entreprise." But we still wonder if this practice of copying really means that women are adopting the designers' conception of fashion and especially their concern for cultural heritage which has been studied by Berloquin-Chassany (2006 and 2007).

[12] The fashion journal "Amina" produced in France for an exclusively African clientele, especially in West Africa, has all its images been taken from the ever growing number of fashion shows staged in all major African cities. Fashion and the concern for bodily beauty became ever more popular since the eighties. (see Schulz 2000) Both are grounded in the high esteem invested into appearance as a visible sign of personal moral rectitude, honour and high social status.

[13] Rabine (2002) is the first author of having investigated into this dynamic relationship between fashion and tradition. In her main argument she states that tradition is the foundation of the African fashion system. She analyses the processes of manipulation and revival of tradition at different historical moments starting from the point where the category of "African tradition" was created by the colonial power in order to discredit African cultural practices. During the era of nationalism material cultural tradition became a political instrument by which the followers/partisans claimed to be equal partners of their colonial masters and which justified their quest for sovereignty and independence. Post-independence female fashion grounded in various forms of traditional styles some of which were of precolonial origin while others dated back to recent colonial times. (see Luttmann 2006)

[14] Fall (1998) shows for instance the cultural and erotic embeddedness of dressing and fashion in Senegalese society.

[15] This innovative interpretation is at the core of Mustafa's university thesis (1997).

in Cameroon or the "SIMOD" in Senegal. On the other hand, it also stands for the social fashion scene in urban Africa, especially in West Africa, whose main actors, agents, mediators and patrons are women; middle class women from various professional and ethnic backgrounds. Their perception of fashion and modern style, though, is quite at odds with the designer look.

Although the African fashion system is based on a locally, culturally determined style, it is transnational in character. It has emerged simultaneously in the whole of West and Central Africa. This new fashion phenomenon is grounded in a devotion to fashion and in the fashionalization of older African dress styles[13]. It has led to innovative creations in terms of cloth design, the composition of different materials, the mixing of styles, the revival of old manual techniques and the borrowing of imported materials and ideas. (Mendy-Ongoundou 2002, Grosfilley 2004, Luttmann 2006) These fashion styles represent much more than being mere consumable goods[14], they have to be seen as a new form of material cultural expression that turned away from the Western model yet did not go backwards to formal tradition. Instead they have articulated a particular understanding of modernity, modern city life, femininity and African identity.

In the following part the historical background from which the fashion-boom in Africa emerged and which structured its meaning, will be examined. The styles which currently make up the African fashion scene will be described and analyzed first.

The Birth of African Fashion in Times of Crisis

In Senegal, as several scholars have noted, the frenzy for fashion, along with the re-vitalization of the production and marketing sector, took place during the 1980s, in a time of general economic depression and political discontentment[15]. At this time, the hopes that had been raised with the gaining of independence: the confidence in growing economic opportunities, the aspiration for modernity, political sovereignty and the longing for a strong state to take care of its citizens, gradually vanished. It was the urban population in particular which suffered from the corrupt neo-colonial administration and its greedy representatives. The situation became worse when international institutions like the World Bank and the IMF imposed harsh conditions on the African states with regard to the management of their national budget. In order to reduce expenditure, social services were significantly cut and a large number of state officials were fired. To compensate for the loss of jobs or indirect financial help, many people ventured into the informal sector and tried

Fig. 3 *The new African elite was fond of its Western education and proudly showed off its social proximity to the colonizers by adopting their Western dress styles. Photo: Wass 1979: 340.*

to do business on their own. Many were attracted to the traditionally rather flourishing textile and fashion sector. The customers reacted positively to this new entrepreneurial dynamism which gave rise to a wider range of products and previously unseen novelties as well as to more technical sophistication. Besides this, fashion and beauty were seen as mediums or places which would give them personal satisfaction and a sense of dignity and honour, gratifications that they could not get in the public sphere of politics or in the deteriorating urban spaces (Rabine 1997 a, Mustafa 1998).

This keen interest in fashion is seen as having resulted from serious political, economic and moral disturbances helping to overcome or at least to counter them. Though the case studies were limited to Senegal, there is evidence that similar results could be expected from other countries. But, of course, there is still a lot of research to be conducted.

The Importance of Sartorial Self-Representation

Numerous anthropological studies have focused on the importance of dress and body decorations in the African systems of self-representation for personal or political reasons, and in the structuring of social relations. (Martin 1986, 1995, Gandoulou 1989, Friedman 1990, Wrong 2001, Bauer 2001, Picton 2004) A few examples have been chosen here which help to explain the apparent contradiction between poverty on the one hand and the desire for beauty and corresponding heavy material investments in outward appearance on the other. Judith Byfield (2004: 32) wrote with regard to the Yoruba culture: "Dress determined and negotiated social relationships: One's appearance determines the degree of respect one receives." Mustafa (1997, 1998 and 2002) and other scholars have provided in-depth explanations as to why good taste and expensive dressing are status enhancing[16]. If a person's sartorial expression makes others believe that he or she has financial problems, it is considered shameful and would have disruptive social effects. Moreover, beauty and a beautified body are culturally valued, not only as an aesthetic phenomenon, but also as a sign and proof of moral and mental qualities, a "site and sight of family honour". (Mustafa 2002: 174)

These, rather randomly selected, historical and anthropological references are simply meant to illustrate the legacies of past traditions apparent in contemporary features of urban lifestyle, where a growing concern for outward appearance or even an exaggerated form of fashion consumption can be witnessed. (Wrong 2004)

Colonial Dress Policy

Colonization saw African societies being stripped off their political and economic sovereignty, along with being drawn into brutal processes of cultural assimilation. Local customs and values were discredited or consciously destroyed. The colonial and missionary dress policy was an efficient instrument in enforcing colonial rule and ensuring the incorporation of Western culture by means that could not easily be controlled intellectually and mentally by the colonized themselves. (Rabine 1997 b, 2002, Comoroff 1996) European dress style was obligatory for those working in the administration and more generally for those employed by Europeans. Missionaries distributed second hand clothes to their pupils and potential converts to make them more inclined to adopt the Christian faith. Africans reacted in different ways to this policy of cultural assimilation, either by

4

enthusiastic adaptation or submission[17] (Wass 1979, Martin 1996) or by escape, subversion, refusal or outright rebellion. "The attempt at controlling the colonized body through a standardization of clothing was challenged by the refusal to partially assume the external appearance of the other." (Thomas 2003: 954) Although the dress codes imposed by the colonialists served their purpose of visualizing and producing racial barriers between them and the colonized, the latter were able to conceive of European garments according to their own agenda. (Friedman 1990, Martin 1996, Gandoulou 1989, Luttmann 1999 and 2000, Tomas 2003) A formal education and proximity to the colonial sector offered them the chance of an alternative social career which they highlighted by their western look. The so called "civilized outfit" and the successful dress management according to Western standards justified their claims on equal status with the former masters. (Fig. 3)

Above all, colonization and its forceful intervention into local dress practices, not only through the change or substitution of garments but as well through the general discourse on dress, caused a break with former practices. The African dress styles were classified as "traditional" in contrast to the morally and culturally superior European dress. This hierarchical classification still prevails today as it is common knowledge and practice to praise rich African textile traditions in the context of folklore and exotism which have nothing to do with modern fashion[18].

Nationalist Movements and the Revival of African Traditions

The manifestation of anti-colonial sentiments in the first half of the 20th century led to a revival of traditional cultural life and to an intensified use of cultural symbols for the activists' political aspirations towards independence. (Ross 1998) Culture was seen as an effective means of countering political domination and of regaining self-assurance. Sartorial expressions of nationalist feeling were prominently displayed and led to a kind of stylistic synthetization and uniformization. The ethnic differentiation formerly expressed by specific local styles was to be replaced by easily readable uniform signs. In Nigeria, for instance, the Yoruba-style gown was gradually adopted as the so called "national attire" for men (Byfield 2004) whereas in Senegal, the light blue grand boubou as an outward attribute of the Muslim faith turned into a symbol of national pride and unity.

The revival of tradition and culture to achieve political aims gave dress a strong symbolic meaning. This re-interpretation of dress was mainly the work of men as women used different sartorial strategies to express political opinions. In the post-Second World War era

5

[18] Jones' and Leshkovich's theoretical study of the processes of globalization focuses on the underlying power relations and ideological constructions which reproduce the hierarchical divide between the Western fashion system and the non–Western dress traditions. The orientalist attitude of the West creates and replicates exotic and traditional images which it projects on the Other in order to define itself as the superior modern subject. Their work is based on case studies in Asia, but their findings may as well be largely applied to the relationship between Europe and Africa.

[19] This textile is an industrial cotton print cloth whose divers origins in Indonesia, Holland and England as well as its symbolic trajectory have been studied by many authors; see among others Bickford 1994, Picton 1995 and 2001, Rabine 2002, Sylvanus 2007. It gave rise to a comprehensive discussion on how to define African authenticity.

Fig. 4 *The "democratization" of Western dress was translated into art. This is a wooden sculpture by the Ivorian artist Koffi Koukou.*

Fig. 5 *One example of fashionalization: the traditional boubou turns into a fashion statement. Photo: Amina 2003, 400: 24.*

in Nigeria (Abeokuta), for instance, a group of socially engaged middle- and upper-class women decided to dress in a conventional combination of wrapper and blouse of cheap material to demonstrate solidarity with ordinary market women and to draw the public attention to their urgent needs. (Byfield 2004) In reality, there was no need for women to go back to tradition as they had always retained the former lifestyle and had never fully adopted Western dress.

Fashion in Post-Colonial Africa

During the 20th century European dress and fashion underwent many changes in meaning and in their social use. As mentioned before western clothes were primarily a sign of elite status and proof of one's belonging to the civilized world. In the 60ies, however, it was anew appropriated by the African youth to proclaim their modernity and to exteriorise their progressive thinking. Young people sought a means to stand up against the aesthetic and moral values of the older generation. (Rabine 1997 a) African professionals, operating on an international level, donned Western business suits thus claiming to be equal members of the cosmopolitan world. But gradually Western dress in Africa lost all of these discriminating meanings and simply became one style among others that was considered convenient for certain purposes. (Fig. 4)

Whereas Western garments were mainly found in men's wardrobe, the development of women's dress practice followed a somewhat different path. Due to their special social role as keepers of tradition and family values and because of their late integration into the modern labour market, they adopted Western fashion in the form of dresses, short skirts and blouses, accessories like high heeled shoes, watches and hand bags only since independence. (Martin 1996) In certain countries like Ivory Coast and Cameroon, European fashion became the dominant style for fashionable women of elite status in the 70ies. They got used to order prêt-à-porter clothes directly from France and to play out new identities by wearing blond wigs.

The Fashionalization of African Dress

When the fashion-boom started to produce its effects in the 80ies, a re-orientation, in terms of role models, took place. Surprisingly, fashion was no longer associated with Western dress, instead, West African women turned to their former familiar "traditional"

Fig. 6 *Another example of fashionalization: the conventional wrapper was selected to become the icon of youthfulness and stylishness, when it was transformed into a sophisticated sown costume. Photo: Amina 2004, 414: 31.*

C'est au Palais des Congrès, à Abidjan, que s'est tenu le défilé de haute couture de la styliste Léonie Amangoua, de l'écurie Deshalvyse Diffusion. Cette cérémonie a été organisée en soutien aux enfants orphelins du Sida, avec le célèbre Garo Hasbanian comme invité spécial. Pour cette première sortie en solo, Delhavyse Diffusion a voulu sortir des sentiers battus en innovant. Les créations (plus d'une cinquantaine de modèles) étaient toutes confectionnées dans le pagne, même les robes de mariées, confirmant à juste titre le thème de "l'hymne aux pagnes" accordé au défilé. A cet effet, une pièce unique de la créatrice, "Colonne de feu", a été vendue aux enchères et acquise au prix de 600 000 F, une somme reversée aux enfants orphelins du Sida, à travers l'ONG Hope Worldwide. A noter aussi la présence des stylistes ivoiriens de renom tels Giles Touré, Pathé'O, Ciss St Moïse, St Joe, etc.

L'hymne au
pagnes a
Léon
Amangou

1. Tenue de mariée deux pièces : la jupe droite est à traîne évasée circulaire. *Impression Wax hollandais.* 2. Ensemble de mariée avec bustier sans manches conçu à partir de motifs de pagnes agencés et assortis à la bordure de la traîne de la jupe. *Impression Wax hollandais* 3. Tenue de soirée en ensemble 2 pièces dénommée "Pépite" : camisole décolletée dans le dos + jupe droite à traîne et à ouverture protégée par des motifs. *Impression Wax hollandais* 4. Ensemble court : chemisette et culotte en assemblage tissu pagne et jean. *Impression Wax hollandais et drill cotivo* 5. Tenue de soirée à motifs de pagnes différents assortis : bustier agrémenté par les motifs de la jupe, jupe droite longue à l'arrière et remontée à l'avant avec des charlestones à partir des genoux. *Impression Wax hollandais*

[20] The two dress styles differ particularly with regard to the sleeves: the butterfly-like sleeves are characteristic of the ndoquette while the kaba has ordinary ample sleeves of three-quarter length. Another significant difference lies in the fact that the ndoquette always goes together with a wrapper made out of the same cloth tied around the waist underneath the dress. The kaba is a real dress whereas the ndoquette may be considered as a hybrid between dress and blouse.

[21] This transformation of meaning of European dress style in urban society has been so appropriately pointed out by the Ivorian designer Pathé'O: "On peut dire qu'en Côte d'Ivoire, on a réussi quand même à amener les gens à porter le produit fait ici. Il y a dix ans, la femme ne s'habillait qu'en prêt-à-porter, tout le monde allait payer sa tenue dans les boutiques de prêt-à-porter à Abidjan. C'est fini. Parce que les créateurs africains ont beaucoup cherché et ont réussi à satisfaire les femmes, à créer des styles divers qui ont amené ces femmes-là à trouver leur bonheur, ce dont elles ont besoin, à tel point qu'elles ne veulent plus aller s'habiller en Europe. Bon, la dévaluation aidant, c'est fini, vous ne verrez plus une Africaine à Abidjan, au cours d'une soirée, en chapeau, gants, robe traînante. Elle serait ridicule parmi les autres. Alors qu'auparavant, il y a dix ou quinze ans, c'était comme ça. Moi, j'ai fait un défilé à Johannesburg, mais toutes les femmes qui sont venues à cette soirée étaient toujours en chapeaux, gants, robes ; cela me rappelait mes débuts à Abidjan." (Grosfilley 2004: 167)

styles and fashionalized them. That's what happened with the boubou, a type of gown which developed out of Arab influences and which carries a strong religious meaning. It became a fashion object and was continuously re-styled through means of colour, patterns or design, material, cut and most prominently through embroidery. (Fig. 5)

Another style which proved to be the most popular with professional designers was the complet or deux/trois-pièces, a combination of a long skirt and a fitting, narrowly cut blouse tailored out of this famous African cloth with its particular design patterns and striking colours, labelled as pagne, ntama, lagos, wax or fancy print and many other more local and specified terms[19]. This style was of more recent origin, as the blouse was an element that had come with colonization, Western technology and Christian sexual morality. African women were taught how to dress decently by missionaries, for example how to tailor a blouse to cover the breasts. (Luttmann 2005 a) The long skirt was reminiscent of the local dress practice of wrapping cloth around the body in different manners. The fashionable reworking of this type of garment produced an extraordinary range of creations which are hardly recognizable as belonging to the same genre. The tailors and designers experimented with stunning combinations of materials and cloths, reworking the surface of the textiles through technical processes such as applications, cutting, folding, doubling etc., restyling the blouse into a jacket or a short dress, and recreating the overall shape of costume-like dress. (Luttmann 2006) (Fig. 6)

The list of local styles that came under the grip of fashion can be extended to more dresses such as the ndoquette and the kaba. The creation of the ndoquette dates back to the 18th century when métisse women in the coastal area of Senegal, who enjoyed the privileged status of mistresses or legal wives of French colonialists, invented a type of dress which should render their social superiority and cultural cosmopolitanism without being a copy of the elegant French fashion. (Rabine 1997a) Nowadays, this dress style is very popular, not only in Senegal but also in Mali and Guinea. The luxurious material invested in beautifying the surface makes it particularly appropriate as a statement of good taste and extravagance.

The kaba which has a similar appearance to the ndoquette has a completely different biography. It was designed by Baptist missionaries who started their work on the coast of Cameroon at the end of the 19th century. It was meant to distract the attention of the onlooker from the female body which was imagined to be extremely sexualized. Over time it had become a somewhat national costume for Cameroonian women before it was reworked for fashion purposes[20].

It is important to stress the vital role that urban middleclass women played in this new fashion orientation. They decided not to follow the trends of the upper class any longer and instead to celebrate their own look. At that time elite women with higher Western education and Western consumption patterns were keen on exhibiting European-style fashion as a visual marker of their social superiority[21].

Tradition and African Fashion

When looking at the African fashion system, one is struck by the importance of tradition as a concept and as a style. Tradition is not just an accidental feature of contemporary fashion, but it has become the basic source of inspiration for all fashion declinations[22]. Instead of discarding tradition and opposing fashion and tradition as is the case in Western fashion conception, one style assumes several layers of meaning[23] resulting in ambivalences as one type of dress, on the one side, belongs to the sphere of traditional life and, on the other side, it could be part of the world of fashion. Only specific knowledge of the current fashion code denotes what its real meaning is. The fashionalized bogolan cloth from Mali, a hand woven textile with painted black graphic designs on it, is a well studied example which illustrates the simultaneity of multiple symbolic attributes of one garment: "Bogolan clothing may be worn as a signal of national or ethnic identity, an expression of a generalized identification with African heritage, or an evocation of the exotic." (Rovine 2005: 196)
Western observers fail to recognize the fashionability of African dresses because of the culturally specific aesthetics, the similarities to older well known styles and the exuberance in volume, accessories, details etc. which is in contradiction to Western aesthetic norms.

What is often overlooked when examining African traditions in general and sartorial traditions in particular, is the fact that they are rather untraditional in the sense that they are constructed out of so many diverse, non-local elements. What is often taken for immutable, localized tradition very often turns out to be transnational and in constant re-invention. The different dress styles that have so far been presented here and which appear so authentically African to us in style and material, all have foreign cultural origins. (Gott 1996, Mustafa 1998, Picton 2001, Rabine 2002, Grabski 2005, Sylvanus 2007) This means that tradition in the African context is more dynamic in reality than what our conventional analytical concepts allow for.

[22] Several authors provided evidence for this argument with regard to different countries. Gott (1996 and 2005) revealed the continuity of tradition in modern fashion trends in the case of Ghana. Mali and Ghana were cited as striking examples where a revival of traditional textiles and their use in the construction of modernity took place. (Adjaye 1997, Rovine 2002 and 2004) The Senegalese fashion production, too, analyzed by Mendy–Ongoundou (2002) proves to be very tradition-oriented.

[23] This argument has been brought up by Rabine (2004). She deploys it in length and very convincingly over several chapters in her book.

[24] The social, technical, and economic conditions of fashion production have so far been severely neglected. Little is known on the economic viability of the tailors' workshops, their market strategies and their socio-professional networking. Rabine's study on tailors in Dakar is anthropologically oriented (2002) and Denzer (2002) focuses on the impact of the Nigerian government's economic policy on tailors' business development in Ibadan. – The eminent role Senegalese tailors have played in the promotion of African fashion in West Africa as well as their networking and economic strategies have not even been mentioned in any of the works.

[25] Now that African fashion has even made its appearance in international art forums and that it had been recognized by academics it gradually moves out of the closed circle of ethnographic research which had treated it as a simple element of material culture as Mustafa (2005) has critically pointed out.

According to formal criteria, fashion is defined as a constant alternation of the fashionable and the outdated and the arbitrary change of signs and meaning. This holds absolutely true in the case of Africa where women are struggling to catch up with the latest trends, and if they fail to do so, they face severe criticism from their peers. (Sylvanus 2008)

Local Fashion and Transnationalism

African fashion, as I have described it, has a visible local or cultural character which makes it different from other fashion systems, especially that of the West. But it is far from being a local in the geographical sense as it has developed into a regional aesthetic and cultural movement which encompasses nearly all of the countries of West and Central Africa. This is a salient aspect which needs further explanation.

The regional extension of the rather homogeneous fashion system has been supported by the technical skills and migratory dynamism of the Senegalese tailors since the late sixties[24]. In search of economic success and social recognition, they adventurously migrated, more or less temporarily, to distant places where they opened up workshops or ateliers of their own or joined existing enterprises which were managed by relatives or friends. Seen as representatives of the much revered Senegalese fashion nobility, bringing modern style and modern consumption practices to less developed areas, they were welcomed everywhere. They built up a well connected, international network which enabled individuals to travel comfortably from one country to another and to be integrated easily into the local community. Thus information could flow easily across national borders and fashion novelties from Dakar or Abidjan, the main leaders in fashion matters, became common knowledge to all tailors very quickly. Initially, tailored dresses were transported in suitcases and presented as nouveaux arrivages or dernier cri, then with the creation of hand drawn fashion illustrations, a wider range of models could be presented to more places simultaneously and at a lower cost, and finally photographs, pleasingly displayed in albums, revolutionized the communication and marketing system. All these mediums were based on a very personalized and informal practice which lent credit to the authenticity of the styles.

The New Generation of African Designers and Female Fashion

As fashion became more and more important socially, and globalization increased consumption possibilities, competition between tailors grew and gave rise to more specialization and status differentials. Due to the growing professionalism and high degree of creativity involved in their work, many of them now no longer consider themselves to be simple craftsmen. Their new self-confidence and self-esteem becomes obvious in their advertisements and bill boards which they use to boast of their qualities and their international reputation. Their inventive and manipulative language is full of wit and irony. (Fig. 7) Those with specialized formal professional training proclaim themselves designers and launch their own labels. A few outstanding individuals succeeded in acquiring international recognition and were invited to participate in fashion shows or official cultural events in Europe. (Revue Noire 1997, Lenz 2000, Rovine 2005; 2004) The interest of the West in African designers' creations bolstered up their image in their own society and strengthened their authority in matters of fashion[25].

Now I will turn to the main features which characterize the high quality fashion design and which set it apart from popular trends. One of the standard elements of any designer's collection – even of those of international ranking – is the conventional deux-pièces-style which they playfully rework. However, when it comes to demonstrate their individual creativity to a transnational audience, the designers generally adopt an ethnic or multi-cultural approach which comes close to some form of self-exoticization. (Figs. 8 a-c) They explore a variety of different textile cultures which they recycle in an innovative manner by changing the original functions of the diverse materials, joining cloths of opposite social values or by combining them with modern cloth. (Grosfilley 2004, Rovine 2005) On the one hand, they relate to old traditions and historical events which are meant to be re-lived and proudly remembered. On the other hand, they give a completely new look to more or less familiar objects, symbols and significations as these items are re-contextualized and adapted to high level consumption standards.

The pertinent question to be asked is to what extent have the professional designers contributed to the fashion explosion and to what degree were they influential in the fashionalization of African dress. The designers themselves claim to be the main initiators of this process of fashionable re- traditionalization[26]. They encouraged women to follow their ideal of a return to "African values" and to look for "African authenticity" which they defined in their own way. One has to admit that their clients might feel reassured psychologically to see adaptations of their own well-known styles on stage, but their motivation to engage in so called "African" fashion was quite different and so was the choice of their styles. The two fashion systems though apparently similar in form and style, differed in their meanings, and the final material shape, too, developed in opposite

Fig. 7 *The new generation of African tailors has become very ambitious and self-confident. Yves Saint Laurent is a reference, not in terms of style but in relation to his international fame. Photo: U. Bossler.*

Fig. 8a *Haute couture creations set themselves apart through their exotic and ethnic look. – This couple's dress style, presented at the Nigerian Fashion Show in 2004, is inspired by Kalabari tradition. Photo: www.grio. com/galerie.php?gid=49&num=15.*

Fig. 8c *Angy Haiff, a young Cameroonian designer, presented very outstanding creations based on natural materials and different artisan techniques. Photo: www.anggy–haif. com/Collections/Collections_Ethniques.html.*

ABDOUL GNINGUE
CHEF D'ATELIER
YVE SAINT LAURENT
HAUTE COUTURE AFRICA MODE
BP 390 (REP DU MALI) TEL

7

8a

8c

directions. Artists began to celebrate a revival of African traditions as a response to the expectations of the West where the consumption of "exotic" cultural traditions became highly fashionable[27]. The West looks for essentializing / essentialized images of Africa to keep it at distance and to have better control over it. Aspiring to international recognition bestowed by the West, the designers conformed to the rules of the global market. But self-exoticization is not the whole story as their creations were definitely as well the result of their self-reflective search for identity. Through their label of African authenticity, they tried to counter the overriding influence of Western styles and to create a niche of their own in the global world. (Rovine 2002 and 2005, Berloquin-Chassany 2006 and 2007)

However, when women turned to the familiar styles and re-interpreted them as fashion, they did so for the exact reason that they were familiar with them. Their fashion practice was a means of reassurance in times of rapid change, dominating international influences and general dissolution of structures, relations and norms. In contrast to the professionals, they had a more introspective looking, psychological perspective.
The realignment to tradition was neither an act of naivety nor simple continuity or repetition. What is generally taken for tradition is far from being an innocent or objective construction as it has undergone substantial ideological and material transformations under colonial rule. African sartorial tradition arose from the colonialists' framing of everyday life as traditional – in contrast to European and modern. Besides, tradition can even be seen as a recent material invention from colonial influence or by colonial agents themselves which is true, for example, for the deux-pièces and the kaba dress.

To summarise, it can be said that designer fashion and ordinary female fashion were two interrelated phenomenon in so far as they were reactions or actions in response to the effects of globalization. But their meanings defined in terms of intentions and motivations of the two groups, are quite distinct one from the other. Women do not identify with the designers' fashion which they considered as old-fashioned or traditional. It makes them think of the time of their grandmothers and of "primitive" rural traditions. (Figs. 9 a-c)

Fashion as a Gendered Process

Compared to female fashion men's dress practices have developed according to different lines. Since colonial times, men have continuously and increasingly adopted Western dress. This is due to their early integration into the colonial system and to the labour

Fig. 8b *The use of calabashes for fashionable artistic dress has become very widespread among young designers. Photo: www.afrik.com/ article9151.html.*

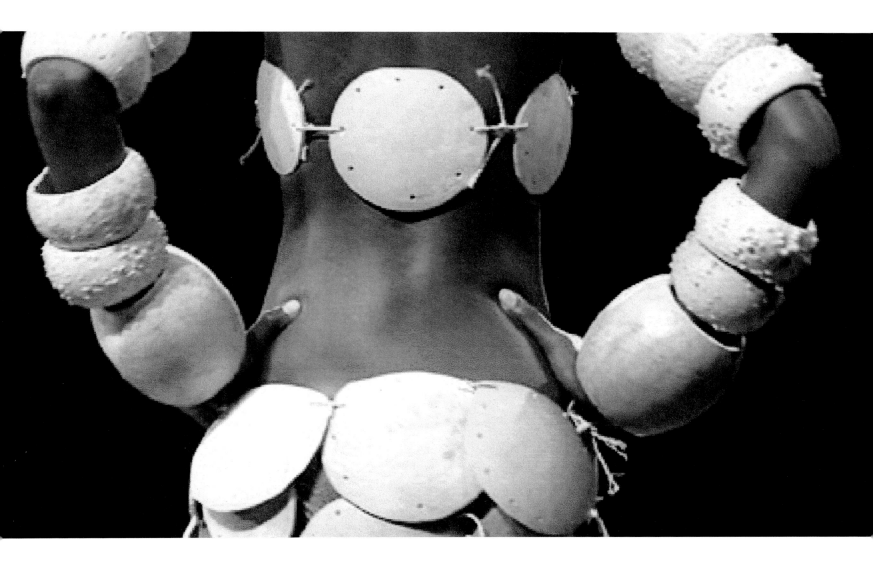

9a

9b

9c

Fig. 9a *The urban female fashion has created its own version of modernity and authenticity which is quite different from the haute couture style. – In Senegal women still largely invest in their boubous which are considered as the most prestigious and appropriate female dress style. Photo: Portrait Afrika 2000: 54.*

Fig. 9b *Nigerian women are very fond of the high quality of the textiles used for their wrappers. Photo: Ovation 2003, 67: 24.*

Fig. 9c *The boubou and grand–Dakar dress style are particularly appreciated by Senegalese and Malian women. They allow for the creation of so many different looks and, most importantly, they are appropriate markers of social differentiation as they may be loaded with highly expensive materials for ornamentation purposes.
Photo: Amina 2004, 405: 15.*

[26] Pathé'O, the influential designer from Ivory Coast, is convinced of his role as a leader and educator who has the moral duty to explain the high value of African heritage to his compatriots: "On a une richesse incroyable en Afrique, malheureusement, les Africains ont encore un complexe parce que beaucoup s'habillent toujours à l'occidentale [...] Donc cela veut dire que notre devoir à nous, créateurs africains [...] c'est d'abord travailler la mentalité des gens, les amener à consommer ce qui est des leurs et pouvoir vendre en même temps. En Afrique, pour le moment, les gens regardent le produit africain lui-même avec un air bizarre ; enfin chez les femmes, quand même, on a réussi à s'imposer. A Abidjan, dans les soirées, vous voyez maintenant que toutes les femmes sont habillées africain, mais pour les hommes, c'est encore difficile." (quotation in Grosfilley 2004: 167)

[27] The global circulation and visibility of commodified non-Western cultural products is part of the globalization processes. They reproduce the colonial divide between global, id est Western culture and the "rest". (see Jones / Leshkowich 2004)

[28] This dual development with regard to the female and male dress styles is part of the structure of the colonial power system and was thus reproduced in nearly all colonies. Women were declared to be the bearer of tradition which needs colonial protection and helps to draw the line between the civilisation of the colonizers and the backwardness of the colonized. "Women became the boundary for marking colonizer from colonized. As a result, they came to stand for two highly stylized senses of the nation: the traditional essence requiring defense from outside contamination, and the internally different Other, the one that made the nation aware of itself. Bengali women were therefore charged with upholding tradition through avoiding adoption of European manners or styles." (Jones / Leshkovich 2004: 11)

market which connected them more closely to the culture and the lifestyle of their masters. Dressed in Western style trousers, shirts and suits gave them the feeling of being part of the "new world society" (Ferguson 2002), to be modern and cosmopolitan. Suits were the visual sign of the international business class[28] and conferred prestige to their wearers. Generally Western male garment is very conservative and rather formal in style. Especially those styles selected by African men hardly make any fashion statement. Apart from this kind of Western uniform men also don elaborate, valuable, traditional garments when they take part in specific cultural events or important traditional family gatherings. (Fig. 10) In this context, their outward appearance merges with their social and political role as the head and representative of the family. It gives them extra symbolic weight; it is seen as a signifier of power, wealth and high status. Men's sartorial practice moves mainly between these two opposite realms of modernity and tradition thus symbolically incorporating their understanding of their role in society and their position of power in the context of gender relations.

Colonial discourse oriented women towards their role as guardians and transmitters of tradition. This ideology was supported and bolstered up by African men[29] and put into sartorial practice by women. When they started, however, to follow European fashion styles around the time of independence, they were subjected to harsh public criticism. Western dress was considered amoral or in contradiction to local traditions and their sense of decency and womanhood. This practice of double standards with respect to men and women which allowed for the moralizing of female dress behaviour from which men were exempted, has been studied in various cases at different historical moments. The reactions of the mainly male public – although women were among the critics, too – proved to be very similar across time and space[30]. This gender biased approach to fashion and dress still prevails today in many African societies though in less violent and obvious forms.

Conclusion and Suggestions for Future Research Fields

To summarize one can say that the previous research fields were mainly concerned with the structure and dynamics of the fashion system, the development and adaptations of styles, the cultural significance of fashion as a specifically female medium through which women articulate their ideas of identity, authenticity, womanhood, morality and modernity. Nearly all scholars gave particular weight to the argument that the emergence of the African fashion-style in the eighties is to be seen as a clear departure from tradition

126

though it consciously draws on older styles that were disqualified by colonial powers as "traditional" in opposition of Western modernity. Instead of wholly assimilating Western fashion forms or reproducing precolonial traditions women favoured a mixture of styles of diverse origins with which they were familiar but which they transformed into fashion objects. In spite of the great cultural significance of these stylistic creations and their bold resistance to the dominant influence of Western culture it is probably too early to draw a final conclusion on their meanings. Can this African fashion style be proclaimed as an anti-colonial manifestation? What about its capacity to be globally recognized as modern? And the female subjects, how do they define themselves? How do they tackle the problem of their traditional image that men project on them? The comment of a young trader on the market of Ouagadougou is representative of this type of male gaze:

"Une femme, si à 25 ans, elle n'est pas encore mariée, déjà en Afrique, c'est bizarre. Une femme de 25 ans, en Afrique, si elle n'est pas mariée, déjà c'est mal vu. Ça c'est de un. Et deuxièmement, la femme, elle a un intérêt à se mettre dans la modernisation pour avoir un mari, pour espérer un mari, disons. Parce que si elle s'habille en dame, tout le monde va avoir peur d'elle. Parce que quand une femme est habillée dans les trois pagnes, on la respecte. On la fuit quoi. Parce qu'on n'aimerais pas ... Et puis la solidarité, surtout en Afrique, c'est comme ça quoi. Admettons, si tu es une jeune fille de 19-20 ans, si tu t'habilles en femme, donc quelqu'un qui te voit de loin te voit directement en femme mariée. Déjà, la personne prend ses gardes. [...]

J'aimerais vraiment voir ma femme habillée en dame quoi. Je ne suis pas marié pour le moment, mais j'aimerais voir ma femme habillée en trois pagnes. Au moins, comme c'est un contexte respecté, j'aimerais la voir dans ce contexte, plutôt que de la voir habillée dans la modernisation." (Grosfilley 2004: 159)

Furthermore, African style fashion is often tied up in a culturally or ethnically charged discourse in public which can be witnessed in fashion shows and magazines[31].

In a final step I would like to outline a few topics that would be worth being explored in order to give this particular gender approach a broader stance in social sciences. Besides more empirical studies are needed to give further support to Allman's (2004) formulated claims that dress and fashion are to be considered as "political praxis" and "political language"[32]. But as the author says dress as an underexploited archive does not only provide a window onto social change, "but into African self-identities, self-representation, and domestic and community debates about sexuality and propriety. And as an alternative archive, dress and clothing not only open up new dimensions of social change but chal-

[29] Men in Africa as well as in most other colonies advocated in favour of women's traditional dress style as they wanted to uphold and reinforce the hierarchical relationship between men and women. And dress served as an efficient material symbol for male's higher status and female inferior Otherness. Taylor (1997: 113) resumes the situation in Indonesia in very similar terms: "In the suit, Indonesian men declare themselves to be heirs of the Dutch in their role as rulers, not as citizens. The female body is portrayed as rejecting the West and its historical evolution toward sharing public space and personal freedoms with women."

[30] Hansen (2004 b) and Ivaska (2004) present cases studies on Zambia and Tanzania where they analyze these critical situations where men were even physically attacking women as a means of punishment for their "immoral" and "un-national" dress practices. The historical circumstances were quite different. While Ivaska's study goes back to the 60ies and the official national culture politics of Nyerere, Hansen points to two historically separate periods in the 70ies and in the 90ies characterized by major political changes and processes of social re-orientation when Zambian men were very much afraid of loosing their status and control over social relations. See as well Wipper (1972) for men's hostile reactions against women's fashion in Tanzania. In the late 80ies, self-conscious Nigerian middleclass women had to face severe criticism and public debates because of their appropriation of a male dress style that made men fear loosing their superiority over women. (Bastian 1996)

Fig. 10 *The so-called traditional character of female fashion contrasts sharply with the neo-traditional Western dress style of men. Photo: Fall 1991: 198.*

lenge us to reevaluate and redefine some of our operative categories. In many of the essays, the focus on clothing forces us to reconsider our ideas of both "the public" and "the political" as predominantly male services." (Allman 2004: 4-5) My suggestions are greatly inspired by this analysis which highlights the visibility of dress and stresses the strategic character of dressing practices. Further propositions are directed towards the social and geographic context in which fashion movements and dynamics are to be viewed. Finally I advocate for specialized field studies on the production sector as its viability is closely connected to local consumption patterns and questions of values and agency.

• Drawing upon the idea of the public character of clothing and even more so of fashion, I strongly recommend to consider the practices and performances which are more or less actively choreographed for the purposes of fashion display. We should address fashion as a social practice that is based on rules, owns specific spaces and is visualized through rituals. Artfully dressed bodies form an essential part of the scenery and the meaning. Can we think of marriage and baptism ceremonies or funerals without associating sophisticatedly styled women who catch the attention of the visitors? But what about the concrete structure of these rituals and how do women forge and construct these places through fashion for their own purposes? Even if these social institutions and events are determined by prior rules there is still room for personal manipulations. Furthermore it has to be asked for whom and for what women are performing. Why are they investing materially, physically, emotionally and socially in the construction of these formalized – as well as informal – gatherings? Working on this approach means to consider fashion as a social process in which women participate as central and conscious actors.

• Women's dress practice and understanding of fashion needs to be more closely connected with men's practices and styles. As we have seen, fashion has developed along distinct gender lines and so we have to take a deeper look at this male-female duality especially under the aspect of changing social and economic conditions. To what extent does the colonial legacy account for its continuity? How do modern influences like education and job opportunities for women, economic constraints caused by globalization, interact with this constellation? While most scholars were interested in female fashion nobody took notice of men's fashion consumption and their construction of social and sensual selves[33]. This unexplored field offers a wide range of new views directed towards differentiated behaviour according to age, profession and social status, geographical mobility and migration, changed/changing gender relationships, etc.

[31] The unconscious perpetuation of orientalist thinking of Western academics is still a strong ideological obstacle for a more disengaged and balanced interpretation of Africans' "mimicry" or "assimilation" on the one side and self-proclaimed "tradition" and "authenticity" on the other. See the very stimulating debate of Ferguson, Fabian, and Gable on mimicry and cosmopolitanism in "Cultural Anthropology" of 2002.

[32] The political character that can literally be read as a text is discussed in the case of printed industrial cloth, the so called pagnes. (see Toulabor 1981, Ayina 1987, Bickford 1994) – The different contributions to the collective book of Allman (2004) present highly convincing case studies of dress and dress practice as a political agenda consciously constructed and deployed by individuals and groups for their specific aims. Akou (2004) demonstrates how Somali women in the diaspora voluntarily put on ethnic dress as a reminder of the aim of national unity and peace in their home country. Allman's study (ibidem) on post-colonial Ghana focuses on Nkrumah's national politics in which so-called modern dress played a crucial role as an instrument of national integration and social welfare. For further examples see Ivaska (2004) and Fair (2004).

[33] One laudable exception is the article of Bastian (1996) on Nigeria where she compares the breaking of dress codes by men and women and the reactions of society.

[34] The Dogon women and their inventive dyeing techniques and broidery art are one significant example where rural people show their intense involvement in fashion processes. (Luttmann 2005 b)

[35] Grosfilley's research (2004, 2005 and 2006) focuses on the dynamic adaptations of industrial and artisanal production to each other's development in terms of design. This is good departure for more economically oriented studies.

• Although the urban space is indeed a strong promoter of fashion as social practice and consumption pattern this does not exclude other more or less marginalized places to participate in the fashion movement[34]. It might be very interesting to investigate into possible reciprocal influences. And we should be able to define the factors which allow for the development of such relatively independent fashion systems.

• Fashion as an economic phenomenon is by far an understudied topic for anthropologists. (Hansen 2004 a) So far, there are no specialized studies on the economic performance of tailors, textile artisans, traders and textile industries available[35]. If one looks at fashion production from the perspective of consumption and with respect to the high prestige of fashion in African societies, one immediately would expect a flourishing economic sector. Surprisingly this is not the case especially as far as the textile industries are concerned. So future research has to look into their potentials and constraints. This is even more urgent as the national productions are facing severe competition by cheap import goods.

• As mentioned before the transnational role of the Senegalese tailors in creating and producing African fashion is of high relevance. This topic has two major facets: the anthropological or ethnographic view concentrates on the socio-cultural strategies of integration to the different surroundings as well as on their internal social communication system; the economic approach focuses on the tailors' business performance. After 30 years of Senegalese presence or even dominance in many foreign fashion sectors it is high time to evaluate their impact on the respective national production structures and to analyze the reactions they provoked/initiated. We may ask how stimulating or constraining their involvement was for the development of the local capacities and competences.

• The francophone-anglophone divide which prevails in many fields of academic research has been reproduced in the case of fashion studies. Nigeria though one of the most potent fashion producers and one of the top consumers, is completely left out. Besides there are no regional surveys on transnational flows in both directions between the former English colonies and the French speaking countries. The narrow view limiting itself to national developments is outdated. Contemporary practices of border-crossing have to be taken into account so that we gain insight into social migration and mobility dynamics. At that they will reveal local forms of enactment of global processes.

Bibliography

Adjaye, Joseph K. (1997), The discourse of kente cloth: from haute couture to mass culture, in: Joseph K. Adjaye, Adrianne R. Andrews (ed.), Language, Rhythm, and Sound: Black Popular Culture into the 20th Century; Pittsburgh: University of Pittsburgh, pp. 23-39.

Akou, Heather Marie (2004), Nationalism without nation, in: Allman, Jean (ed.), Fashioning Africa. Power and the Politics of Dress, Bloomington: Indiana University, pp. 50-65.

Allman, Jean (2004), "Let your fashion be in line with our Ghanian costume": nation, gender, and the politics of cloth-ing in Nkrumah's Ghana, in: Jean Allman (ed.), Fashioning Africa. Power and the Politics of Dress, Bloomington-Indianapolis: Indiany University Press, pp. 144–165.

Amina. Magazine de la Femme africaine et antillaise, 2003, 2004, 2008, Paris.

Andrewes, Janet (2005), Bodywork: Dress as Cultural Tool. Dress and Demeanour in the South of Senegal, Leiden: Brill.

Ayina, Egbomi (1987), Pagnes et politique, in: Politique africaine 27, pp. 47-54.

Bastian, Misty L. (1996), Female "alhajis" and entrepreneurial fashions: flexible identities in southeastern Nigerian clothing practice, in: Hendrickson, Hildi (ed.), Clothing and Difference. Embodied Identities in Colonial and Post-Colonial Africa, Durham-London: Duke University Press, pp. 97-132.

Bauer, Kerstin (2001), African Styles – Kleidung und Textilien in Afrika, in: Till Förster (ed.), African Styles – Kleidung und Textilien aus Afrika, Bayreuth: Iwalewa-Haus: pp. 17-113.

Bauer, Kerstin (2005 a), "Blue jeans are turning the world blue": Jeanshosentragen in Westafrika, in: Ilsemargret Luttmann (ed.), Mode in Afrika, Hamburg: Museum für Völkerkunde, pp: 119-123.

Bauer, Kerstin (2005 b), Other people's clothes: Secondhandkleider in Westafrika, in: Ilsemargret Luttmann (ed.), Mode in Afrika, Hamburg: Museum für Völkerkunde, pp. 124-12.

Berloquin-Chassany, Pascale (2006), Créateurs africains de mode vestimentaire et labellisation ethnique, in : Autrepart 38, pp. 173-190.

Berloquin-Chassany, Pascale (2007), Reconstruire l'identité noire. La perspective transatlantique des créateurs de mode vestimentaire noirs (France, Etats-Unis, Caraïbe, Afrique de l'Ouest). PhD Thesis, University of Paris-Nanterre.

Bickford, Kathleen (1994), The A.B.C.'s of cloth and politics in Côte d'Ivoire, in: Africa Today 41, 2, pp. 5-24.

Burman, Barbara and Turbine, Carole (2002), Material strategies engendered, in: Gender and History 14, 3, pp. 371-381.

Byfield, Judith Ann-Marie (2004), Dress and politics in post-World War Abeokuta, in: Allman, Jean (ed.), Fashioning Africa. Power and the Politics of Dress, Bloomington: Indiana University, pp. 31-49.

C Fonds Journal 1999, 2, The Hague.

Clarke, J. Duncan (1996), Creativity and the process of innovation in Yoruba Aso-Oke weaving, in: Nigerian Field 61, pp. 90-103.

Comaroff, Jean (1996), The empire's old clothes: Fashioning the colonial subject. In: Howes, David (ed.), Cross-Cultural Consumption. Global Markets, Local Realities, London: Routledge, pp. 19-38.

Denzer, L. (2002), High fashion and fluctuating fortunes: the Nigerian garment industry under structural adjustment, in: Jane Guyer, L. Denzer; A. Agbade (eds.), Money Struggles and City Life, Portsmouth: Heinemann, pp. 93-114.

Doris, David T. (2006), Destiny world: Textile casualties in Southern Nigeria, in: African Arts 39, 1, pp. 36-47, 86.

Dogbe, Esi (2003), Unraveled yarns: dress, consumption, and women's bodies in Ghanaian culture, in: Fashion Theory 7, 3-4, pp. 377-396.

Durham, Deborah (1995), The lady in the logo: tribal dress and western culture in a South African community, in: Joanne Eicher (ed.), Dress and Ethnicity, Oxford-Washington, pp. 183-192.

Durham, Deborah (1999), The predicament of dress: polyvalency and the ironies of cultural identity, in: American Ethnologist 26, 2, pp. 389-411.

Eicher, Joanne B. (2005), Kalabari identity and Indian textiles in the Niger delta, University of Minnesota, in: Rosemary Crill (Hrsg.), Textiles from India: the Global Trade, Oxford: Segull Books, pp. 153-172.

Fabian, Johannes (2002), Comments on "Of mimicry and membership", in: Cultural Anthropology 17, 4, pp. 570-571.

Fair, Laura (2004), Remaking fashion in the Paris of the Indian Ocean: dress, performance, and the cultural construction of a cosmopolitan Zanzibari identity, in: Jean Allman (ed.),

Fashioning Africa: Power and the Politics of Dress, Bloomington-Indianapolis: Indiana University Press, pp. 13-30.

Fall, Sokhna (1998), Séduire. 5 leçons sénégalaises, Paris: Editions Alternatives.

Ferguson, James (2002), Of mimicry and membership: Africans and the 'new world society', in: Cultural Anthropology 17, 4, pp. 551-569.

Friedman, Jonathan (1990), The political economy of elegance: an African cult of beauty, in: Culture and History 5, 19, pp. 101-125.

Gable, Eric (2002), An anthropologist's (new?) dress code: some brief comments on a comparative cosmopolitanism, in: Cultural Anthropology 17, 4, pp. 572-579.

Gandoulou, J. Daniel (1989), Dandies à Bacongo: le culte de l'élégance dans la société congolaise contemporaine, Paris: L'Harmattan.

Gardi, Bernhad (ed.) (2001), Boubou – c'est chic, Basel: Merian.

Gott, Suzanne (1996), In Celebration of the Female: Dress, Aesthetics, Performance, and Identity in Contemporary Asante, PhD dissertation, University of Ann Arbor.

Gott, Suzanne (2005), The dynamics of stylistic innovation and cultural continuity in Ghanaian women's fashions, in: Ilsemargret Luttmann (ed.), Mode in Afrika, Hamburg: Museum für Völkerkunde, pp. 61-70.

Grabski, Joanna (2007), Introduction to special issue: visual experience in urban Africa, in: Africa Today 54, 2, pp. VI-XII.

Grabski, Joanna (2005), Visual experience and fashion in Dakar: The city as information environment and artistic resource for tailors, in: Ilsemargret Luttmann (ed.), Mode in Afrika, Hamburg: Museum für Völkerkunde, pp. 52-60.

Grosfilley, Anne (2004), L'Afrique des textiles, Aix-en-Provence: Edisud.

Grosfilley, Anne (2005), Artisanat et industrie: le jeu de la complémentarité, in: Ilsemargret Luttmann (ed.), Mode in Afrika, Hamburg: Museum für Völkerkunde, pp. 86-96.

Bibliography

Grosfilley, Anne (2006), Textiles d'Afrique entre tradition et modernité, Bonsecous: Point de vues.

Hansen, Karen Transberg (2004 a), The world in dress: anthropological perspectives on clothing fashion, and culture, in: Annual Review of Anthropology 33, pp. 369-92.

Hansen, Karen Transberg (2004 b), Dressing dangerously: miniskirts, gender relations, and sexuality in Zambia, in: Jean Allman (ed.), Fashioning Africa. Power and the Politics of Dress, Bloomington: Indiana University, pp. 167-185.

Ivaska, Andrew M. (2004), "Anti-mini militants meet modern misses": urban style, gender, and the politics of "national culture" in 1960s Dar es Salam, Tanzania, in: Jean Allman (ed.), Fashioning Africa. Power and the Politics of Dress, Bloomington-Indianapolis: Indiana University Press, pp. 104-121.

Jones; Carla; Ann Marie Leshkowich (2003), Introduction. The globalization of Asian dress: re-orienting fashion, in: Sandra Niessen; Ann Marie Leshkowich; Carla Jones (eds.), The Globalization of Asian Dress: Re-Orienting Fashion, Oxford: Berg, pp. 1-48.

Kapfer, Reinhard (2005), Die Frauen von Maroua. Liebe, Sexualität und Heirat in Nordkamerun, Wuppertal: Peter Hammer Verlag.

Lane, Paul (2008), The social production and symbolism of cloth and clothing among the Dogon in Mali, in: Anthropos 103, 1, pp. 77-98.

LeBlanc, Marie Nathalie (2000), Muslimhood and womanhood: 'fashion' in contemporary Bouaké, in: Africa 70, 3, pp. 442-481.

Lenz, Iris und Stefanie Alber (eds.) (2000), Sand und Seide. Mode made in Africa, Stuttgart: ifa-Galerie/Institut für Auslandsbeziehungen.

Luttmann, Ilsemargret (ed.) (2005 a), Mode in Afrika: Mode als Mittel der Selbstinszenierung und Ausdruck der Moderne, Hamburg: Museum für Völkerkunde.

Luttmann, Ilsemargret (1999), Kleidung und Mode im kolonialen Zentralafrika. Begegnung zweier Welten, in: Anthropos 94, 3, pp. 381-400

Luttmann, Ilsemargret (2000), Globalisierung versus afrikanische Identitäten. Mode und Kleidungsverhalten in afrikanischen Städten, in: Tribus 49, pp. 119-154.

Luttmann, Ilsemargret (2005 b), Kleidermoden als Ausdruck veränderten Selbst-Bewusstseins: die Neuaneignung der traditionellen Indigo-Stoffe der Dogon im Kontext lokaler und globaler Einflüsse, in: Tribus 54, pp. 103-131.

Luttmann, Ilsemargret (2005 c), Konservenbüchsen und Tonerde: Modische Neuschöpfungen der traditionellen Männer-Garderobe bei den Dogon in Mali, in: Textilkunst 33, 1, pp.14-18.

Luttmann, Ilsemargret (2006), Der Modeboom in Westafrika: Produktion, Ästhetik und Bedeutung, in: Baessler Archiv 54, pp. 51-80.

Lutz, Hazel Ann (2003), Design and Tradition in an India-West Africa Trade Textile, PhD Thesis, Minnesota University.

Lutz, Hazel Ann (2006), India-West Africa embroidery trade: changing 20th century design sources, in: Rosemary Crill (ed.), Textiles from India: The Global Trade, Oxford: Segull Foundation, pp. 173-194.

New African 1993, march.

Martin, Phyllis M. (1986), Power, cloth and currency on the Loango coast, in: African Economic History 15, pp. 1-12.

Martin, Phyllis M. (1994), Contesting clothes in colonial Brazzaville, in: The Journal of African History, 35, 3, pp. 401-426.

Martin, Phyllis M. (1995), Leisure and Society in Colonial Brazzaville, Cambridge: Cambridge University Press.

Mbembe, Achille (2001), On the Postcolony, Berkeley: University of California Press.

Mendy-Ongoundou, Renée (2002), Elégances Africaines: tissus traditionnels et mode con-temporaine, Paris: Editions Alternatives.

Mustafa, Hudita Nura (1997), Practicing Beauty: Crisis, Value and the Challenge of Self-Mastery in Dakar, (1970-1994), PhD Thesis, Harvard University.

Mustafa, Hudita Nura (1998), Sartorial ecumenes: African styles in a social and economic context, in: van der Plas, Els; Willemsen, Marlous (eds.); The Art of African Fashion, Trenton-Asmara: Africa World Press, pp. 13-48.

Mustafa, Hudita Nura (2001 a), Oumou Sy, the African place, Dakar, Senegal, in: Nka 15, pp. 44-53.

Mustafa, Hudita Nura (2001 b), Ruins and spectacles: Fashion and city life in contemporary Senegal, in: Nka 15, pp. 47-54.

Mustafa, Hudita Nura (2002), Portraits of modernity. Fashioning selves in Dakarois popular photography, in: Landau, Paul S.; Kaspin, Deborah D. (eds.), Images and Empire: Visuality in Colonial and Postcolonial Africa, Berkeley-Los Angeles: University of California Press, pp. 172-192.

Mustafa, Hudita Nura (2004), Mode und das Bild von Afrika, in: Martin, Jean-Hubert (ed.), Afrika Remix. Zeitgenössische Kunst eines Kontinents, Dresden: Hantje Cantz Verlag, pp. 260-265.

Ovation 2003, 67.

Patricia Paravano (1998), Les propriétés discursives du vêtement en milieu urbain. Eléments de la culture matérielle contemporaine de Brazzaville, Congo, in : Baessler-Archiv 46, pp. 59-83.

Picton, John (ed.) (1988), Tradition, technology, and lurex. Some comments on textile history and design in West Africa, in: History, design and Craft in West African Strip-Woven Cloth, New York: Smithsonian, pp. 13-52.

Picton, John (1995), The Art of African Textiles. Technology, Tradition and Lurex, London: Barbican Art Galery, Lund Humphries Publishers.

Picton, John (2001), Colonial pretense and African resistance, or subversion subverted: commemorative textiles in Sub-Saharan Africa, in: Enwezor, Okwui (ed.), The Short Century: Independence and Liberation Movements in Africa 1945-1994, München: Prestel, pp. 159-162.

Picton, John (2004), What to wear in West Africa: textile design, dress and self-representation, in: Carol Tulloch (ed.), Black Style, London: V&A Publications, pp. 22-47.

Plas, Els van der & Marlous Willemsen (eds.) (1998), The Art of African Fashion, Trenton-Asmara: Africa World Press.

Portrait Afrika (2000), (exhibition catalogue), Berlin: Haus der Kulturen der Welt.

Rabine, Leslie W. (1997 b), Not a mere ornament: Tradition, modernity and colonialism in Kenyan and Western clothing, in: Fashion Theory: Journal of Dress, Body and Culture 1, 2, pp. 145-68.

Rabine, Leslie W. (1997 a), Dressing up in Dakar, in: L'esprit créateur 37, 1, pp. 84-107.

Rabine, Leslie W. (2002), The Global Circulation of African Fashion, New York: Berg.

Bibliography

Rabine, Leslie W. (2005), Creating beauty across borders: hand-dyed textile arts in francophone West Africa, in: Ilsemargret Luttmann (ed.), Mode in Afrika, Hamburg: Museum für Völkerkunde, pp. 97-107.

Revue noire, Special mode/fashion, 1997, 27.

Rivière, Claude (2008), Le vêtement en Afrique noire et ailleurs, in : Anthropos 101, 3, pp. 65-76.

Ross, Doran (1998), Kente and its image outside of Ghana, in: Ross, Doran H. (ed.), Wrapped in Pride. Ghanaian Kente and African American Identity, Los Angeles: UCLA Fowler Museum of Cultural History, pp. 151-175.

Rovine, Victoria (2004), Fashionable traditions. The globalization of an African textile, in: Allman, Jean (ed.), Fashioning Africa. Power and the Politics of Dress, Bloomington: Indiana University, pp. 189-211.

Rovine, Victoria (2005 a), Working the edge: Xuly Bët's recycled clothing, in: Palmer, Alexandra, Clark, Hazel (ed.), Old Clothes, New Look, Oxford: Berg, pp. 215-227.

Rovine, Victoria (2005 b), A meditation on meanings: African fashions, global traditions, in: Ilsemargret Luttmann (ed.), Mode in Afrika, Hamburg: Museum für Völkerkunde, pp. 128-134.

Rovine, Victoria (2007), Handmade textiles: manufacturing African authenticity, in: Donald Clay Johnson & Helen Bradley Foster (eds.), Dress Sense. Emotional and Sensory Experiences of the Body and Clothes, Oxford: Berg, pp. 133-143.

Ruschak, Silvia (2006), Hosen mit Bedeutung. Weibliche Bekleidungsformen in Südghana im 20. Jahrhundert, in: Feministische Studien 2, pp. 303-313.

Ruschak, Silvia (2007), "Wearing trousers makes me look smart." Frauen und Kleidungsgeschichte im postkolonialen Südghana, in: Historische Anthropologie 1, pp. 103-117.

Scheld, Suzanne (2003), The city in the shoe: redefining urban Africa through Sebago footwear consumption, in: City Sociology 15, 1, pp. 109-30.

Schulz, Dorothea (2000), Mesmerizing Missis, nationalist musings. Beauty pageants and the public controversy over 'Malian womanhood', in: Paideuma 46, pp. 111-135.

Schulz, Dorothea (2001), Music videos and the effeminate vices of urban culture in Mali, in: Africa, 71, 3, pp. 345-372.

Schulz, Dorothea (2002 a), Reklame in Mali: Popsängerinnen und die Vermittlung von Bildern der kosmopolitisch-authentischen malischen Frau, in: Tobias Wendl (Hrsg.), Reklamekunst in Afrika, München: Prestel, pp. 154-162.

Schulz, Dorothea (2002 b), "The world is made by talk". Female fans, popular music, and new forms of public sociality in urban Mali, in: Cahiers d'études africaines XLII, 168, pp. 797- 830.

Schulz, Dorothea (2005), Love potions and money machines: commercial occultism and the reworking of social relations in urban Mali, in: Stephen Wooten (ed.), Wari Matters: Ethnographic Explorations of Money in the Mande World, Münster: LIT-Verlag, pp. 93-115.

Schulz, Dorothea (2007 a), Competing sartorial assertions of femininity and Muslim identity in Mali, in: Fashion Theory 11, 2-3, pp. 253-280.

Schulz, Dorothea (2007 b), Drama, desire, and debate: mass-mediated subjectivities in urban Mali, in: Visual Anthropology 20, pp. 19-39.

Sylvanus, Nina (2007), The fabric of Africanity: Tracing the global threads of authenticity, in: Anthropological Theory 7, pp. 201-216.

Sylvanus, Nina (2008), Free-trade practices in contemporary Togo: women entrepreneurs in the global textile trade, in: Ulrike Schuerkens (ed.), Globalization and Transformation of Local Socio-Economic Practices, London: Routledge, pp. 174-191.

Sylvanus, Nina (2008), Fashionable Heritage: The Global Struggle over Trade, Authenticity and Pagne Fashion in Togo. Manuscript. Symposium in Recife/Brezil: Global Fashion and Local Identities: Case Studies from Brazil and Africa.

Taylor, Jean Gelman (1997), Costume and gender in colonial Java, 1800-1940, in: Henk Schulte Nordholt (ed.), Outward Appearances. Dressing State and Society in Indonesia, Leiden: KITLV Press, pp. 85-116.

Thomas, Dominic (2003), Fashion matters: la Sape and vestimentary codes in transnational contexts and urban Diasporas, in: Modern Language Notes: MLN 118, 4, pp. 947-973.

Toulabor, C.-M. (1981), Jeu de mots, jeu de vilains. Lexique de la dérison politique au Togo, in : Politique africaine 1, 3, pp. 100-15.

Wass, Betty M. (1979), Yoruba dress in five generations of a Lagos family, in: Cordwell, Justin; Schwarz, Ronald (eds.), The Fabrics of Culture, The Hague: Mouton, pp. 331-348.

Wipper, Audrey (1972), African women, fashion and scapegoating, in: Canadian Journal of African Studies 6, 2, pp. 329-49.

Wrong, Michaela (2001), In the Footsteps of Mr. Kurz: Living on the Brink of Disaster in Mobutu's Congo, Chapter: The importance of being elegant, New York: Harper Collins Publishers, pp. 169-191.

WINFRIED MÖNCH

**KAMERUN UND FERNANDO PÓO IN FOTOS
VON HERMANN HARTTMANN.
EIN BLICK AUF BEMERKENSWERTE BILDER AUS
DEM ERSTEN WELTKRIEG.**

Abstract

The Cameroons and Fernando Póo in photographs by Hermann Harttmann.
A look at some remarkable pictures dating from World War I.

The German colonial officer H. Harttmann (1885–1953) made photographs of the country and its people while on active duty in Africa before and during World War I. Of special interest are his pictures of the defeated remnants of what once had been the German colonial forces of the Cameroons interned in Fernando Póo from 1916 to the end of the war. The photographs are put in a historical context, dealing with the cultural and military conditions of the indigenous troops under his command. The German strategies applied by different commanders in East and West Africa are compared. Furthermore, some references are made to Harttmann´s ethnographical work as well as to his military activities during World War II.

Kolonialfotografie

Seit den 1980er Jahren interessiert sich die kulturwissenschaftliche Forschung verstärkt für das Phänomen Fotografie. Dies mag wohl auch damit zusammenhängen, dass diese vertraute Aufnahmetechnik um diese Zeit herum begann, angesichts neuer, Computer gestützter Bildverfahren ihre scheinbar immanente Selbstverständlichkeit zu verlieren. Man begriff nun alte Fotos als historische Quellen, die man wie schriftliche Überlieferungen zu interpretieren habe, um sie „lesen" zu können.[1] Man betrachtete Fotos nun verstärkt unter dem kulturellen Blickwinkel ihrer Entstehungszeit. In Stereotypen, die sich in den Abbildungen zeigen, fand man häufig Hinweise auf historische Wahrnehmungs- und Deutungsmuster, die stellenweise bis in die Gegenwart hinein wirken. Fotos, die an den Schnittstellen von Kulturen entstanden, verweisen unter Umständen direkt oder indirekt auf Herrschafts- und Ausbeutungsverhältnisse, die zwischen Fotografen und Fotografierten bestanden haben mögen. Die These lautet also zugespitzt, dass Fotos so vielfach mehr über den Fotografen aussagen würden, als über den Abgebildeten selbst. Im Titel einer Ausstellung „Der Geraubte Schatten" und dem dazugehörigen Katalog wird der Paradigmenwechsel hinsichtlich des fotografierenden Kulturwissenschaftlers vom „objektiven" Beobachter weg zum – nach heutigem Verständnis – unter Umständen von Schuld beladenen Inszenator und Voyeur besonders deutlich.[2] Nichtsdestoweniger sind Fotos

[1] Vgl. Nippa (1996).

[2] Vgl. Theye (1989).

auch Zeitfenster, die Blicke auf eine vergangene – wie auch immer inszenierte oder doku-
mentierte – Realität ermöglichen, die es zu interpretieren gilt, ohne vor lauter „Theorie"
die Bilder nicht mehr zu sehen.

Mit dem Begriff „Kolonialfotografie" verbindet sich nicht nur die zeitliche Einordnung der
Bilder in eine bestimmte Epoche, sondern auch der spezifische Blickwinkel der kolonialen
Gewalten in ihren spezifischen Ausformungen. Dies gilt ganz besonders, wenn es sich
um Fotos handelt, die auf einen im weitesten Sinne militärischen Kontext verweisen. Es
sei in diesem Zusammenhang an Fotos aus Kamerun erinnert, die deutsche militärische
Ausrüstungstücke, nämlich Helme, Uniformteile und Kürasse des preußischen Kavallerie-
regiments Garde du Corps als deutsche „Geschenke" und indigene Herrschaftssymbole
vorstellen.[3]
Die Publikation fotografischer Nachlässe von Soldaten, die in den deutschen Kolonien
gedient haben, dürfte heute stellenweise wenig politisch korrekt, wenn nicht gar ganz
fragwürdig erscheinen.[4] Vereinzelt beginnt man allerdings, den wissenschaftlichen Wert
von Forschungsergebnissen einzelner deutscher Offiziere zu erkennen.[5]

Man hat im Zusammenhang mit ethnologischen im Allgemeinen und mit fotografischen
Sammlungen im Besonderen schon darauf hingewiesen, dass die eigentlichen Entdeckun-
gen heutzutage weniger auf Flohmärkten und Dachböden als in den Archiven und Depots
der Museen gemacht würden.[6] Ähnliches lässt sich für vorliegenden Fall konstatieren. Auf
der Suche nach dem Nachlass des Fotopioniers Prof. Dr. Christian Rumm (1867-1938),[7]
der seine Sammlungen dem Linden-Museum in Stuttgart vermacht hatte, die aber derzeit
nicht mehr auffindbar sind und leider als verschollen gelten müssen, fanden sich in den
Archiven des Museums Holzkisten mit überwiegend von Hand kolorierten Glasdias zunächst unklarer Provenienz. Es stellte sich dann aber schnell heraus, dass es sich hier um
den fotografischen Nachlass eines deutschen Offiziers handelte, der den Ersten Weltkrieg
in Kamerun mitgemacht hatte.

Der Kolonialoffizier Hermann Harttmann

Hermann Harttmann wurde am 26. Oktober 1885 in Stuttgart geboren. Er trat 1903 in das
Infanterie-Regiment „Kaiser Friedrich König von Preußen" (7. württembergisches) Nr. 125
der württembergischen Armee ein, um eine Offizierslaufbahn einzuschlagen.[8] Im März
1909 bewarb er sich zunächst vergeblich um einen Lehrgang am Institut für Orientali-

3 Vgl. Geary (1988). Einige der damals übergebenen Stücke wurden in den 1980er Jahren im Wehrgeschichtlichen Museum in Rastatt restauriert. Das Museum stand zu dieser Zeit noch unter der Obhut des Bundesministeriums der Verteidigung. Vgl. Busch (1988).

4 Vgl. Otte (2007), Einführung von Werner Hillebrecht, S. 6–8.

5 Vgl. Stelzig (2006).

6 Vgl. Köpke (2007), S. 11.

7 Vgl. Lorenz (2008); Lorenz (2009).

8 Landesarchiv Baden-Württemberg, Hauptstaatsarchiv Stuttgart M 430/1 Personalakten Bü. 1045 Hermann Harttmann; Vgl. Hoffmann (2007), 2, S. 108 f.; Vgl. Läpple (2009), 1, S. 412.

9 Stoecker (2008), S. 40 ff.

10 Vgl. Hausen (1970), S. 126–129; Petter (1980), S. 170.

11 Kettlitz (2007), S. 80.

sche Sprachen in Berlin, was unter Umständen als eine Eingangsvoraussetzung für den Dienst bei den Schutztruppen in Übersee gelten konnte. Im September 1909 wurde ihm der Lehrgang bewilligt. Hauptzweck des Seminars war es, den nach Übersee gehenden Kolonialbeamten und -soldaten Kenntnisse der in den Kolonien gesprochenen Sprachen zu vermitteln. Doch es gab auch Fotografierkurse. Man hat darauf verwiesen, dass die fotografische Qualität der im Kolonialdienst gemachten Aufnahmen in der Summe „erstaunlich gut sei."[9] Dies mag man auch auf die in diesem Institut erfahrene Ausbildung zurückführen.

Im März 1910 schied Harttmann aus der württembergischen Armee aus und trat zur Schutztruppe für Kamerun über. Die Motive hierfür lassen sich nur vermuten. Der Dienst in den Kolonien bot für die militärische Karriere Chancen wie Risiken. Man war hier weitgehend selbständig und trug weit mehr Verantwortung, als allein der Dienstrang es je vermuten ließe. Außerdem konnte man sich hier im „Einsatz" bewähren, was beim regulären Dienstbetrieb der Friedensarmee in Deutschland nicht der Fall war. Andererseits gab es keine Möglichkeiten, innerhalb einer Schutztruppe etwa zum General aufzusteigen, weil die Besetzung einer solchen Stelle aus der Truppe selbst heraus nicht vorgesehen war. Die Gefahr bestand, vor Ort „hängen" zu bleiben, was die Möglichkeit zur Beförderung nahezu ausschloss. Während das Offizierskorps der Friedensarmee daheim bemüht war, homogen zu erscheinen, konnten im Ausland auch Männer untergebracht werden, die dem geforderten Profil nicht immer entsprachen, das heißt, auch „Abenteurernaturen" konnten hier ihren Platz finden.[10] Bei den Offizieren der Schutztruppen gab es jedenfalls eine Bandbreite unterschiedlichster Charaktere, darunter eben auch Leute mit wissenschaftlichen Neigungen und Interessen. Harttmann verlebte seine Laufbahn nun überwiegend abseits üblicher Verwendungen.

Harttmanns Haltung gegenüber seinen schwarzen Soldaten lässt sich als teils patriarchalisch, teils rassistisch beschreiben, wobei ersteres zu überwiegen scheint. Jedenfalls war sein Verhältnis zu ihnen nicht auf „Augenhöhe".[11] In einem 1941 erschienenen Rückblick auf seine Zeit in Kamerun, spricht er davon, dass die „Farbigen" vielfach „große Kinder" seien, allerdings „Naturkinder", die als solche „streng" aber „gerecht" zu behandeln seien. Die Rassengrenzen seien klar aufzuzeigen, denn „der Neger" wolle „in seinem europäischen Vorgesetzten den Herren sehen." Besonders angetan war Harttmann von der potenziell möglichen und erreichten militärischen Leistungsfähigkeit der Truppen: „Eine voll ausgebildete farbige Kompanie" habe es „in jeder Hinsicht mit einer guten Kompanie in der Heimat aufnehmen" können. Dies sei unter anderem auch darauf zurückzuführen gewesen, dass die „Farbigen" die „Griffe", den „Exerziermarsch, überhaupt das geschlossene Exerzieren" letzten Endes als einen „Kriegstanz" der Europäer aufgefasst hätten, und wer seinen „Kriegstanz" beherrschte, der war demnach ein guter Soldat und dem Gegner überlegen. Der „farbigen Truppe" habe ein „vorzüglicher Geist der Kameradschaft und der Zusammengehörigkeit" innegewohnt, was alle Stammesgegensätze überbrückt habe. „Der Farbige" fühle sich „in erster Line als deutscher Soldat" und dann erst als „Bulu oder Bali oder Kaka, so Harttmanns Fazit.[12]

Und diese Einstellung hatte dann auch Auswirkungen auf seinen fotografischen Blick. Die Soldaten erscheinen immer in tadelloser militärischer Haltung. Der weiße Offizier wird als „Kulturpionier" gezeigt. Von den hässlichen Seiten seines Dienstes scheinen keine Bilder überliefert worden zu sein. In Dume leitete Harttmann etwa die Hinrichtung von drei Männern, die wegen „Mord und Menschenfresserei" angeklagt waren.[13]

Militärische Infrastruktur

Neben der Schutz- gab es auch eine Polizeitruppe für Kamerun. Deren Offiziere, Unteroffiziere und Mannschaften waren Angehörige der Schutztruppe. Sie wurden zeitweise dorthin kommandiert und dann wieder zurückversetzt, um die militärische Leistungsfähigkeit zu erhalten. Die Geschichte Kameruns bis zum Ersten Weltkrieg kann man als eine für den Kolonialismus fast schon typische Folge von Eroberungen, daraus resultierenden Aufständen und darauf folgenden „Strafexpeditionen" beschreiben. Letztlich gab es kaum ein Jahr, in dem nicht irgendein Feldzug irgendwo geführt wurde. Das imperialistische Prinzip von Teile und Herrsche suchte indigene Verbündete zur politischen und militärischen Unterstützung. Andererseits versprach die Unterstützung der Kolonialherren unter Umständen politischen Gewinn für einzelne Völker und Gruppen innerhalb des Landes. Die Anwesenheit einer fremden Macht, die allgemeine Unterwerfung forderte, aber überhaupt nur partiell durchsetzen konnte, schuf eine Gemengelage, in der die Kolonialherren auch selbst zum Kalkül im politischen Leben der Einheimischen werden konnten.[14]

Die Schutztruppe rekrutierte sich aus Söldnern verschiedener ethnischer Gruppen. Sie war seit 1912 in zwölf Kompanien gegliedert, die auf die verschiedenen Standorte im Lande verteilt waren. Zwar wird der Begriff „Askari" gelegentlich auch für die Söldner in Kamerun gebraucht, ist in diesem Zusammenhang aber eher irreführend, weil man damit ei-

[12] Harttmann (1941), S. 211 ff. Vgl. auch Harttmann (1927 b), S. 14. Hier wird die ganze Beiläufigkeit der „Aburteilung von Mördern" im Dienst deutlich.

[13] Escherich (1938), S. 127.

[14] Vgl. Geary (1988); Michels (2004).

gentlich die schwarzen Soldaten meinte, die in Ostafrika in deutschen Diensten standen. Harttmann war während des Ersten Weltkrieges Chef der 9. Kompanie und Führer einer Abteilung, die im Süd-Osten von Kamerun gegen französische Kolonialtruppen operierte. Die Familien der schwarzen Soldaten lebten in Krieg und Frieden in deren Umfeld. Als Basen für die im Lande operierenden Schutz- und Polizeitruppen wurden Stationen angelegt, die mit ihren hohen Mauern, schmalen Toren und Zinnen an mittelalterliche Burgen erinnerten. Das mag wie ein Ausfluss romantischer Mittelaltersehnsucht erscheinen. Gegen die moderne Artillerie, wie sie das 19. Jahrhundert hervorgebracht hatte, konnten derartige Befestigungen natürlich nicht mehr standhalten. Abgesehen davon, dass die potenziellen „Feinde" im Land über solche Waffen überhaupt nicht verfügten, bleibt doch festzuhalten, dass diese Form von Wehrarchitektur weniger ihren Sinn im eigentlichen

Abb. 1 *[Foto 568]*
„Eingang Mil–Station Dume",
Slg. Harttmann, Kasten 4, Nr. 174.

2

3

4

5

Abb. 2 *[Foto 86.254] Vorratstopf; Terracotta, Graphit; H 57 cm; Gbaya, Militärstation Dume (Kamerun); Eingang 1914; Slg. Harttmann; Inv.nr. 86.254; Foto: A. Dreyer.*

Abb. 3 *[Foto 90.575] Vorratstopf; Terracotta, Graphit; H 58 cm; Gbaya (Kamerun); Eingang 1914; Slg. Harttmann; Inv.nr. 90.575; Foto: A. Dreyer.*

Abb. 4 *[Foto 81.296] Hocker; Holz, Rotholz; H 51 cm; Bulu, Ebolowa-Bezirk (Kamerun); Eingang 1912; Slg. Harttmann; Inv.nr. 81.296; Foto: A. Dreyer.*

Abb. 5 *[Foto 118.690] Schlitztrommel; Holz; L 47,5 cm; Bulu (Kamerun); Eingang 1955; Slg. Harttmann; Inv.nr. 118.690; Foto: A. Dreyer.*

[15] Vgl. die Fotos bei Strümpell (1926), S. 17 Yaounde 1910, S. 45 Bamenda 1912, S. 50 Militärstation Banjo, S. 70 Hof der Militärstation Dume.

[16] Hoffmann (2007), 2, S. 188 f.

[17] Surén (1934), S. 145. Bildunterschrift.

[18] Vgl. Lauber (1988), Beschreibung der Forts Yoko, Dume, Mora, Abong Mbang.

militärischen Wert als gerade in der demonstrativen Darstellung von Macht nach Innen suchte. Die in Deutschland gebauten Kasernen ähnelten um diese Zeit oft gleichfalls Burgen und Schlössern. Nichtsdestoweniger sollte man den Wert der Anlagen bei gewalttätigen Konflikten, die lediglich mit Handfeuerwaffen geführt wurden, nicht unterschätzen. Doch der propagandistische Wert solcher kolonialen Befestigungen ging über den lokalen Zweck hinaus, denn mittels Abbildungen und Fotos konnte man auch der Öffentlichkeit daheim eine scheinbar unangreifbare Wehrhaftigkeit und das Postulat einer scheinbar ewigen Präsenz vorspiegeln.[15] Für Hans Surén (1885-1972),[16] Major der Schutztruppe a. D. und späteren Ideologen nationalsozialistischer Freikörperkultur, waren die Residenturen und Stationen „gleichsam Festungen des Mittelalters".[17] Den Denkmalwert solcher Befestigungen begann man in den 1980er Jahren zu erfassen.[18]

Sammler von ethnographischen Gegenständen

Harttmann betrieb in Kamerun Sprachstudien, auf die er dann in Veröffentlichungen der Zwischenkriegszeit zurückgreifen konnte.[19] Wie verschiedene andere aktive oder ehemalige deutsche Offiziere, die in den Schutztruppen von Kamerun gedient hatten, wie etwa Hauptmann Hans Dominik (1870-1910),[20] Hauptmann Hans Glauning (1868-1908),[21] oder das Land dazu noch ausgiebig wissenschaftlich bereist hatten, wie Hauptmann a. D. Hans von Ramsay (1862-1938)[22], betätigte er sich als Sammler ethnographischer Gegenstände. Einige davon gelangten noch vor Ausbruch des Ersten Weltkrieges in den Besitz des Linden-Museums.[23] Korrespondenz zwischen Harttmann, der seit 1913 auf der Kaiserlichen Militärstation Dume Stationschef war[24] und dem Museum lässt sich von Dezember 1913 bis Juni 1914, also kurz vor Ausbruch des Ersten Weltkrieges, nachweisen. Er ließ dem Museum verschiedene Gegenstände zukommen, worunter neben Tontöpfen von den Gbaya (Baja) aus dem Osten Kameruns eine Schlitztrommel von den Buhu im Süden gehört. Man sei auch für die „kleinen und unscheinbaren Gegenstände" dankbar, die „ein Bild vom Leben und Treiben" der von Harttmann besuchten ethnischen Gruppen ermöglichten, zumal es „jetzt die letzte Stunde" sei, „noch gute und alte Stücke der interessanten Negerkultur Kameruns zu erhalten, denn die alles nivilierende (sic!) Kultur" dringe „unaufhaltsam vor."[25] Dem Offizier, der eben das als Vertreter der Kolonialmacht befördern sollte, wird hiermit auch die Rolle als Retter und Bewahrer bedrohter Kulturgüter zugedacht. Von Seiten des Linden-Museums war man später richtig stolz auf „eine ganz reichhaltige Sammlung von den Baja, die von verschiedenen Herren der Schutztruppe gesammelt wurde."[26] Skulpturen aus Kamerun scheinen vor dem Ersten Weltkrieg bei

144

Forschern und Sammlern besonderes Interesse gefunden zu haben. Es sei hier etwa auch auf die Sammlungen von Franz Thorbecke (1875-1945) hingewiesen.[27]

Doch die Rolle der Wissenschaftler in den Museen ist zumindest auch zwiespältig, da sie sich selten dafür zu interessieren schienen, wie die Gegenstände denn nun eigentlich in den Besitz der Herren Offiziere gelangt waren. Kauf oder Diebstahl, Raub oder Beute sind Fragen, die man heute gerne klar beantwortet hätte, die aber mangels Quellen häufig nur zur seichten moralischen Distanzierung von den Altvorderen einladen. Objekte, die unter Einwirkung von Gewalt, ihren Besitzer gewechselt haben, bieten sich nun als vorzügliche Projektionsfläche für den moralischen Fortschritt der Disziplin an, da heutige ethische Standards dies natürlich zumindest in der Theorie ausschließen würden.[28] Fragwürdig wird es aber schon, wenn man einen Kriegszusammenhang konstatiert. Sind Trophäen, die von „aufständischen Stämmen" erbeutet wurden, anders einzuschätzen als etwa Schädel gefallener angeblich deutscher Offiziere, die in Kamerun offenbar nach wie vor als solche aufbewahrt werden?[29] Der Ethnologie als Form wissenschaftlichen Sammelns und Erwerbens geht es in der Gegenwart damit ähnlich wie der Archäologie, deren Entstehung und Erbe aus dem Geiste der Grabräuberei man doch auch gerne hinter der Fassade einer rein humanen heutigen Wissenschaftlichkeit zu verdecken sucht.

Kriegsgeschichtsschreibung

Die Geschichte der militärischen Operationen in Kamerun während des Ersten Weltkrieges wurde sowohl von britischer wie von französischer Seite aus ausführlich in den offiziellen Reihenwerken der 1920/30er Jahre dargestellt.[30] Die Deutschen insbesondere die amtlichen Historiker interessierten sich damals wenig für den Krieg in den Kolonien. Das Thema blieb überwiegend den ehemaligen Kriegsteilnehmern überlassen. Bemerkenswerter Weise interessierten sich in der Zwischenkriegszeit dann doch noch zwei deutsche Autoren für den Kriegsschauplatz Kamerun, die keine Kriegserlebnisse oder persönliche Rechenschaftsberichte oder platten Kolonialrevisionismus anzubieten hatten. Im Dunstkreis der nationalsozialistischen Ideologie sollte eine erneuerte „Kriegswissenschaft" entwickelt werden, die im Sinne einer angewandten Wissenschaft, Lehren aus der Vergangenheit für eine zukünftige Kriegführung ziehen wollte. Die beiden Arbeiten entstanden unter der Ägide von Walter Elze (1891-1979) und erschienen in der Reihe der Kriegsgeschichtlichen Abteilung im Historischen Seminar der Friedrich-Wilhelms-Universität, Berlin.[31] Es mag sein, dass diese beiden Arbeiten zu Kamerun auch in den größeren Komplex

[19] Vgl. Harttmann (1927 a); Harttmann (1931).

[20] Hoffmann (2007), 2, S. 83–87.

[21] Hoffmann (2007), 2, S. 99 f.; Stelzig (2006).

[22] Hoffmann (2007), 2, S. 159 f.

[23] Als „staatliches" Museum hatte das Museum sein historisches Schriftgut zu großen Teilen an das Landesarchiv Baden-Württemberg, Staatsarchiv Ludwigsburg abzugeben, wo es als Bestand El 232 Linden-Museum Stuttgart in einem vorläufigen, das heißt fragmentarischen, Repertorium verzeichnet ist.

[24] Vgl. Escherich (1939), S. 123–128.

[25] Landesarchiv Baden-Württemberg, Staatsarchiv Ludwigsburg El 232: Korrespondenz. Erster Vorsitzender des Württ. Vereins für Handelsgeographie an Harttmann. 20. März 1914.

[26] Landesarchiv Baden-Württemberg, Staatsarchiv Ludwigsburg El 232: Bü. 35 so in einem Briefwechsel mit Dr. Günter Tessmann vom 12. beziehungsweise 29. September 1933 bezüglich von Harttmann publizierten und von Dominik gesammelten Gegenständen.

[27] Vgl. Born (1981).

[28] Vgl. Stelzig (2004), S. 318. Harttmann hatte jedenfalls auch Objekte an das Museum für Völkerkunde in Berlin geschickt. Teile davon scheinen dann im Juli 1918 von dort aus ins Linden-Museum nach Stuttgart gekommen zu sein. Angehörige der Schutztruppe haben überhaupt die ethnographischen Sammlungen in Deutschland zu einem großen Teil bestückt. Vgl. Zimmerman (2001), S. 154.

[29] Michels (2004). Von der Autorin im Palast von Takwai als solche präsentiert und auf dem Umschlag der Arbeit reproduziert.

[30] Anonym (1931); Moberly (1931); Weithas / Rémy (1929).

[31] Vgl. Mentzel (1936); Pürschel (1936).

[32] Vgl. Bah (1985).

[33] Hoffmann (2007); Kettlitz (2007); Linne (2008); Michels (2006); Morlang (2008); Otte (2007).

nationalsozialistischer Kolonialphantasien bezüglich Afrikas einzuordnen sind. Nach dem Zweiten Weltkrieg wurden Themen zur Geschichte des Ersten Weltkriegs in den Kolonien kaum bearbeitet.[32] Erst in neuerer Zeit erfreut sich das Thema wachsender Beliebtheit, was zum Teil auch der neuen deutschen Rolle als globalem „Interventionsspieler" geschuldet sein mag.[33]

Kriegsverlauf

Während des Ersten Weltkrieges standen den Deutschen in Kamerun belgische, britische und französische Kolonialtruppen gegenüber. Die Seeherrschaft der Alliierten isolierte die Kolonie bei Kriegesbeginn. Die ersten ernsteren Vorstöße kamen über See. Die hauptsächliche deutsche Präsenz befand sich in den Küstenbezirken Kameruns am Golf von Guinea in der Gegend um Douala. Die Kolonialbürokratie veranlasste mit Kriegsbeginn noch Hinrichtungen von angeblichen Verrätern, was für sich schon zeigt, auf welcher schmalen Machtbasis die Deutschen hier eigentlich gestanden haben. Diese Brutalitäten spielten den Gegnern natürlich in die Hände. Von Douala aus wurden die Deutschen schon zu Beginn des Krieges nach einigen Gefechten schnell zurückgedrängt.

Wie in Armeen der frühen Neuzeit folgte den schwarzen Soldaten ein Tross von Frauen und Kindern. Einerseits war dies den Offizieren wegen der damit verbundenen langsamen beziehungsweise eingeschränkten Bewegungsmöglichkeiten natürlich lästig, andererseits wurden die Soldaten dafür dann in der Familie ernährt und versorgt; man konnte so auf ein eigenes militärisches Verpflegungswesen verzichten. Die Beweglichkeit auf den Feldzügen hing letztlich von ungezählten Trägern ab, die Material und Verpflegung zu transportieren hatten.

Der Schwerpunkt der Verteidigung lag seit Herbst 1914 im Hinterland von Kamerun bei Yaoundé, von wo aus ein hinhaltender Widerstand organisiert wurde. Die konzentrisch auf Yaoundé vorstoßenden französischen und britischen Kolonialtruppen konnten durch vereinzelte Gegenangriffe und Hinterhalte kaum verzögert, geschweige denn aufgehalten werden.

Einen solchen Kampf, der Ende Oktober 1914 im Süd-Osten Kameruns stattgefunden hatte, schilderte Harttmann später in einem Bericht. Seine 9. Feldkompanie musste sich nach dem Gefecht von Putu schließlich vor den französischen Truppen zurückziehen. Eigentliches Ziel des französischen Vorstoßes war der deutsche Posten Nola im Norden gewesen. Harttmann war stolz darauf, dass dieser Kampf in einer amtlichen französischen Darstellung, als eines der schwersten Gefechte während des ganzen Feldzuges überhaupt bezeichnet wurde.[34] So belanglos diese Aktionen für den weiteren Verlauf des Krieges auch gewesen sein mögen, Harttmann zog daraus weitreichende Schlüsse. Die Kriegführung des Ersten Weltkrieges in Afrika habe revolutionäre Auswirkungen auf das Verhältnis von Europäern und Afrikanern gehabt, stellte er in einer Rückschau fest.[35] Dadurch, dass die schwarzen Soldaten gezwungen gewesen seien, auf Europäer zu schießen – in Harttmanns Augen alleinige Schuld der Engländer und Franzosen – sei für „die Eingeborenen Afrikas" die bisher selbstverständliche Unantastbarkeit der Europäer zunichte geworden: „Der Nimbus und die absolute Überlegenheit der weißen gegenüber der farbigen Rasse ist damit endgültig dahin." Dennoch sei während des Ersten Weltkrieges „der angeborene und anerzogene Respekt vor dem Weißen noch immer so groß" gewesen, dass der „einzelne Neger, wenn er allein einen Europäer begegnete, nicht zu schießen wagte, sondern die Flucht ergriff."[36]

Im Oktober 1915 begann die große alliierte Offensive, die die Deutschen schließlich aus Kamerun vertreiben sollte. Im Norden Kameruns hielt sich eine isolierte Abteilung, die erst nach Ende der allgemeinen Kämpfe Anfang 1916 die Waffen streckte. Letztlich blieb der Masse der Schutztruppe Ende des Jahres 1915 aber nur noch die Wahl zwischen Kapitulation oder Internierung. Am 31. Dezember 1915 musste Yaoundé aufgegeben werden, das tags darauf besetzt wurde. Im Süden Kameruns lag als Enklave das spanische Territorium Rio Muni (heute zu Äquatorialguinea gehörend), das von dem erst kurz vor dem Krieg von Frankreich an Deutschland übergebenen Neu-Kamerun umschlossen wurde. Um einer Gefangennahme zu entgehen, zogen sich die Schutztruppe und Zivilpersonen in deren Gefolge[37] im Januar 1916 von Yaoundé aus auf die Grenze zurück. Anfang Februar 1916 erfolgte dann der Übertritt auf spanisches Gebiet. Die Truppe blieb intakt, da auch die indigenen Mitglieder beschlossen, den Deutschen zu folgen. Karl oder – später unter französischer Herrschaft Kameruns – Charles Atangana (1885-1943) setzte vor und während des Ersten Weltkrieges ganz auf die Deutschen.[38] Er war Oberhäuptling der Beti (Ewondo und Bane), der größten ethnischen Gruppe im Gebiet von Yaoundé. Die Schutztruppe rekrutierte sich zu großen Teilen aus seinen Gefolgsleuten. Sei es des Soldes wegen, sei es aus Angst vor Repressalien der Sieger,[39] sei es in Erwartung einer deutschen Rückkehr nach Kamerun nach dem Krieg, die indigenen Soldaten der Schutztruppen und deren Angehörige blieben den Deutschen loyal gegenüber und kehrten nicht in ihre Dör-

[34] Harttmann (1937), S. 90; Anonym (1931), Campagne du Cameroun 1914-1916, S. 175–323. Vgl. S. 214 „Cette affaire fut l´une des plus chaudes de la campagne".

[35] Vgl. Koller (2001).

[36] Harttmann (1937), S. 89.

[37] Vgl. Skolaster (1917), Abmarsch nach Muni, S. 131–137.

[38] Vgl. allg. Quinn (1972/73); Quinn (1980); Quinn (1987).

[39] Morlang (2008), S. 60; Stoecker (1985), S. 332.

[40] Vgl. Essomba (2004), S. 141–146.

[41] Vgl. Koller (2001).

fer zurück, sondern gingen mit in die Internierung. Jedenfalls standen die spanischen Behörden plötzlich vor der Aufgabe Tausende von Menschen unterbringen zu müssen. In einem Vortrag aus dem Jahre 1920 berichtete der letzte Gouverneur von Kamerun, Dr. Karl Ebermaier (1862-1943), der von 1912 bis 1916 diese Funktion bekleidet hatte, davon, dass nach einer spanischen Schätzung 5.000 gediente schwarze Soldaten die Grenze überschritten hätten. Insgesamt sollen zwischen 60.000 bis 70.000 Menschen auf spanischem Territorium angekommen sein. Darunter seien etwa 100 bis 120 wichtige Häuptlinge mit ihrem engeren Anhang von rund 1.500 Menschen gewesen. Die spanischen Behörden verweigerten 40.000 Flüchtlingen den Aufenthalt und schickten sie zurück nach Kamerun. Für Atangana war es eine Wette auf den Kriegsausgang. Bei einem deutschen Sieg, der in Europa noch lange nach 1916 möglich schien, und Restituierung der deutschen Macht in Kamerun, wären er und seine Gefolgsleute als politischer Faktor für die deutsche Kolonialverwaltung noch unverzichtbarer geworden. Jedenfalls konnten er und seine Leute nach dem Krieg nach Kamerun zurückkehren, wo sie nach Überwindung gewisser Ressentiments der neuen französischen Herrscher teilweise wieder zu Amt und Würden gelangten.[40]

Die deutsche Kriegführung in West- und Ostafrika im Vergleich

Es mag in diesem Zusammenhang von Interesse sein, die Kriegführung in Kamerun mit der in Deutsch-Ostafrika zu vergleichen. Im Horizont der militärischen Planer vor dem Ersten Weltkrieg gab es Krieg in den Kolonien, wenn man so will „Bürgerkrieg", nur nach Innen. Ein großer Krieg gegen andere Kolonialmächte auf dem Gebiet der Kolonien selbst war nicht vorgesehen und blieb zunächst undenkbar. Ebenso betrachtete man den Einsatz von Kolonialtruppen gegen Europäer als verwerflich.[41] Man hoffte auf eine Neutralisierung der Schutzgebiete. In den Monaten vor Ausbruch des Ersten Weltkrieges regten sich erste Zweifel, ob dies tatsächlich der Fall sein werde.
Divergierende Strategien personifizieren sich in den Kommandeuren der deutschen Schutztruppen für West- beziehungsweise Ostafrika. Paul von Lettow-Vorbeck (1870-1964)[42], trat für eine rücksichtslose, wenn möglich offensive Kriegführung ein, während Carl Zimmermann (1864-1949)[43] in Kamerun für eine hinhaltende „Landesverteidigung" plädierte. Beide Befehlshaber handelten dann während des Ersten Weltkrieges gemäß ihren Überzeugungen.[44] Im April 1914 hatte Zimmermann übrigens Lettow-Vorbeck als Kommandeur der Schutztruppe von Kamerun abgelöst.

Abb. 6 *[Foto 575] „Lumière-Farbaufnahme: Eingang zum Stellv. Kommando", Slg. Harttmann, Kasten 6, Nr. 77 (Stereofoto).*

Der große Krieg der Mächte in Europa sei nur von kurzer Dauer, war die allgemeine Erwartung. Für einen Krieg in den Kolonien hieß dies, Zeit zu gewinnen bis zum Friedensschluss. Während in Kamerun der Krieg um den Erhalt des Landes beziehungsweise, nachdem dies nicht mehr möglich gewesen war, um den Erhalt der Truppe als Unterpfand für eine weitere Präsenz der Deutschen im Land geführt wurde, ging der Krieg in Ostafrika bis zum Äußersten. Das heißt nicht, dass man bei den Operationen in Kamerun besondere Rücksicht auf die Zivilbevölkerung genommen hätte. Die hatte vor Ort zu kooperieren, etwa durch Stellung von Trägern, und wenn man dazu nicht bereit war, ging die Schutztruppe brutal vor, was zu zahlreichen Hinrichtungen führte.

Nachdem die Widerstandsfähigkeit der Schutztruppe in Kamerun erschöpft war, trat sie auf angrenzendes spanisches Gebiet über und ließ sich dort internieren. Als Ostafrika nicht mehr zu halten war, überschritt man gleichfalls die Grenzen, hier auf portugiesisches Gebiet und führte dort den Krieg allerdings als Selbstzweck mit der militärischen Begründung weiter, dadurch Kräfte zu binden, die andernorts dann nicht zur Verfügung stünden. Anders als in Kamerun endete der Kolonialkrieg in Ostafrika nach immensen Verlusten bei Freund wie Feind und unter großen zivilen Opfern erst mit Ende des Großen Krieges. Den Zweck feindliche Truppen zu binden, hatte auch die internierte Schutztruppe von Kamerun erreicht. Allein ihre Präsenz und ihr potenzielles Eingreifen machte sie besonders für die Franzosen zum Problem.[45] Im deutschen Interesse lag es auch, die Söldner in eigenen Diensten zu halten, um sie daran zu hindern, sich bei einer möglichen Rückkehr nach Kamerun erneut zu verdingen, und das wäre nach Lage der Dinge eben nur bei den damaligen Feinden Deutschlands möglich gewesen.[46]

In West- wie in Ostafrika blieben schwarze Soldaten während des Krieges unter deutschem Kommando. Beide Male sollte dies in der Zwischenkriegszeit dann als propagandistisches Mittel insbesondere nationalistischer und später nationalsozialistischer Kreise dienen, dass die Eingeborenen zu den Deutschen ein besonderes anhängliches Verhältnis, die „Askari-Treue", gehabt hätten, was den Verlust der deutschen Kolonien umso schändlicher mache. Während diese kolonial-revisionistische Propaganda hinsichtlich Ostafrika weithin fruchtete, war dies im Falle von Kamerun weniger der Fall.

[42] Vgl. Michels (2006).

[43] Vgl. Hoffmann (2007), 2, S. 201 f.

[44] Vgl. Petter (1994), S. 399 ff.

[45] Vgl. Duval (2004), S. 48.

[46] Vgl. Morlang (2008), S. 60.

[47] Vgl. Zimmermann (1915), S. 185–197 mit Erlebnissen und einer Landschaftsbeschreibung von Fernando Póo.

[48] Vgl. Zimmermann (1917); Zimmermann (1918).

[49] Vgl. Linne (2008), S. 10 ff.

[50] Brackmann (1935), S. 117.

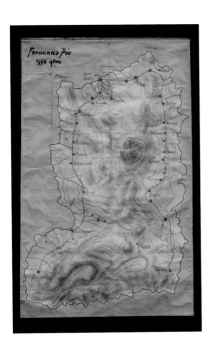

Abb. 7 *[Foto 567] „Karte von Fernando Póo", Slg. Harttmann, Kasten 4, Nr. 200.*

Fernando Póo

Die im Golf von Guinea liegende Insel Fernando Póo (heute Bioko), die zu Spanisch-Guinea gehörte, bot sich nun als idealer Ort für eine Internierung an. Verschiedentlich war es 1914/15 Deutschen, die vor den Kämpfen in Kamerun geflohen waren, gelungen über Fernando Póo nach Europa bzw. Deutschland zurückzukehren. Dass eine Flucht nicht unbedingt bedeuten musste, dass man die afrikanischen Kolonien auch mental abgeschrieben hatte, bezeugt das Beispiel von Emil Zimmermann, der diesen Weg von Kamerun aus auch selbst beschritten hatte.[47] Er war Journalist mit Spezialisierung auf die deutschen Kolonien beziehungsweise deren Propagandist und forderte noch während des Krieges, lange nachdem er Afrika hatte verlassen müssen, im Falle eines deutschen Sieges ein deutsches „Zentralafrika". Dies war natürlich ein gefundenes Fressen für die britische Propaganda. Der britische Historiker Edwyn Bevan (1870-1943) übertrug die Schrift sofort ins Englische.[48] Dem Traum eines deutschen Kolonialimperiums „Mittelafrika" hingen später auch noch die Nationalsozialisten an.[49]

Die beiden Häfen der Insel, Santa Isabel und San Carlos, wurden vor dem Ersten Weltkrieg regelmäßig von Schiffen der Woermann-Linie angelaufen. Diese unterhielt eine eigene Kamerun-Linie, die über Fernando Póo nach Kamerun führte.[50] Von 1914 bis 1919 lag in Fernando Póo der Küstendampfer der Linie „Gouverneur v. Puttkamer". Das Hamburger Haus beherrschte auf der Insel weitgehend den Handel. Es gab dazu noch eine große Kakaoplantage, die von Deutschen betrieben wurde („Hamburger Moritzsche Pflanzung").

Fünf bis 6.000 Soldaten und deren Familienangehörige, zusammen rund 16.000 an der Zahl, wurden vom afrikanischen Festland aus nach Fernando Póo transportiert und dort über die Insel verteilt. Die Kompaniestruktur der Truppe spiegelte sich in den Unterkunftsorten wider. In Anlehnung an die militärische Struktur in Kamerun wurden sie in zwölf Kompanien zu etwa je 500 Mann gegliedert. Vier Kompanien bildeten ein Lager. Lager I und Lager II lagen nebeneinander auf der Moritz-Plantage, das weitere Lager III auf dem Gelände einer anderen Anpflanzung östlich von Santa Isabel. 700 bis 800 Soldatenfrauen und Kinder siedelten im Umfeld der jeweiligen Lager, sodass man hier auf rund jeweils 1.200 bis 1.300 Menschen kam. Die Häuptlinge und ihr Gefolge siedelten in eigenen Dörfern. Atanganas Lager entwickelte sich mit Kirche und Schule zum eigentlichen Zentrum der Ansiedlungen.

Der größere Teil der Europäer beziehungsweise der Deutschen wurde Ende April 1916 auf dem Seeweg nach Spanien transportiert. Die Internierung setzte sich für sie hier fort. Einige Offiziere, Unteroffiziere und deutsche Mannschaften blieben allerdings auf der Insel zurück und übernahmen dort die Führung der schwarzen Truppen. Nach einer Aufstellung des Reichs-Kolonialamtes vom September 1916 waren auf Fernando Póo 83 deutsche Soldaten zurückgeblieben.[51] In den Lagern wurde ein militärischer Dienst aufrechterhalten. Zur eigenen Verpflegung wurde Land kultiviert.

Dazu wurde ethnologische Feldforschung betrieben. Günter Tessmann (1884-1976), der schon vor dem Ersten Weltkrieg an Projekten über verschiedene Völkerschaften Kameruns beteiligt gewesen war, hatte es auch nach Fernando Póo verschlagen.[52] Eine Studie über die Gbaya von Kamerun, die er vor dem Krieg begonnen hatte, musste er wegen diesem unterbrechen.[53] In einem zunächst vom Krieg nicht bedrohten Gebiet Kameruns betrieb er von November bis Dezember 1914 weitere Feldforschungen diesmal bei den Bafia, bevor er auch hier des Krieges wegen fliehen musste.[54] Beide Studien konnten allen Widrigkeiten zum Trotz gerade auch deshalb fertiggestellt werden, weil Tessmann sowohl mit Gewährsleuten der Bafia als auch der Gbaya arbeiten konnte, die als Angehörige der Schutztruppe auf der Insel interniert waren. Eine reine „Kriegsarbeit", die ihr Entstehen nur den Umständen verdankte, stellte dann Tessmanns Studie über die Bubi auf Fernando Póo dar. Die Ergebnisse, der zwischen Mai 1915 und April 1916 erfolgten Untersuchungen, konnten schon relativ bald nach Ende des Ersten Weltkrieges veröffentlicht werden.[55]

Harttmann erkundete die Insel im Februar 1918. Er zeichnete einen Routenplan, in dem etwa die Lage des Dorfes angegeben ist, das Häuptling Bioko von der ethnischen Gruppe der Bubi angelegt hatte.[56]

In der letzten Ausgabe des offiziellen deutschen Kolonialorgans erschien die Übersetzung eines nicht namentlich gezeichneten Berichts über die deutsche Tätigkeit während der Zeit der Internierung auf Fernando Póo. Im Frieden von Versailles musste Deutschland 1919 auf seine inzwischen ja alle schon militärisch verlorenen Kolonien verzichten. Dem Vorwurf der kolonialen Unfähigkeit, der im Vertrag auch zu stecken schien, begegnete man dann mit einem Bericht über eine Aufbauleistung, die den Generalverdacht mittels eines schlagenden Gegenbeweises zu entkräften suchte. Es liegt schon eine gewisse Ironie darin, dass die Arbeiten einer internierten Truppe stellvertretend für die koloniale Leistungsfähigkeit der Deutschen herhalten konnten. Der Bericht, den man unter dem

[51] Anonym (1916), Nachrichten aus den deutschen Schutzgebieten.

[52] Klockmann (1988), S. 138–141, 292 f.

[53] Tessmann (1934 b), S. VII, das Werk enthält übrigens Fotos aus dem Fundus Harttmanns.

[54] Tessmann (1934 a), S. VII.

[55] Tessmann (1923).

[56] Linden-Museum Stuttgart. Sammlungen. Routen Aufnahmebuch. Insel Fernando Póo.

[57] Anonym (1919); Anonym (1983).

[58] Die biographischen Angaben folgen den Daten bei Bradley / Hildebrand / Brockmann (1999), S. 144 f.

[59] Harttmann (1927 b).

[60] Z. B. Anonym (1941), Abb. „Eingang zum Offizierposten Sangmelima"; Dühring (1941), Abb. „Ein Offizier impft in einer pockengefährdeten Gegend die Eingeborenen"; Student (1937), vor S.144, nach S. 256, vor S. 257.

tagespolitischen Eindruck des verlorenen Ersten Weltkrieges veröffentlicht hatte, wurde Jahrzehnte später mit dem gleichen Tenor erneut herausgegeben.[57]

Zum weiteren Lebensweg von Hermann Harttmann

Nachdem er aus Afrika zurückgekehrt war, wurde Harttmann im Gegensatz zur Masse der anderen Offiziere 1920 in die neu formierte Reichswehr übernommen. Ein Grund mag vielleicht gerade darin gelegen haben, dass er in Afrika Söldner befehligt hatte und auf Fernando Póo über eine lange Zeit hinweg half, in einer geschlagenen Truppe Disziplin und Einsatzbereitschaft aufrecht zu erhalten. Auch die Reichswehr ging aus einem geschlagenen Heer hervor und war nach den Bestimmungen des Versailler Vertrages eine Söldnerarmee. Nach Dienststellungen als Kompaniechef wurde er von April 1924 bis Ende 1927 Lehrer an der Infanterieschule. Danach war er von 1928 bis Ende 1930 als Militärinstruktor in Chile. Er trat damit in eine Tradition ein, die lange vor dem Ersten Weltkrieg begonnen hatte. Vor dem Krieg hatten sich schon verschiedene deutsche Militärberater um die Reform der chilenischen Streitkräfte bemüht gehabt. Lettow-Vorbeck und Carl Zimmermann waren etwa auch schon als Militärberater in Chile gewesen. Eine Dienstvorschrift, die Harttmann verfasst hatte, wurde ins Spanische übersetzt. Nach seiner Rückkehr aus Südamerika hatte er verschiedene Positionen im Ersatz- und Ausbildungswesen der Reichswehr beziehungsweise der Wehrmacht inne. Die Dienstorte lagen überwiegend im süddeutschen Bereich.[58]

Im Gegensatz zu anderen Kriegskameraden aus Kamerun hat Harttmann in der Zwischenkriegszeit keine Memoiren verfasst. Es liegen neben einem Nachruf[59] und einem allgemeinen Beitrag zu seinen Kriegserfahrungen in Kamerun lediglich die Schilderung des Gefechts von Putu vor, worauf schon hingewiesen wurde. Hin und wieder steuerte er Bildmaterial für Veröffentlichungen über Kamerun bei.[60] Während des Zweiten Weltkrieges wurde Harttmann im Sommer 1941 als aktiver Offizier und Oberst zum „Kolonialstab Libyen" und darauf zum „Sonderstab Tropen" kommandiert. Zu dieser Zeit schienen die deutschen Siege erneut die Errichtung eines kolonialen Afrikas in den Bereich des Möglichen zu rücken.[61] Doch noch vor dem Untergang der deutschen Truppen in Nordafrika wurde er an die Ostfront versetzt. Hinsichtlich seines militärischen Hintergrunds war es nur folgerichtig, dass Harttmann nun in die vermeintlichen neuen deutschen Kolonialgebiete im Osten versetzt wurde.[62] Ende 1942/Anfang 1943 war er Feldkommandant in Orejow. Als Generalmajor war er Ende 1943/Anfang 1944 Standort-Kommandant in

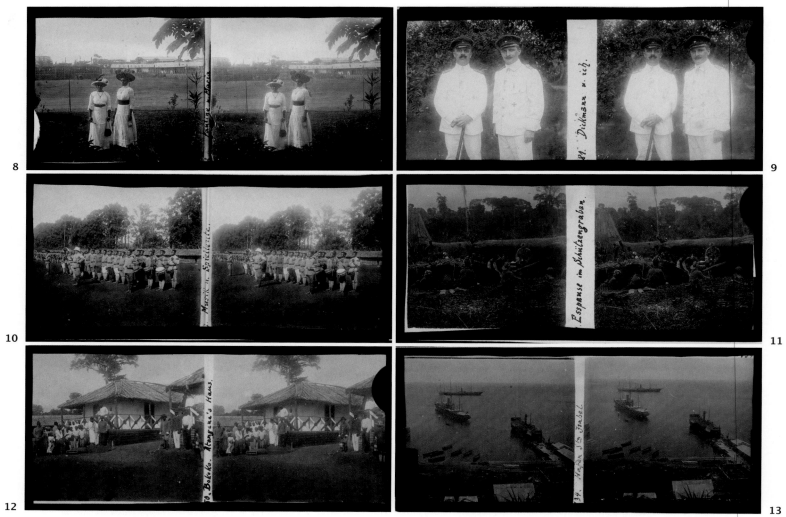

Abb. 8 *[Foto 559] „Weib des Jaunde-Häuptlings Atangana", Slg. Harttmann, Kasten 5, Nr. 34, Nr. 182 (Stereofoto).*

Abb. 9 *[Foto 571] „Dickmann und ich", „ich" = Harttmann (rechts), Slg. Harttmann, Kasten 5, Nr. 33, Nr. 181 (Stereofoto).*

Abb. 10 *[Foto 570] „Musik u. Spielleute beim Parademarsch", Slg. Harttmann, Kasten 5, Nr. 8, Nr. 137 (Stereofoto).*

Abb. 11 *[Foto 573] „Schützengraben-Bilder", „Esspause im Schützengraben", Slg. Harttmann, Kasten 6, Nr. 72, Nr. 311 (Stereofoto).*

Abb. 12 *[Foto 569] „Bokoko. Haus des Jaunde-Hptl. Atangana", Slg. Harttmann, Kasten 5, Nr. 19, Nr. 150 (Stereofoto).*

Abb. 13 *[Foto 572] „Hafen von Santa Isabel", Kasten 5, Nr. 2, Nr. 134 (Stereofoto).*

Rowno. Ob er dabei direkt oder indirekt in die Verbrechen des Holocaust verstrickt war oder nicht, lässt sich nach Stand der Dinge noch nicht sagen.[63] Im Sommer 1944 wurde er ins Elsass versetzt und tat dort als Feldkommandant Dienst in Mühlhausen. Am Ende des Krieges geriet er in Gefangenschaft. Er verfasste für die „Historical Division", die nach dem Krieg die amtliche Geschichte der U.S. Army in Europa aufarbeiten sollte, verschiedene Studien zu den Kämpfen im Elsass und um Mühlhausen, die Ende 1944/Anfang 1945 dort stattgefunden hatten. Im Sommer 1947 wurde er aus der Kriegsgefangenschaft entlassen. Er starb am 8. Februar 1953 in Ludwigsburg. Sein fotografischer Nachlass lagert im Linden-Museum Stuttgart. Ob sich anderswo noch weiteres Material erhalten hat, ist nicht bekannt.[64]

Ein Blick auf Harttmanns Fotos

Der greifbare fotografische Nachlass umfasst zwei Holzkistchen mit 177 kolorierten Glas-Stereodias (davon ein Autochrom) und vier Kästen mit 185 überwiegend farbigen Glasdias. Letztere sollten als Grundlage für einen vollständig zusammengestellten Vortrag dienen. Die vier Kistchen enthalten 200 Beschriftungen auf separaten Listen, während die Stereofotos teilweise selbst beschriftet sind. Die Stereofotos haben das Format von 14 x 6 cm; die übrigen 10 x 8,5 cm. Ein Kasten mit Stereofotos dürfte abhanden gekommen sein, da hier die Zählung mit „Kasten zwei" beginnt. Die von Hand kolorierten Dias vermitteln heute in ihrer Farbigkeit eine Atmosphäre von Vergangenem, wie es Schwarz-Weiß-Fotos allein nie leisten können.

Die Bilder zeigen Land und Leute von Kamerun, Aufnahmen von Offizieren und Soldaten der dortigen Schutztruppen. Dazu kommen Fotos, die die materielle Kultur vor allem der Gbaya dokumentieren. Der Dienstbetrieb der Soldaten wie Antreten, Turnen und Gewehrappelle wird gezeigt. Einrichtungen zum Unterhalt der Truppen wie etwa die Drechslerei werden abgebildet. Nur wenige Aufnahmen verweisen auf Kriegshandlungen, wie etwa Soldaten im Schützengraben während einer Essenspause. Selbstverständlich gibt es Fotos einzelner Militärstationen. Bemerkenswert sind die Aufnahmen von Atanganas Ehefrau. Die Aufnahmen, die in Kamerun selbst entstanden sind, scheinen jeweils Einzelstücke zu sein, was die Motive angeht. Manche Fotos mögen als Illustration für die politischen Ziele und Zwecke gedient haben, mit denen Harttmann wohl auch gerne „ziviles" Wirken der Schutztruppe veranschaulichen wollte.

In Dume hatte Harttmann auf eigene Initiative eine Schule für lokale Eliten eingerichtet.[65] Die beiden Bilder, die Schulszenen zeigen, sind auf Fernando Póo entstanden. Die Rolle der Soldaten als Träger von Kultur, insbesondere deutscher, wird jedenfalls mit den Fotos auch transportiert. Auf der einen Schultafel steht eine Strophe des Deutschlandliedes, während auf der anderen ein Dialog zum Erlernen der deutschen Sprache geschrieben ist: „Wohnung / Was ist dieses? / Das ist ein Haus. / Wer wohnt in diesem Haus? / In diesem Haus wohnen Soldaten."

Die Fotos aus Fernando Póo dokumentieren reportageartig das militärische und friedliche Wirken der Soldaten. Es gibt Gesamtansichten der verschiedenen Lager. Tätigkeiten zur Erstellung einer Infrastruktur wie Straßenbauarbeiten oder die Arbeiten in der Landwirtschaft werden im Stile der europäischen Handwerkerfotos der Zeit in Szene gesetzt. Bemerkenswerterweise geht den Fotos jeglicher Versuch ab, die Soldaten irgendwie heroisch zu zeichnen. Das exotische Ambiente verwischt kaum den Eindruck eines geregelten Feldlagerlebens. So hätte man dies um diese Zeit auch in Deutschland aufnehmen können. Die Fotos von Häfen, Landschaften und verschiedener öffentlicher Gebäude der Insel könnte man auch als das Werk eines Touristen sehen, wenn dazwischen nicht auch Aufnahmen von Paraden und Aufmärschen zu finden wären. Einerseits waren derartige Zeremonien Unterbrechung und Höhepunkt im dienstlichen Alltag der Internierung, andererseits vermittelten sie aber auch nach außen die Botschaft, dass die Truppe in ihrer Struktur intakt und einsatzbereit ist, das heißt, sie stellte allein durch ihre Existenz eine potenzielle militärische Gefahr für Engländer und Franzosen dar. Während des Krieges waren die Paraden politische Demonstrationen militärischer Präsenz, nach dem Krieg Beweise erbrachter militärischer Leistungen.

Es ist anzunehmen, dass Harttmann die Fotos nicht allein zum Zweck privater Erinnerung aufgenommen hat, sondern dass er sie auch für eine Veröffentlichung vorgesehen hat, sei es als Illustrationen für Druckwerke, sei es im Rahmen von Vorträgen. Harttmann empfahl in seiner Dienstvorschrift, dass Kompaniechefs zur Unterhaltung und zur Stärkung des Zusammengehörigkeitsgefühls Lichtbildervorträge anbieten sollten.[66] Es mag durchaus sein, dass sich im März 1920er oder ein anderer ehemaliger Kameruner-Schutztruppenoffizier an die „Deutsche Kolonialzeitung" gewandt haben, die Briefauszüge unter Beifall veröffentlichte. Der ungenannte Schreiber berichtete, er habe „persönlich" unter seinen Truppen eben jetzt wieder „mit Lichtbildervorträgen gearbeitet" und „dabei gutes Feld gefunden." Er denke „gar nicht daran, an der deutschen Kolonialsache zu verzweifeln."[67]

[61] Vgl. allg. Linne (2008); vgl. Kettlitz (2007), S. 107.

[62] Vgl. Lower (2005), Kap. 1, Nazi-Colonialism and Ukraine.

[63] Zur Debatte, wie die deutschen Kolonialkriege und ihre Protagonisten hinsichtlich des Holocaust zu bewerten sind, vgl. Fitzpatrick (2008).

[64] Das Stadtarchiv Ludwigsburg verfügt etwa über kein Material zu Harttmann. Freundliche Mitteilung vom 3. Dezember 2007. Das Familiengrab der Familie Harttmann besteht noch. Vgl. Läpple (2009), 1, S. 412.

[65] Escherich (1938), S. 127; Hoffmann (2007), 2, S. 109.

Abb. 14 *[Foto 560] „Drechslerei 8. Komp. Santa Isabel", Slg. Harttmann, Kasten 1, Nr. 28.*

15

16

17

18

19

20

Abb. 15 *[Foto 561] „Schule 4. Komp. Santa Isabel", Slg. Harttmann, Kasten 1, Nr. 23.*

Abb. 16 *[Foto 565] „Gesamtansicht des Lagers III Fernando Póo", Slg. Harttmann, Kasten 3, Nr. 102.*

Abb. 17 *[Foto 564] „Turnen in der 12. Komp. Santa Isabel", Slg. Harttmann, Kasten 2, Nr. 56.*

Abb. 18 *[Foto 566] „Baja–Tontöpfe (Zeichnungen)", Slg. Harttmann, Kasten 4, Nr. 152.*

Abb. 19 *[Foto 563] „Gewehrappel unterwegs Sangmelima–Bezirk", Slg. Harttmann, Kasten 2, Nr. 62.*

Abb. 20 *[Foto 562] „Schule des Kommandos der Schutztruppe Santa Isabel", Slg. Harttmann, Kasten 1, Nr. 22.*

Die Fotos Harttmanns illustrieren nicht nur die Tätigkeit während des Ersten Weltkrieges, sondern auch die damals erbrachten kolonialen Kulturleistungen. Diese konnten nach dem Krieg als visuelle Rückversicherung für eine erneute koloniale Zukunft dienen. Insofern konnten die Fotos in der Zwischenkriegszeit ähnlich wie der Bericht über die deutschen Aufbauleistungen in Fernando Póo auch die Funktion kolonialpolitischer Propaganda übernehmen. Da sie aber in Stil und Blickwinkel eher der hergebrachten Kolonialfotografie verpflichtet waren, dokumentieren sie diese eher, als dass sie sie zukunftsträchtig überhöhen würden. Selbst zur Illustration einer „Askari-Treue" der schwarzen Soldaten gegenüber den Deutschen taugen die Fotos wenig, da das spezifische der Beziehung hier nicht festzumachen ist. Die schwarzen Soldaten und ihre Angehörigen erscheinen aus sich selbst heraus und nicht als Funktion ihrer deutschen „Herren". Außerdem sind es überwiegend Fotos aus der Kriegszeit, die während einer Internierung entstanden und keine Fotos vom Krieg, die aus einem Feldzug stammten. Insofern boten Harttmanns Fotos anders als Beispiele vom ostafrikanischen Kriegsschauplatz relativ wenig Möglichkeiten für eine Verwendung in rassistischer oder nationalsozialistischer Propaganda.

Archive: Landesarchiv Baden-Württemberg, Hauptstaatsarchiv Stuttgart, M 430/1 Personalakten Bü. 1045 Hermann Harttmann. Landesarchiv Baden-Württemberg, Staatsarchiv Ludwigsburg, El 232 Linden-Museum Stuttgart.

[66] Harttmann / Remlinger (1925), S. 97.

[67] Anonym (1920), S. 25.

Literaturverzeichnis

Anonym (1916), Nachrichten aus den deutschen Schutzgebieten. Kamerun, in: Deutsches Kolonialblatt, 27, 16/17 vom 1. 9. 1916, S. 203-212.

Anonym (1919), Ein Werk deutscher Kolonisation auf Fernando Póo, in: Deutsches Kolonialblatt, 30, 7-13 vom 1. 7. 1919, S. 39-52. Nachgedruckt, vgl. Anonym (1983).

Anonym (1920), Neues über Kamerun, in: Deutsche Kolonialzeitung, 57, 7 vom 14. 8. 1920, S. 74-75.

Anonym (1931), Historique des Troupes Coloniales pendant la Guerre 1914-1918: Fronts Extérieurs, Paris: Charles-Lavauzelles & Co.

Anonym (1941), Zur Geschichte der Schutztruppe für Kamerun, in: Kolonialpost. Zeitschrift des Deutschen Kolonialkriegerbundes und des Kolonialkriegerdanks, 35, 11, S. 202-204.

Anonym (1953), Trauerfeier für Generalmajor a. D. Harttmann, in: Ludwigsburger Kreiszeitung, 37 vom 13. 2. 1953, S. 3.

Anonym (1983) „Ein Werk deutscher Kolonisation auf Fernando Póo": Übersetzung eines spanischen Berichts, der 1919 in Madrid erschienen ist, Hamburg: Traditionsverband ehemaliger Schutz- und Überseetruppen / Freunde der früheren deutschen Schutzgebiete e. V.

Bah, Thierno Mouctar (1985), L´Afrique dans la Première Guerre Mondiale: Le cas de Cameroun, in: Jürgen Rohwer (Hg.), Neue Forschungen zum Ersten Weltkrieg, Koblenz: Bernard & Graefe, S. 215-228.

Berthold, Hans (1912), Kamerun, in: Emil Zimmermann (Hg.), Unsere Kolonien, Berlin: Ullstein, S. 294-368.

Born, Klaus (1981), Skulpturen aus Kamerun: Sammlung Thorbecke 1911/12, Mannheim: Reiss-Museum.

Brackmann, Karl (1935), Fünfzig Jahre deutsche Afrikaschiffahrt: Die Geschichte der Woermann-Linie und der Deutschen Ost-Afrika-Linie, Berlin: Reimer.

Bradley, Dermot / Hildebrand, Karl-Friedrich / Brockmann, Markus (1999), Die Generale des Heeres 1921-1945, Osnabrück: Biblio.

Busch, Matthias (1988), Deutsche Uniformgeschenke an Stammeskönige im ehemaligen Schutzgebiet Kamerun, in: Der Bote aus dem Wehrgeschichtlichen Museum, 23, S. 38-43.

Damis, Fritz (um 1925), Auf dem Moraberge: Erinnerungen an die Kämpfe der 3. Kompanie der ehemaligen Kaiserlichen Schutztruppe für Kamerun, o. O.: Verein ehemaliger Angehöriger der Kaiserlichen Schutztruppe für Kamerun.

Dühring(1941), Die Schutztruppe als Kulturpionier, in: Kolonialpost. Zeitschrift des Deutschen Kolonialkriegerbundes und des Kolonialkriegerdanks, 35, 11, S. 206-208.

Duval, Eugène-Jean (2004), Le sillage militaire de la France au Cameroun (1914-1964), Paris: l´Harmattan.

Escherich, Georg (1938), Kamerun, Berlin: Dr. Hans Riegler Verlag für Vaterländische Literatur.

Essomba, Philippe Blaise (2004), Le Cameroun: Les Rivalités d´intérêts franco-allemandes de 1919 à 1932, Strassbourg: Presses Universitaires.

Fitzpatrick, Matthew P. (2008), The Pre-History of the Holocaust? The „Sonderweg" and „Historikerstreit" Debates and the Abject Colonial Past, in: Central European History, 41, S. 477-503.

Geary, Christraud M. (1988), Images from Bamum: German Colonial Photography at the Court of King Njoya, Cameroon, West Africa, 1902-1915, Washington D. C.: African Museum of African Art by the Smithsonian Institution Pr.

Harttmann, Hermann / mit Rittmeister Remlinger (1925), Praktische Winke für den Kompanie-, (Eskadron-, Batterie-) Chef des Reichsheeres, Charlottenburg: Verlag „Offene Worte".

Harttmann, Hermann (1927 a), Ethnographische Studie über die Baja, in: Zeitschrift für Ethnologie, 59, S. 1-61.

Harttmann, Hermann (1927 b), Hans-Lothar v. Minckwitz, in: Kamerunpost, 4, 3, S. 14-19.

Harttmann, Hermann (1931), Die Sprache der Baja, in: Zeitschrift für Ethnologie, 62, S. 302-310.

Harttmann, Hermann (1937), Putu. 26. bis 29. Oktober 1914, in: Kampf um Kolonien: 7 Erlebnisberichte, Birkenwerder bei Berlin: Deutscher Wille, S. 66-90.

Harttmann, Hermann (1941), Der farbige Soldat der Schutztruppe für Kamerun, in: Kolonialpost. Zeitschrift des Deutschen Kolonial-kriegerbundes und des Kolonial-kriegerdanks, 35, 11, S. 211-213.

Hausen, Karin (1970), Deutsche Kolonialherrschaft in Afrika. Wirtschaftsinteressen und Kolonialverwaltung in Kamerun vor 1914, Freiburg i. Br.: Atlantis.

Hoffmann, Florian (2007), Okkupation und Militärverwaltung in Kamerun: Teil 1, Etablierung und Institutionalisierung des kolonialen Gewaltmonopols, Teil 2, die Kaiserliche Schutztruppe und ihr Offizierkorps, Göttingen: Cuvillier.

Jäger, Jens (2006), Bilder aus Afrika vor 1918: Zur visuellen Konstruktion Afrikas im europäischen Kolonialismus, in: Gerhard Paul (Hg.), Visual History: Ein Studienbuch, Göttingen: Vandenhoek & Ruprecht, S. 134-148.

Johannsen, Julius (1913), Die Photographie in den Tropen: Praktische Winke zur Wahl einer geeigneten photographischen Ausrüstung und zur erfolgreichen Ausübung der Photographie in tropischen Ländern, Berlin: Wilhelm Süsserott.

Kettlitz, Eberhardt (2007), Afrikanische Soldaten aus deutscher Sicht seit 1871: Stereotype, Vorurteile, Feindbilder und Rassismus, Frankfurt a. M.: Peter Lang.

Klockmann, Thomas (1988), Günther Tessmann: König im weißen Fleck, das ethnologische Werk im Spiegel der Lebenserinnerungen, ein biographisch-werkkritischer Versuch, Hamburg, Univ., Diss.

Köpke, Wulf (2007), Ungeahnte Schätze, in: Mit Kamel und Kamera: Historische Orient-Fotografie 1864-1970, Hamburg: Museum für Völkerkunde Hamburg, S. 11-15.

Koller, Christian (2001), „Von Wilden aller Rassen niedergemetzelt": Die Diskussion um die Verwendung von Kolonialtruppen in Europa zwischen Rassismus, Kolonial- und Militärpolitik 1914-1930, Stuttgart: Steiner.

Läpple, Wolfgang (2009), Schwäbisches Potsdam: Die Garnison Ludwigsburg von den Anfängen bis zur Auflösung, 1, Ludwigsburg: Stadt.

Lauber, Wolfgang (1988), Deutsche Architektur in Kamerun: Deutsche Architekten und Kameruner Wissenschaftler dokumentieren die Bauten der deutschen Epoche in Kamerun/Afrika, Stuttgart: Karl Krämer.

Linne, Karsten (2008), Deutschland jenseits des Äquators? Die NS-Kolonialplanungen für Afrika, Berlin: Ch. Links Verlag.

Lorenz, Dieter (2008), Chromoplast-Bilder: Stereoskopie in Naturfarben aus Stuttgart. In: Schwäbische Heimat, 59, S. 414-422.

Lorenz, Dieter (2009), Chromoplast-Bilder. Farbig gedruckte Stereobilder mit Hilfe von Autochromen, in: Photo Antiquaria, 91, S. 4-13.

Lower, Wendy (2005), Nazi Empire-Building and the Holocaust in Ukraine, Univ. of North Carolina Pr.

Literaturverzeichnis

Mentzel, Heinrich (1936), Die Kämpfe in Kamerun 1914-1916: Vorbereitung und Verlauf, Berlin: Junker und Dünnhaupt.

Michels, Eckhard (2006), Ein Feldzug – zwei Perspektiven? Paul von Lettow-Vorbeck und Heinrich Schnee über den Ersten Weltkrieg in Ostafrika, in: Militärische Erinnerungskultur: Soldaten im Spiegel von Biographien, Memoiren und Selbstzeugnissen, Paderborn: Ferdinand Schöningh, S. 152-168.

Michels, Stefanie (2004), Imagined Power contested: Germans and Africans in the Upper Cross River Area of Cameroon 1887-1915, Münster: Lit.

Moberly, Frederick James (1931), Military Operations: Togoland and the Cameroons 1914-1916, London: HMSO.

Morlang, Thomas (2008), Askari und Fitafita: „Farbige" Söldner in den deutschen Kolonien, Berlin: Ch. Links Verlag.

Nippa, Annegret (1996), Lesen in alten Photographien – aus Baalbek, Zürich: Völkerkundemuseum der Univ. Zürich.

Nouzille, Jean (1985), La Campagne du Cameroun (1914-1916), in: Revue International d´Histoire Militaire, 63, S. 9-20.

Nuhn, Walter (1995/2000), Kamerun unter dem Kaiseradler: Geschichte der Erwerbung und Erschließung des ehemaligen deutschen Schutzgebietes Kamerun, ein Beitrag zur deutschen Kolonialgeschichte, Köln: Wilhelm Herbst Verlag.

Otte, Wolf (2007), Weiß und Schwarz: Black and White, Photos aus Deutsch-Südwestafrika, from Namibia 1896-1901, Wendeburg: Verlag Uwe Krebs.

Petter, Wolfgang (1980), Das Offizierkorps der deutschen Kolonialtruppen 1889-1918, in: Hanns Hubert Hoffmann (Hg.), Das deutsche Offizierkorps 1860-1960, Boppard a. Rh.: Harald Boldt Verlag, S. 163-171.

Petter, Wolfgang (1994), Der Kampf um die deutschen Kolonien, in: Michael Michalka (Hg.), Der Erste Weltkrieg: Wirkung, Wahrnehmung, Analyse, München: Piper, S. 392-411.

Pürschel, Herbert (1936), Die Kaiserliche Schutztruppe für Kamerun: Gefüge und Auf-gaben, Berlin: Junker und Dünnhaupt.

Quinn, Frederick (1972/73), The Beti and the Germans (1887-1916), in: Afrika und Übersee, 56, 1/2, S. 119-130; 3, S. 200-214.

Quinn, Frederick (1980), Charles Atangana of Yaounde. in: The Journal of African History, 21, S. 485-495.

Quinn, Frederick (1987), The Impact of the First World War and its Aftermath on the Beti of Cameroun, in: Melvin E. Page (Hg.), Africa and the First World War, New York: St. Martin´s Pr., S. 171-185.

Rüger, Adolf (1968), Die Duala und die Kolonialmacht 1884-1914: Eine Studie über die historischen Ursprünge des afrikanischen Antikolonialismus, in: Helmut Stoecker (Hg.), Kamerun unter deutscher Kolonialherrschaft, 2, Berlin: VEB Deutscher Verlag der Wissenschaften, S. 181-257.

Skolaster, Hermann (um 1917), Krieg im Busch: Selbsterlebtes aus dem Kamerunkrieg, Limburg a. L.: Verlag der Kongregation der Pallottiner.

Stelzig, Christine (2004), Afrika am Museum für Völkerkunde zu Berlin 1873-1919: Aneignung, Darstellung und Konstruktion eines Kontinents, Herbolzheim: Centaurus Verlag.

Stelzig, Christine (2006), „Africa is a Sphinx – once she´s taken hold of you, she won´t let go so easily": The Officer and Collector Hans Glauning, in: Tribus, 55, S. 155-200.

Stoecker, Helmuth (1985), „Loyalty to Germany in Cameroon, 1914-1930, in: L´Afrique et l´Allemagne de la Colonisation à la Coopération: Africa and Germany from Colonisation to Cooperation, Yaundé: Editions Africavenir, S. 330-336.

Stoecker, Holger (2008), Afrikawissenschaften in Berlin von 1919 bis 1945: Zur Geschichte und Topographie eines wissenschaftlichen Netzwerkes, Stuttgart: Franz Steiner.

Strümpell, Kurt (um 1926), Blätter aus der Geschichte der Schutztruppe für Kamerun: Herausgegeben am Tage der Enthüllung des Ehrenmals der Kameruner Helden vom Verein der Offiziere der ehemaligen Kaiserlichen Schutztruppe für Kamerun, Heidelberg: Carl Pfeffer.

Student, Erich (1937), Kameruns Kampf: Unter Benutzung von bisher unveröffentlichten Kriegstagebüchern, Tätigkeits- und Gefechtsberichten und Beigabe von 108 größtenteils bisher noch nicht veröffentlichten Bildern und 5 Kartenskizzen, Berlin: Bernard & Graefe.

Surén, Hans (1934), Kampf um Kamerun: Garua, Berlin: Scherl.

Tessmann, Günter (1923), Die Bubi auf Fernando Póo: Völkerkundliche Einzelbeschreibung eines westafrikanischen Negerstammes, Hagen i. W., Darmstadt: Folkwang-Verlag.

Tessmann, Günter (1934 a), Die Bafia und die Kultur der Mittelkamerun-Bantu: Ergebnisse der 1913 vom Reichs-Kolonialamt ausgesandten völkerkundlichen Forschungsreise nach Kamerun, 1, Ergebnisse der Expedition zu den Bafia 1914, Stuttgart: Strecker & Schröder.

Tessmann, Günter (1934 b), Die Baja: Ein Negerstamm im Mittleren Sudan, Ergebnisse der 1913 vom Reichs-Kolonialamt ausgesandten völkerkundlichen Forschungsreise nach Kamerun, 2, Ergebnisse der Expedition zu den Baja 1913/14, Teil 1, Materielle und seelische Kultur, Stuttgart: Strecker & Schröder.

Theye, Thomas (1989), Der geraubte Schatten: Die Photographie als ethnographisches Dokument, eine Ausstellung des Münchner Stadtmuseums in Zusammenarbeit mit dem Haus der Kulturen der Welt, München: C. J. Bucher GmbH.

Weithas, Marie Louis Joseph Eugène / Rémy (1929), Les Armées francaises dans la Grande Guerre: Tome 9, 2, Les Campagnes Coloniales Cameroun, Togo, Opérations contre les Senoussis, Paris: Imprimerie Nationale.

Zimmerman, Andrew (2001), Anthropology and Antihumanism in Imperial Germany, Chicago: Univ. of Chicago Pr.

Zimmermann, Emil (1913), Neu-Kamerun: Reiseerlebnisse und wirtschaftspolitische Untersuchungen, Berlin: Ernst Siegfried Mittler & Sohn.

Zimmermann, Emil (1915), Meine Kriegsfahrt von Kamerun zur Heimat, Berlin: Verlag Ullstein.

Zimmermann, Emil (1917), Das deutsche Kaiserreich Mittelafrika als Grundlage einer neuen Weltpolitik, Berlin: Verlag der Europäischen Staats- und Wirtschaftszeitung GmbH.

Zimmermann, Emil (1918) The German Empire of Central Africa as the Basis of a new German World Policy, translated from the Original German with an Introduction by Edwyn Bevan, London: Longmann, Green & Co.

CHRISTIANE CLADOS

TOCAPUS IN „LOSER FORMATION"
IM MITTLEREN HORIZONT, PERU: FEDERHUT M 32205
DES LINDEN-MUSEUMS, STUTTGART

Abstract

Middle Horizon Tocapus Arranged in Disconnected Rows: Headdress M 32205 of the Linden-Museum, Stuttgart

A feathered bi-convex headdress of unknown provenance in the Linden-Museum, Stuttgart, likely dates to the Middle Horizon based on an analysis of its central motif. This paper examines iconographic representations from different time periods to provide a relative date for the Stuttgart artifact and to clarify its original function. Special attention is given to the meaning of the central motif, which might be derived from realistically represented depictions or codified representations of Middle Horizon tocapus.

The headdress is covered with tiny feathers of turquoise, orange, and black on a yellow background. The feathers come from the throat of the Paradise Tanager, as well as from multiple species of parrots, and were attached to the fabric after the weaving was completed. Three horizontal rows of dice-like motifs decorate the headdress. The central motif consists of a square with four dots in that is repeated in three different color combinations around the headdress (Fig. 1).

The headdress originally might have been part of the artificial head of a mummy bundle similar to South Coast examples that are still preserved. Bi-convex headdresses are very common in Wari and Tiwanaku cultures, but also are seen on Nasca ceramics (Fig. 3) and according to Heidi King (personal communication), on Late Moche ceramics as well. Tiwanaku IV phase portrait vases and Wari stone and metal figurines (Pikillaqta) each show highly ranked men with this particular type of headdress (Figs. 2 and 4). Patricia Knobloch suggests that "[...] these particular depictions represent agents belonging to the Tiwanaku social sphere [...]".

The central motif of the headdress, a square with four dots, also is found on a Middle Horizon 2A effigy vessel from the Denver Art Museum. In this case, the motif is combined with trophy heads (Fig. 5). Other closely-related motifs include diagonal double motifs with two rings (Figs. 6 and 7) and four dots (Figs. 8 and 9).

This motif can be interpreted using two different forms of perception and representation employed during the Middle Horizon. One represents the object realistically while the other seeks to codify the shape of the object in a simplified form. Both traditions exist side by side during the Middle Horizon and are not mutually exclusive. Each tradition offers a possible interpretation of the central motif of the Linden-Museum headdress.

Interpretation I: Metal Plaque

If the central motif of the headdress is represented realistically, the image will share characteristic features with the real object. The four-dot motif of the headdress resembles both metal plaques on preserved textiles and their representation in Moche and Wari vase paintings (Figs. 10 and 11a,b). In these paintings, metal plaques generally are shown as squares with two or four dots that serve as perforations used to attach the plaque to the fabric. Metal plaques are normally arranged in rows, which supports this explanation of the central motif.

Interpretation II: Tocapu with Stars

If the central motif of the headdress is instead a codified representation, the image will share only a few characteristic features with the real object. The square shape filled with a geometric motif (the dots) recalls tocapus, as defined by Rowe (1979). The organization of the central motif shows three additional features that are typical of tocapus: the squares are arranged in rows that vary by color and are repeated in patterns.
Middle Horizon tocapus are normally organized in continuous rows, but at times the images are separated by spaces and disconnected both horizontally and vertically. A Chakipampa style effigy vessel of the Peabody Museum of Archaeology and Ethnology, Cambridge, shows a musician playing a panpipe and dressed in a tunic that is decorated with disconnected rows of tocapus (Fig. 15). The design is very similar to the headdress of the Linden-Museum, Stuttgart.
A codified representation of the geometric motif suggests that the four dots in their simplest form represent round objects. This definition falls within a category of Middle Horizon motifs that Bedoya (2008) identifies as stars (Fig. 11). Tiwanaku vase paintings show that dots and rays terminating in dots are a critical part of star anatomy (Figs. 4, 12, and 13). The central motif of the headdress could be interpreted as a tocapu with simplified representations of stars.

Abb. 1 *Federhut M 32205 des Linden-Museums, Stuttgart.*

Abb. 2 *Mann mit Kopfschmuck ähnlich
dem des Linden-Museums. Eine von zwei
identischen Silber-Figurinen, Pikillaqta,
Peru. MPM.*

Abb. 3 *Mythisch überhöht dargestellter Mann,
der einen bi-konvexen Kopfschmuck ähnlich dem
des Linden-Museums trägt. Figurengefäss,
Nasca 5. MNAAH–Lima.*

Abb. 4 *Portraitvase mit dem Bildnis eines
Mannes, der einen Kopfschmuck ähnlich dem des
Linden-Museums trägt. Den Kopfschmuck
schmücken vereinfachte Darstellungen von Sternen.
Tiwanaku IV. MMP - La Paz.*

Abb. 5 *Figurengefäß mit der Darstellung eines
Mannes, der eine Kappe mit einem Vier-Punkt-Würfel-
motiv mit zwei Kopftrophäen trägt.
Mittlerer Horizont 2A. DAM.*

[1] Donnan (1999), S. 23, Abb. 1.20.

[2] Persönliche Kommunikation, März 2010.

[3] Donnan (1999), S. 101, Abb. 4.49, und S. 134, Abb. 4.106.

[4] Siehe auch Caceres, S. 200, Taf. 84.

[5] AGENT: 139.
"Many Huari style turquoise figurines depict individuals with large round headgear that appear to be created by wrapping strips of cloth around the head though they may represent more solid carved gourd–like helmets. Several examples were found in two caches from Pikillaqta illustrated by Valcárcel (1933). Though the clothing and headdresses indicate distinct entities, Agent 139 will represent this particular unit of analysis at present. Valcárcel identified many of the ethnic identities of these figurines. I suggest that these particular depictions represent agents belonging to the Tiwanaku social sphere [...]".

Einleitung

Das Linden-Museum, Stuttgart, beherbergt einen überaus ungewöhnlichen alt-peruanischen Kopfschmuck, der mit einem prachtvollen Federmosaik überzogen ist. Er ist der bislang einzige bekannte Federhut dieser Art und soll im Folgenden beschrieben, kulturell zugeordnet, relativchronologisch datiert und in seiner Funktion gedeutet werden.

Beschreibung des Kopfschmucks: Form, Materialien, Motive

Der Federhut (M 32205; Außendurchmesser: 32 cm; Innendurchmesser: 16 cm; Höhe: 20 cm) der Altamerika-Sammlung des Linden-Museums ist von bi-konvexer Form. Eine Abdeckung fehlt. Der Kopfschmuck ähnelt sehr einem breiten Reif, möglicherweise um an ihm weitere Ornamente aufzustecken. Federn verschiedener Farben (gelb, orange, türkisblau, schwarz) und von unterschiedlichen Vögeln (Papageien, Tanagers) sind auf einem groben Gewebe aufgebracht. Die Federn wurden über ein weitreichendes überregionales Handelsnetz importiert. Das Hauptmotiv, nur eins an der Zahl, besteht aus einem Quader mit vier Punkten. Es wird in nicht geschlossenen Reihen, im Folgenden als „lose Formation" bezeichnet, wiederholt. Dabei wird es dreifach farblich variiert: Orangene Punkte auf schwarzem Hintergrund, türkisfarbene Punkte auf orangenem Hintergrund und orangene Punkte auf türkisfarbenem Hintergrund. Diese Abfolge wiederholt sich mehrfach in einer Reihe. Drei Reihen mit jeweils vesetzten Farbvariationen des Würfelmotivs umziehen das Rund.

Relative Chronologie, kulturelle Zuordnung

Anhand von Form und Motiven kann der Federhut in die Zeit zwischen dem Ende der Frühen Zwischenperiode und dem mittleren Mittleren Horizont datiert werden (ca. 500-900 n. Chr.). Bi-konvexe Kopfbedeckungen lassen sich für mehrere altperuanische Kulturen nachweisen. Daher ist eine genaue Zuordnung zu einer bestimmten Region schwer. Interessanterweise zeigen Abbildungen der späten Moche- und Nasca-Kultur hochrangige Männer mit bi-konvexem Kopfschmuck. Heidi King (persönliche Kommunikation) verweist zu Recht auf die Ähnlichkeit zu einer Vasenmalerei der Phase IV[1], die deutlich einen hochrangigen Krieger mit diesem Kopfschmucktyp zeigt.[2] Auch zeigen Vasenmalereien der Phase Moche V mit dem Thema Tanz und Krieg Würdenträger mit bi-konvexen Kopfbedeckungen.[3] In Nasca sind es stets hochrangige Männer, manchmal mythisch überhöht dargestellt (Abb. 3), die einen solchen Kopfschmuck tragen.[4]

6

7

8

Abb. 6 *Gesicht eines mythischen Wesens (Strahlengesicht) auf einer Plattform ruhend, die mit Zwei-Punkt-Motiven bedeckt ist. Robles-Moqo-Stil. Mittlerer Horizont 1B. MNAAH-Lima.*

Abb. 7 *Figurengefäß mit der Darstellung eines Mannes mit Hemd, das mit Zwei-Ring-Motiven geschmückt ist. Mittlerer Horizont 2A. MNAAH-Lima.*

Abb. 8 *Diagonales Doppelmotiv mit vier Punkten, das den Gürtel eines geflügelten Wesens schmückt. Muschelplakette mit Einlagen aus Gold, Lapislazuli, Türkis und Muscheln. Mittlerer Horizont 2.*

Abb. 9 *Detailansicht zu Abbildung 8.*

Abb. 10 *Vierfach perforierte Metall-plättchen auf dem Helm eines Moche-Kriegers. Steigbügelgefäß. Moche IV. MLH–Lima.*

Abb. 11a *Doppelt perforierte (gelbe) Metallplättchen auf dem Helm eines Wari-Kriegers (Kopftrophäe).*

Abb. 11b *Ausschnitt. Flasche in Form einer Spondylus-Muschel. Viñaque A–Stil. MPM.*

Abb. 12 *Kreis- und Punkt-Motive, Sterne darstellend. Motive auf einem Becher der Tiwanaku-Kultur. Tiwan-aku IV.*

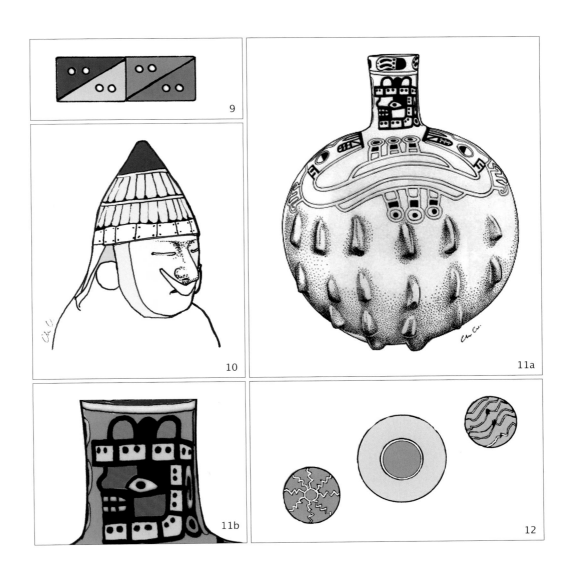

Häufiger als in den Küstengesellschaften tritt dieser Kopfschmucktyp jedoch in den Kulturen von Tiwanaku und Wari auf. Figurinen aus Türkis und Silber vom Fundort Pikillaqta, Ayacucho, einem bedeutenden Verwaltungszentrum des Wari-Reichs, zeigen Würdenträger mit demselben Kopfschmuck (Abb. 2). Auch eine große Anzahl der Kopfvasen der Tiwanaku-Kultur zeigt Portraits von hochrangigen Männern, die einen solchen Kopfschmuck tragen (Abb. 4). Patricia Knobloch (2008) diskutiert diesen Kopfschmucktyp im Kontext mit den Pikillaqta-Figurinen in ihrer Datenbank. Ihr zufolge stellen die Statuetten Männer der Tiwanaku-Region dar.[5]

Tragemodus

Sowohl die Vasenmalereien der späten Moche-Kultur als auch die Figurengefäße von Nasca und die Wari-Figurinen und Portraitgefäße von Tiwanaku veranschaulichen gut, wie der Kopfschmuck getragen wurde. Demnach saß der Kopfschmuck auf einer relativ kleinen Fläche des Oberkopfes auf und wurde nicht weit in das Gesicht hineingezogen. Es ist anzunehmen, dass ein Band, unter dem Kinn gebunden, oder eventuell Haarnadeln den notwenigen Halt gaben (Abb. 2).

Das Hauptmotiv und seine Verbreitung

Das Würfelmotiv mit vier Punkten ist sowohl in den Küsten – wie auch Hochlandgesellschaften relativ selten. Die Häufigkeit anderer mit ihm verwandter Motive verweist aber auf einen Ursprung in den Hochlandstaaten. Alle jene Motive vereint, dass sie aus einem Quadrat oder Rechteck mit einer zumeist geraden Anzahl von Punkten (oder Ringen) bestehen. Ein Wari-Figurengefäß des Denver Art Museums, von der Südküste stammend, zeigt einen hochrangigen Mann mit Reif oder runder Kappe, der als zentrales Motiv das Vier-Punkt-Würfelmotiv in Verbindung mit zwei Kopftrophäen aufweist (Abb. 5).
Ein Becher (keru) der Wari-Kultur (Robles Moqo-Stil), ebenfalls von der Südküste, zeigt das im Vollrelief gehaltene Gesicht eines mythischen Wesens in Frontalansicht[6], das auf einer Stufenplattform ruht. Diese ist mit Würfelmotiven bedeckt, die zwei anstatt vier Punkte zeigen (Abb. 6).[7] Mit dem Vier-Punkt-Motiv des Stuttgarter Kopfschmucks verwandt dürften weiterhin ein Zwei-Ring-Motiv auf einem Figurengefäß im Robles-Moqo-Stil[8] und ein diagonales Doppelmotiv mit vier Punkten sein, das unter anderem den Gürtel eines geflügelten Wesens mit Bola und Axt auf einer Plakette schmückt, die ursprünglich Teil eines Radkragens war (Abb. 7 und 8).

[6] Ein oft als Strahlengesicht („Rayed Face") benanntes Gesicht (Young-Sanchez 2004).

[7] Siehe auch Becher (keru) aus dem Fundort Pachacamac in Antonio Lavalle (1984), S. 126.

[8] Mehrere dieser Gefäße stammen aus einem Opferdepot an der Südküste. Sie wurden zerschlagen (rituelle Tötung) und anschließend begraben.

[9] Arellano & Grube (1998), S. 27–58.

[10] Clados (2007), S. 71–106.

Analyse und Interpretation des Hauptmotivs

Das Würfelmotiv des Stuttgarter Kopfschmucks entstammt einer Periode in den Zentralanden, die, stark vereinfacht gesagt, durch zwei verschiedene Formen der Apperzeption und Repräsentation geprägt ist. Diese sind weniger zueinander entgegengesetzt als vielmehr einander bedingend zu sehen. Die eine Form strebt tendenziell danach, ihr natürliches Vorbild abzubilden. Die andere dagegen strebt tendenziell danach, die Form des natürlichen Vorbilds zu kodieren und in gewissem Sinne zu abstrahieren. Das Vier-Punkt-Würfelmotiv kann dementsprechend, entweder einer dieser beiden Formen der Repräsentation (oder auch beiden folgend), zweifach interpretiert werden.

Interpretation 1

Viele Vasenmalereien der Moche-Kultur und Figurengefäße der Wari-Kultur zeigen Männer mit Hemden und Helmen, die völlig mit Edelmetallplättchen bedeckt sind. Das einzelne Plättchen ist dabei als Quadrat mit zwei, in manchen Fällen mit vier Punkten (oder auch nur einem Punkt) wiedergegeben und besitzt eine starke Ähnlichkeit zum Würfelmotiv des Stuttgarter Kopfschmucks (Abb. 9 und 10). Noch erhaltene Textilien mit ähnlichem Besatz zeigen, dass mit den Punkten Perforierungen wiedergegeben sind, die dazu dienten, das Plättchen auf das Textil aufzunähen. Setzt man voraus, dass das Würfelmotiv der erstgenannten Repräsentationsform angehört und ein Motiv ist, das versucht, sein natürliches Vorbild abzubilden, ist davon auszugehen, dass es starke Ähnlichkeit mit seinem realen Vorbild besitzt. Eine Deutung als Metallplättchen scheint in diesem Fall plausibel. Diese Interpretation wird durch die Tatsache gestützt, dass das Würfelmotiv ein Motiv auf einem Kleidungsstück ist und quasi den metallenen Besatz imitieren möchte.

Interpretation 2

Der Hochlandstaat von Wari bringt in der ersten Hälfte des Mittleren Horizonts (550-1000 n. Chr.) eine Reihe von Motiven hervor, die gewisse Merkmale mit inkaischen Tocapus teilen, so wie sie einst von Rowe (1979) definiert wurden. Der hohe Abstraktionsgrad und die Standardisierung von Tocapus lassen ein kompliziertes Notationssystem vermuten, dessen Kode sich von dem altweltlicher Zeichensysteme unterscheidet. Bereits 1998 wird auf eine mögliche Existenz von Tocapus im Mittleren Horizont verwiesen.[9] Figurengefäße und Metallornamente belegen die Existenz von Tocapus spätestens seit dem Mittleren Horizont.[10]

Im Wesentlichen handelt es sich bei Tocapus um viereckige Motive, die sich in weitere abstrahiert-geometrische Formen unterteilen. Ein weiteres wichtiges Merkmal von Tocapus besteht in der Anordnung in Reihen und, ebenfalls entscheidend, in der Farbvariation ein und desselben Zeichens. Hinzu tritt außerdem eine systematische Wiederholung einer bestimmten Farbvariation des Motivs in regelmäßigen Abständen. Die Motive auf dem Stuttgarter Kopfschmuck erfüllen alle fünf genannten Kriterien. Sie sind von quadratischer Form, mit einem geometrischen Vier-Punkt-Motiv gefüllt und in Reihen angeordnet. Ein Motiv wird farblich dreifach variiert und erscheint in regelmäßigen Abständen. Da anzunehmen ist, dass das Vier-Punkt-Motiv stark abstrahiert ist, ist nach einem realen Vorbild zu suchen, das in seiner Darstellung stark kodiert wurde. Ein solches Kriterium erfüllen Kreis- und Punkt-Motive der Tiwanaku-Kultur, die von Bedoya (2008) als vereinfachte Darstellungen von Sternen identifiziert wurden. Sie bestehen in der Regel aus Kreis-Punkt-Motiven, oder auch aus Kreisen, die wiederum mit Kreisen mit Strahlen gefüllt sind (Abb. 12).

Punkte und Kreise sind in der Kultur von Tiwanaku und Wari ein wesentliches Merkmal der „Anatomie" von Sternen. Auch zeichnet sich ihre Darstellung durch Symmetrie aus. Eine elaborierte Form von Sterndarstellungen besteht aus einem Ring mit vier Strahlen, die durch weitere Ringe begrenzt werden (Abb. 4). Dieses Motiv ist mit den als „Rayed Faces" (Strahlengesichter) benannten Motiven verwandt, die von Young-Sanchez (2004) als Himmelskörper identifiziert wurden und deren Strahlen unter anderem ebenfalls in Ringen enden. Anstelle des Rings in der Mitte des Motivs kann ein griechisches Kreuz treten, dessen Arme in vier Punkten enden, wie dies auf einer Vasenmalerei zu sehen ist, die sehr wahrscheinlich eine Klapperschlange in der Nacht umgeben von Sternen zeigt (Abb. 13).

Immer wieder sind Punkte ein wesentliches Merkmal von Sternen oder sind symmetrisch um diese angeordnet, wie dies auch auf einem Becher (keru) der Tiwanaku-Kultur zu sehen ist (Abb. 14). Geht man davon aus, dass es sich bei dem Vier-Punkt-Würfelmotiv des Stuttgarter Kopfschmucks um das zentrale, stark abstrahierte Motiv eines Tocapus handelt, so scheint eine Interpretation der Punkte als vereinfachte Sterne plausibel. Dies wird durch die symmetrische Anordung der Punkte, ein häufiges Merkmal von Sterndarstellungen, unterstützt.

[11] Menzel (1968).

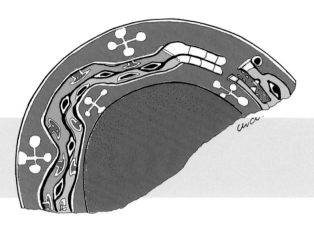

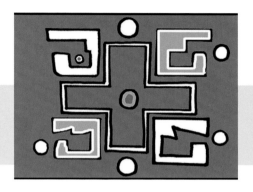

Abb. 13 *Klapperschlange, umgeben von Sternen. Tiwanaku IV. MMP–La Paz.*

Abb. 14 *Griechisches Kreuz, das, umgeben von gestuften Voluten und Punkten, einen Stern darstellt. Vasenmalerei auf einem Becher. Tiwanaku IV. MMP–La Paz.*

Abb. 15 *Panflötenspieler mit Hemd, das mit Tocapus in „loser Formation" geschmückt ist. Chakipampa-Stil. PM.*

Tocapus in „loser Formation"

Obgleich zumeist geschlossene Reihen bildend, gibt es einige Beispiele von Tocapus, die in „loser Formation", das heißt in nicht geschlossenen Reihen auftreten. Ein Figurengefäß im Chakipampa-Stil des Peabody-Museums zeigt einen Panflötenspieler mit einem Hemd, das mit einem als fleur-de-lys[11] benannten Motiv und Tocapus geschmückt ist. Die Tocapus, obgleich mit einer unregelmäßigen Anzahl von Punkten gefüllt und durch eine diagonale Linie getrennt, zeigen nicht nur eine starke Ähnlichkeit zu denen des Stuttgarter Kopfschmucks, sondern sind darüber hinaus noch in derselben Weise angeordnet. Wie die Tocapus auf dem Kopfschmuck des Linden-Museums bilden sie zwar Reihen, doch sind diese nicht geschlossen. Ferner wird ein und dasselbe Tocapuzeichen farblich mehrfach variiert (Abb. 15).

Zusammenfassung

Kopfbedeckungen wie der Federhut der Altamerika-Sammlung des Linden-Museums, Stuttgart, können in Darstellungen sowohl der Nordküste als auch der Südküste und des Hochlands nachgewiesen werden. Auffallend ist jedoch, dass der Kopfschmucktyp erst in einer späten Phase der Moche- als auch der Nasca-Kultur auftritt, was in beiden Fällen als das Resultat eines äußeren Einflusses, in diesem Fall der wachsende Einfluss des Wari-Staates, gewertet werden kann. Relativchronologisch kann der Kopfschmuck sehr wahrscheinlich in die Phase Mittlerer Horizont 2A datiert werden. Er ist mit einem Motiv geschmückt, das, je nachdem, ob eine genaue Wiedergabe des realen Vorbilds oder eine abstrahierte Wiedergabe dessen angestrebt wurde, als Metallplättchen oder Tocapu gedeutet werden kann. Bedenkt man jedoch, dass Metallplättchen in Malereien niemals farblich variiert werden und sich bestimmte Farbvariationen auch nicht in regelmäßigen Abständen wiederholen, scheint eine Interpretation des Motives als Tokapu sehr wahrscheinlich. Dabei kann das Vier-Punkt-Motiv des Tocapus vermutlich als die vereinfachte Darstellung von vier Sternen gedeutet werden. Diese Vermutung wird durch die Beobachtung gestützt, dass Sterndarstellungen auf Kopfbedeckungen dieser Art in den Kulturen von Wari und Tiwanku sehr häufig sind (Abb. 4).

Der Stuttgarter Kopfschmuck könnte ursprünglich Teil eines Mumienbündels gewesen sein. Mumienbündel mit Federn bedeckten Mumienmasken und Kopfbedeckungen der Wari-Kultur haben sich in großer Zahl erhalten und stammen mehrheitlich von der peruanischen Südküste. Für eine Verortung an die Südküste spräche auch der gute Erhaltungszustand der Federarbeit. Der Kopfschmuck war einstmals Teil der Kleidung eines hochrangigen Mannes. Möglicherweise wurde er bereits zu Lebzeiten getragen. Die ihn schmückenden Motive, Tocapus in „loser Formation", waren weithin sichtbar und zeigten den Rang und die gesellschaftliche Funktion seines Trägers an. Viele Kopfvasen der Tiwanaku-Kultur stellen Würdenträger mit formidentischen Kopfbedeckungen dar, die mit kodierten Darstellungen von Himmelskörpern geschmückt sind. Sie verweisen wie auch der Kopfschmuck der Altamerika-Sammlung des Linden-Museum auf das Amt oder die göttliche Herkunft des Würdenträgers, das vermutlich in enger Beziehung zu Sternen und anderen Himmelskörpern stand.

Acknowledgements

I wish to express my gratitude to the following people for professional advice: Doris Kurella, Linden-Museum, Stuttgart; Heidi King, Metropolitan Museum, New York; Patricia Knobloch, Institute of Andean Studies, Berkeley and Gary Urton, Peabody Museum of Archaeology and Ethnology, Cambridge, Massachusetts. My special thanks go to Carolyn Freiwald, UW-Madison, who edited the abstract.

Abbildungsnachweis

Alle Zeichnungen stammen von Christiane Clados, soweit nicht anders vermerkt.

Abb. 1:   Linden-Museum, Stuttgart.
Abb. 2:   Milwaukee Public Museum, Wisconsin.
Abb. 3:   Museo Nacional de Antropología, Arqueología E Historia, Lima.
Abb. 4:   Museo de Metales Preciosos, La Paz.
Abb. 5:   Denver Art Museum, Colorado.
Abb. 6:   Museo Nacional de Antropología, Arqueología E Historia, Lima.
Abb. 7:   Museo Nacional de Antropología, Arqueología E Historia, Lima.
Abb. 8:   Nach Lavalle (1984), S. 175.
Abb. 9:   Museo Larco Herrera, Lima.
Abb. 10: Milwaukee Public Museum, Wisconsin.
Fig. 11: Nach Bedoya 2008.
Fig. 12: Museo de Metales Preciosos, La Paz.
Fig. 13: Museo de Metales Preciosos, La Paz.
Fig. 14: Peabody Museum of Archaeology and Ethnology, Cambridge.

Datenbanken zu den Kulturen von Nasca, Wari und Tiwanaku

Clados, Christiane (2009), FAMSI Nasca Drawings Collection

http://www.famsi.org/research/nasca/index.html

http://research.famsi.org/nazca/nazca_list.php?rowstart=0&_allSearch=&clnum=

Knobloch, Patricia (2008), Who was Who? In the Middle Horizon.

http://images.google.com/imgres?imgurl=http://www-rohan.sdsu.edu/~bharley/images/ArtisansoftheRealm-Fig18.jpg&imgrefurl=http://www-rohan.sdsu.edu/~bharley/ArtisansoftheRealm.html&usg=__zDADrYxWySruk4i9ZGQNFI1vU-o=&h=563&w=750&sz=128&hl=en&start=9&itbs=1&tbnid=gCBGoyeYmc15pM:&tbnh=106&tbnw=141&prev=/images%3Fq%3DTiwanaku%2Bpottery%2BLa%2BPaz%26hl%3Den%26sa%3DG%26gbv%3D2%26tbs%3Disch:1

Literaturverzeichnis

Arellano Hoffmann, Carmen & Nikolai Grube (1998), Schrift und Schriftlichkeit in Meso-amerika und im Andengebiet: Ein Vergleich, in: Carmen Arellano Hoffmann & Peer Schmidt (Hg.), Die Bücher der Maya, Mixteken und Azteken: Die Schrift und ihre Funktion in vor-spanischen und kolonialen Codices, Frankfurt am Main: Vervuert, S. 27-58.

Bedoya, Méncias Javier A. (2008), Del cielo a la Arcilla: Una aproximación a la representación de fenómenos astronómicos en la cerámica votiva de Pariti, in: Chachapuma: Revista de Arqueología Boliviana 3, S. 37-49.

Clados, Christiane (2007), Neue Erkenntnisse zum Tocapu-Symbolsystem am Beispiel eines Männerhemdes der Inkazeit in der Altamerika-Sammlung des Linden-Museums = A Key Checkerboard Pattern Tunic of the Linden-Museum Stuttgart : First Steps in Breaking the Tocapu Code?, in: Tribus 56, S. 71-106.

Donnan, Christopher B. (1999), Moche Fineline
Painting, Los Angeles: University of California.

Lavalle, Antonio (1984), Arte y Tesoros del
Peru: Huari, Lima: Banco Central de Reserva.

Menzel, Dorothy (1968), New Data on the
Huari Empire in Middle Horizon Epoch 2A,
in: Nawpa Pacha 6, S. 47-114.

Rowe, John H. (1979), Standardization in
Inca tapestry tunics, in: Ann Pollard Rowe,
Elizabeth Benson & Anne-Louise Schaffer
(Hg.), The Junius B. Bird Pre-Columbian Textile
Conference, Washington, D.C.: Textile Museum
und Dumbarton Oaks, S. 239-264.

Young-Sanchez, Margaret (2004), Tiwanaku:
Ancestors of the Inca, Denver Colo [u. a.]:
Denver Art Museum [u. a.].

SUSANNE FALLER

DEVATĀS AUS HIMACHAL PRADESH
NORDINDISCHE METALLARBEITEN IM
LINDEN-MUSEUM STUTTGART

Abstract

Devatās of Himachal Pradesh
North Indian Metal Works in the Linden-Museum Stuttgart

The Linden-Museum Stuttgart owns a very impressive collection of masks of Himachal Pradesh. These are called *devatās* or *mohrās*. The *mohrās* are normally fixed in groups upon a palanquin *(ratha)* and are kept in their own shrines. For certain festivals they are carried across the mountains and bow to each other on the *maidān* (place for festivals). The *mohrās* of the Linden-Museum can be identified as Śiva, Devī and a snake-deity *(nāga)*. One of the masks could be regarded as Narasiṃha. Exceptional is a votive plaque of the *trimūrti* Brahmā, Viṣṇu and Śiva. Viṣṇus mace is here interpreted as a spear which is typical for the region south of the Sutlej. Very unusual is the lion throne *(siṃhāsana)* Viṣṇu is placed on. This is most likely a local syncretism as the lion is a symbol of a sovereign and the Śākya clan into which the Buddha was born. In the Western Himalayas we can find Buddha Śākyamuni, Mañjuśrī, Tathāgata Vairocana and even Gaṇeśa seated on a lion throne.
Also the peacocks might represent the symbolic animals of the Tathāgata Amitābha since Vajrayāna Buddhism is practised in the surrounding areas.

Mohrās – Göttermasken

Das Linden-Museum Stuttgart verfügt über einige sehr eindrucksvolle Metallmasken aus dem Westhimalaya. Bezeichnet werden diese im Hindi als *devatā* (Gottheit) oder *mohrā* (Maske). Eigentlich handelt es sich dabei gar nicht um Masken, denn die *mohrās* verfügen nicht über Öffnungen für Mund und Augen und sind mit einer Höhe von 5 bis 30 cm auch meist zu klein, um als Gesichtsmasken dienen zu können. Vielleicht wäre es deshalb richtiger, von kleinen „Büsten" zu sprechen. Die *mohrās* repräsentieren Gottheiten – meist Śiva, Devī und *nāgas* – oder lokale vergöttlichte Heroen. Sie werden gruppenweise auf Sänften *(ratha, ramanang)* aufgetürmt, mit Brokatseide, Wollfäden und Blumen geschmückt und von einem Schirm überdacht (Abb. 1). Auf einem *ratha* befinden sich nur die Manifestationen einer Gottheit und die älteste Maske nimmt auf dem pyramidenförmigen Aufbau meist die höchste Position ein. Verehrt werden sie in Schreinen im Kulu-Tal und im hinduistischen Teil des Sutlej-Tals im indischen Bundesstaat Himachal

Pradesh. Zu bestimmten Festlichkeiten wie zum Beispiel Dussehra oder Śivarātri werden die *mohrās* auf den Sänften in Begleitung von Musikern und Sängern über die Berge getragen. Auf dem Festplatz *(maidān)* angekommen, treffen sich unzählige solcher *rathas*. Sie werden von ihren Trägern zunächst in den Tempel gebracht, um die lokalen Gottheiten zu verehren und dann werden die Sänften einander zugeneigt – die *mohrās* „verneigen" sich voreinander.

Die Masken sind entweder aus Bronze gegossen oder in Messing, Silber oder Goldblech getrieben, wobei die gegossenen Masken meist älteren Datums sind.[1]

Die älteste Maske des Linden-Museums stellt Śiva dar. Es handelt sich um einen Gelbguss, vermutlich aus dem mittleren Sutlej Tal, der ungefähr auf das 12. Jahrhundert zu datieren ist (Abb. 2). Die Maske zeigt zentralasiatische Einflüsse aus Gilgit und Afghanistan, die ab dem späten 8. Jahrhundert in Himachal Pradesh nachzuweisen sind. Ein Merkmal hierfür sind unter anderem die Rosetten über den Ohren. Beachtenswert ist auch die für Himachal Pradesh typische Rosette im Zentrum der Krone. Zu erkennen ist Śiva an seinem dritten Auge auf der Stirn und der Mondsichel am linken oberen Kronenrand.[2]

Eine zweite ältere, aus Bronze gegossene Maske (vermutlich aus dem 15. Jahrhundert) zeigt eine Schlangengottheit (Abb. 3). Viele *mohrās* können mit Schlangenverehrung in Verbindung gebracht werden. Häufig sind auf der Brust der Maske eine oder mehrere Schlangen *(nāgas)* abgebildet.[3] Die *nāgas* werden in Himachal Pradesh mit Fruchtbarkeit und Wasser assoziiert. Man glaubt, dass sie in den Seen hoch oben auf den Almen wohnen. Sie spenden Regen und müssen deshalb durch Tieropfer günstig gestimmt werden.[4] Auch mit der Erde und mit den Toten werden sie in Beziehung gesetzt.[5] Es existiert die Vorstellung, dass sich *nāgas* in *mohrās* verwandeln können und man überall mit diesen auf den Feldern und in Gewässern rechnen muss.[6] *Mohrās* mit *nāga*-Darstellungen werden auch zum Schutz der Häuser über Eingangstüren angebracht.[7]

Eine zweite mit Schlangen versehene Gelbguss-Maske erscheint rätselhaft (Abb. 4). Auffallend sind das eindrucksvolle Gebiss und die Barthaare, das ausladende Kinn und die große Nase, die wohl einen Schlag abbekommen hat. Auch die Opferschnur, die sich von rechts oben nach links unten über die Maske zieht, ist ungewöhnlich. Es könnte sich bei dieser „Fratze" um eine Darstellung Narasiṃhas handeln oder um einen Löwen, der mit diesem in Verbindung gebracht wird. Die Viṣṇu-Inkarnation Narasiṃha wird in Himachal Pradesh sehr verehrt und auch gelegentlich auf *mohrās* abgebildet.[8]

[1] Postel [u. a.] (1985), S. 5–6, 179–184; Weihreter (2001), S. 140–141.

[2] Postel [u. a.] (1985), S. 188, 189, Abb. 292.

[3] Postel [u. a.] (1985), S. 181, 191, 207, 214, 215.

[4] Van Ham (2009), S. 48, 55; Handa (2004), S. 113.

[5] Postel [u. a.] (1985), S. 181.

[6] Handa (2004), S. 163, 178, 179.

[7] Postel [u. a.] (1985), S. 51, Abb. 58; Weihreter (2001), S. 187, Abb. 182; van Ham (2009), S. 54.

[8] Postel [u. a.] (1985), S. 96, Abb. 113, S. 119, Abb. 154, S. 174, Abb. 271, S. 232, 234, Abb. 379, 380.

Abb. 1 *Mohrās auf einem ratha aufgebaut. Foto: H. Weihreter, in: van Ham (2009: 49).*

Abb. 2 *Mohrā Śiva. Gelbguss.
H 31 cm. Vermutlich mittleres Sutlej-
Tal, Himachal Pradesh, Indien, ca. 12.
Jahrhundert. Inventarnr. SA 33908 b L.
Foto: U. Didoni.*

Abb. 3 *Mohrā Nāga. Bronzeguss.
H 14,5 cm. Vermutlich Kulu-Tal,
Himachal Pradesh, Indien,
ca. 15. Jahrhundert. Inventarnr.
SA 00372 L. Foto: A. Dreyer.*

Abb. 4 *Mohrā Narasiṃha. Gelbguss.
H 14,2 cm. Vermutlich Kulu-Tal,
Himachal Pradesh, Indien, ca. 20.
Jahrhundert. Inventarnr. SA 38726 L.
Foto: A. Dreyer.*

Abb. 5 *Mohrā Devī. Blech, getrieben,
vergoldet. H 19,5 cm. Vermutlich
Kulu-Tal, Himachal Pradesh, Indien,
ca. 20. Jahrhundert. Inventarnr.
SA 00373 L. Foto: A. Dreyer.*

Abb. 6 *Votivplakette Trimūrti.
Messingblech, getrieben. H 34,5 cm.
Himachal Pradesh, Indien, ca. 18.
Jahrhundert. Inventarnr. SA 38724 L,
Foto: A. Dreyer.*

Abb. 7 *Buddha als das „Große Wesen"
(Mahāpuruṣa) in herrscherähnlicher
Pose auf dem Löwenthron. Rötlicher
Sandstein. H 54 cm. Mathura, Indien,
2. Jahrhundert. Inventarnr. SA 35714
L. Foto: A. Dreyer.*

Abb. 8 *Bodhisattva Mañjuśrī auf dem
Löwenthron, Malerei im gSum-brtegs-
Tempel von Alchi, Ladakh, Indien, um
1200. Foto: M. Henss, in: van Ham
(2009: 104, 105).*

Abb. 9 *Tathāgata Vairocana auf dem
Löwenthron, Malerei im gSum-brtegs-
Tempel von Alchi, Ladakh, Indien, um
1200. Foto: M. Henss, in: van Ham
(2009: 17).*

[9] Hinweis von Hans Weihreter.

[10] Ähnliche Stilmerkmale finden sich im mittleren Sutlej–Tal und südlich des Sutlej (Postel [u. a.] 1985: 167, 168, 169, 233, Abb. 374).

[11] Weihreter (2006), S. 150; Weihreter (2001), S. 86, 87, Abb. 40, 41; van Ham (2009), S. 46.

[12] Postel [u. a.] (1985), S. 92, 115, Abb. 137, 143; Weihreter (2001), S. 83, Abb. 37, 40, 41, 166, 219.

[13] Postel [u. a.] (1985), S. 207, 227.

[14] Postel [u. a.] (1985), S. 100, Abb. 118, 119, S. 114, Abb. 142, S. 117, Abb. 147.

[15] Postel [u. a.] (1985), S. 91, 92, 129–136, 169, Abb. 258, S. 233, Abb. 374.

Komplettiert wird die *mohrā*-Sammlung des Linden-Museums durch die Darstellung einer weiblichen Gottheit (Devī). Diese ist an den Formen der Ohrgehänge und des Halsschmucks *(har)* als solche zu identifizieren (Abb. 5).[9]

Votivplakette Trimūrti

Äußerst bemerkenswert ist eine Votivplakette aus Himachal Pradesh (Abb. 6).[10] Solche Votivplaketten werden in Tempeln und in kleinen Dorfschreinen verehrt und sie weisen Ähnlichkeit auf mit den silbernen Treibarbeiten der Tore des Bhīma-Kālī-Tempels in Kinnaur.[11]

Die die Abbildung einrahmende Architektur zeigt rajputische Stilelemente, ein typisches Charakeristikum der Kunst Himachal Pradeshs.[12] Auch die Schnurrbärte der Figuren werden auf den Einfluss der Rajputen ab dem späten 15. Jahrhundert zurückgeführt.[13] Sehr ungewöhnlich ist die Darstellung der *trimūrti*, der hinduistischen Trinität. Auf der linken Seite ist der Schöpfergott Brahmā an seinen vier Häuptern zu erkennen. Die vier Köpfe weisen jeweils ein drittes Auge auf und werden von einer Krone geschmückt. In seinen vier Händen hält er vier Schriftstücke, vermutlich die vier Veden. Er trägt einen breiten Brustschmuck, Armreifen, einen ärmellosen Mantel und einen *dhotī*.

Am rechten Bildrand befindet sich Śiva. Sein drittes Auge, die Asketenflechten, das Asketengewand, die Schädelkette, die beiden Dreizacks, die Sanduhrtrommel, die Schlangen und das Wassergefäß zeichnen ihn aus. Sehr schön über seinem Haupt dargestellt ist die Herabkunft der Gaṅgā. Śiva fängt ihre Wassermassen in seinen Haaren auf und der Strom ergießt sich im Bogen über die Erde.

Die Figur in der Mitte erscheint jedoch rätselhaft. Man vermutet Viṣṇu, seine vier Arme und die Attribute in den beiden hinteren Händen deuten auf ihn hin. In seiner hinteren linken Hand hält er das Muschelhorn *(śaṅkha)*, das ihn auszeichnet. Das Objekt in seiner hinteren rechten Hand scheint auf den ersten Blick eine Lotosblüte *(padma)* zu sein. Man könnte es aber auch als Rad *(cakra)*, das zweite Erkennungsmerkmal Viṣṇus, deuten. In Himachal Pradesh wird das *cakra* Viṣṇus häufig als Rosette dargestellt.[14] Die Rosette stellt ein beliebtes Motiv in dieser Region dar und oft ist der Zierbogen mit einer solchen geschmückt.[15] Auch die Votivplakette des Linden-Museums zeigt einige Ornamente in Rosettenform und selbst der Brustschmuck und die Krone Viṣṇus weisen diese auf. Man könnte die Lotosblüte – oder ein Blatt einer Lotosblüte – in seiner rechten unteren Hand vermuten, so bliebe noch das Attribut in der linken unteren Hand zu klären, was nicht schwierig ist, da Viṣṇus Keule in Himachal Pradesh häufig zu einem Speer oder einem umgedrehten Dreizack verlängert wird.[16] Sehr ungewöhnlich jedoch ist der Thron (pīṭha), auf dem Viṣṇu steht. Zu erwarten wäre sein Reittier *(vāhana)* Garuḍa, auf dem er in Himachal Pradesh abgebildet wird,[17] Viṣṇus Podest ist hier aber ein doppelköpfiger Löwenthron.[18] Der Löwenthron *(siṃhāsana)* bildet den charakteristischen Sitz eines Herrschers, die ihn stützenden Löwen symbolisieren Kraft und Macht.[19] Dieses Symbol findet sich in Indien bereits in den Löwenkapitellen der Säulen des Kaisers Aśoka im 3. Jahrhundert v. Chr.[20] und auch der Sitz des Buddha Śākyamuni wird von Löwen getragen (Abb. 7).[21] Der Löwe repräsentiert das Geschlecht der Śākyas, aus dem der Buddha entstammt, so wird er häufig „Śākyasiṃha" – der „Löwe der Śākyas" – genannt.[22]

Auch im Westhimalaya werden der Buddha und Bodhisattvas auf dem Löwenthron dargestellt (Abb. 8).[23] Der Löwe ist das Symboltier des Tathāgatha Vairocana, einer Emanation des Ādibuddha im Vajrayāna-Buddhismus und Vairocanas Thron wird von zwei Löwen gestützt (Abb. 9).

In der Kunst der Region Kinnaur vermischen sich Darstellungen hinduistischer Gottheiten mit buddhistischen Symbolen, wie zum Beispiel auf den Silberplatten der Portale des Bhīma-Kālī-Tempels.[24] Vermutlich handelt es sich auch bei der Abbildung auf der Votivplakette des Linden-Museums um einen Synkretismus beider Religionen. Viṣṇu ist in Himachal Pradesh von großer Bedeutung,[25] so wird er hier – auf dem zentralen Thron und von einem Ehrenschirm *(chattra)* überdacht – besonders hervorgehoben,[26] wobei der Löwenthron der buddhistischen Symbolik entnommen wurde. Ein ganz ähnliches Bildnis findet sich auf einer getriebenen Silberplatte des Bhīma-Kālī-Tempels: Abgebildet ist Śiva zusammen mit Pārvatī und Gaṇeśa zwar auf dem korrekten *vāhana*, dem Stier Nandī, flankiert werden die Gottheiten jedoch von zwei Säulen mit Löwenkapitellen (Abb. 10). Auch Gaṇeśas Reittier, die Ratte, kann in Himachal Pradesh durch ein oder zwei Löwen ersetzt werden.[27] Ebenso wird Pārvatī von zwei Löwen begleitet.[28]

Erstaunlich sind auch die beiden Pfauen, die Brahmā und Viṣṇu tragen. Hier könnte es sich in Analogie zu den Löwen des Tathāgatha Vairocana um die Symboltiere des Tathāgata Amitābha handeln: Pfauen (Abb. 11).[29] Im Vajradhātu-Maṇḍala des Klosters Tabo im nahen Spiti, wo der tibetische Buddhismus vorherrscht, befindet sich der Tathāgata Vairocana *(vāhana* Löwe) auf dem zentralen Thron in der Mitte und die anderen vier Tathāgatas, darunter der Tathāgata Amitābha *(vāhana* Pfau), sind um ihn herum gruppiert.[30]

Schließlich sind noch Sonne und Mond (als Sichel und als Vollmond) zu erwähnen. Häufig werden sie im Westhimalaya zusammen abgebildet, wobei die Sonne für das männliche Prinzip steht und der Mond für das weibliche.[31]

[16] Postel [u. a.] (1985), S. 163, 167, 168, Abb. 254, 255, 256.

[17] Postel [u. a.] (1985), Abb. 138, 142, 144, 238, 239, 254, 255, 256, 259.

[18] Die Form des Löwenthrons ähnelt der Darstellungsweise Garuḍas in Himachal Pradesh. Er wird hier mit weit ausgespreizten Flügeln abgebildet (Postel [u. a.] 1985: 167, 168, Abb. 255, 257).

[19] Asthana [u. a.] (1992), S. 199; Weihreter (2001), S. 93.

[20] Kreisel (1987), S. 26, Abb. 23; Luczanits [u. a.] (2008), S. 200, Abb. 114: Verehrung eines Stūpa, der von vier mit Löwenkapitellen versehenen Säulen umgeben ist.

[21] Huntington (2001), S. 150, 152, 153, Abb. 8.29, 8.31, 8.32; Kreisel (1987), S. 36–38, Abb. 36.

[22] Huntington (2001), S. 151.

[23] Postel [u. a.] (1985), S. 86, 87, Abb. 103; Klimburg–Salter (1997), S. 213; van Ham (2009), S. 90; Weihreter (2001), S. 212, Abb. 243.

[24] Weihreter (2001), S. 86, 87; van Ham (1999), S. 39; van Ham (2009), S. 46.

[25] Postel [u. a.] (1985), S. 90, 130–132.

[26] Der Ehrenschirm *(chattra)* unterstreicht die Bedeutung der dargestellten Gottheit (Huntington 2001: 152) und auch die *mohrās* auf einem *ratha* werden von einem Schirm überdacht (Postel [u. a.] (1985), S. 6, 7, 10; Weihreter (2001), S. 147, 255, Abb. 318.

[27] Postel [u. a.] (1985), S. 92, 96, Abb. 112; S. 102, Abb. 122.

[28] Asthana [u. a.] (1992), S. 198, 199: Eine Darstellung aus Uttar Pradesh.

[29] Van Ham (2009), S. 204, 205.

[30] Van Ham (1997), S. 43–46; Klimburg-Salter (1997), S. 95–108.

[31] Van Ham (2009), S. 64, 179, 196, 202; Weihreter (2001), S. 200, Abb. 213; Postel [u. a.] (1985), S. 87, 168, Abb. 256.

Abb. 10 *Śiva umrahmt von zwei Löwen, getriebene Silberplatte am „Priester-Tor" des Bhīma-Kālī-Tempels in Kinnaur in Himachal Pradesh, Indien, 1927. Foto: P. van Ham, in: van Ham und Stirn (1999: 39).*

Die beschriebenen Objekte werden in der Sonderausstellung des Linden-Museums „Indiens Tibet – Tibets Indien. Das kulturelle Vermächtnis des Westhimalaya" vom 23. Oktober 2010 bis zum 01. Mai 2011 zu sehen sein.

Zusammenfassend kann gesagt werden, dass diese Votivplakette ein sehr schönes Beispiel bietet für die Verschmelzung der verschiedenen Religionen und Kunststile, die ihren Einfluss auf den Westhimalaya ausübten.

Literaturverzeichnis

Asthana, Shashi P. [u. a.] (1992), Palast der Götter: 1500 Jahre Kunst aus Indien, Haus der Kulturen der Welt, Berlin: Staatliche Museen zu Berlin – Preußischer Kulturbesitz.

Ham, Peter van & Aglaja Stirn (1997), Vergessene Götter Tibets: Wiederentdeckung buddhistischer Klosterkunst im Westhimalaya, Stuttgart, Zürich: Belser Verlag.

Ham, Peter van & Aglaja Stirn(1999), Buddhas Bergwüste: Tibets geheimes Erbe im Himalaya, Graz: Akademische Druck- und Verlagsanstalt.

Ham, Peter van (2009), Indiens Tibet – Tibets Indien. München: Hirmer-Verlag.

Handa, O. C. (2004), Naga Cults and Traditions in the Western Himalaya. New Delhi: Indus Publishing Company.

Huntington, Susan C. (2001), The Art of Ancient India: Buddhist, Hindu, Jain, Boston: Shambhala Publications.

Klimburg-Salter, Deborah E. (1997), Tabo. A Lamp for the Kingdom. Early Indo-Tibetan Buddhist Art in the Western Himalaya. Milan: Skira Editore.

Kreisel, Gerd (1987), Linden-Museum Stuttgart, Südasien-Abteilung. Stuttgart.

Luczanits [u. a.] (2008), Gandhara – Das buddhistische Erbe Pakistans. Legenden, Klöster und Paradiese. Kunst- und Ausstellungshalle der Bundesrepublik Deutschland, Mainz: Verlag Philipp von Zabern.

Postel, M., A. Neven & K. Mankodi (1985), Antiquities of Himachal, Bombay.

Weihreter, Hans (2001), Westhimalaya. Am Rand der bewohnbaren Erde. Graz: Akademische Druck- und Verlagsanstalt.

Weihreter, Hans (2006), Kavachha – Die Amulette der Hindus Indiens. Augsburg.

Abb. 11 *Tathāgata Amitābha auf dem Pfauenthron, Malerei im gSumbrtegs-Tempel von Alchi, Ladakh, Indien, um 1200. Foto: M. Henss, in: van Ham (2009: 205).*

ADALBERT J. GAIL

STRUCTURE AND DECOR –
THE DEVELOPMENT OF THE SERPENT MOTIF
IN ORISSA SACRED ARCHITECTURE

Abstract

From Nepal's omnipresent Viṣṇu reclined on the coils of Śeṣa, who represents the primeval waters, down to Sri Lanka's beautiful nāga stelae and Nāgarājas, that are the foremost guardstones of Buddhist Stūpas (dagoba), the serpent motif is of utmost importance in the whole South Asian realm.

Nowhere, however, more impressive than in Orissa the nāga motif forms a structural type of embellishment of both Hindu temples and Buddhist monasteries. More often than not it appears in the vertical recesses of walls. Earlier, the nāgas and nāgīs, each encircling his or her respective pilaster, erect their anthropomorphic busts on the lower parts of the shafts, while their tails elegantly climb upwards (exempli gratia Mukteśvara). Later, their movement is turned, caused by aesthetic reasons, as it seems (exempli gratia Rājrāṇī).

The finest blossom of nāga decor is represented by the great sun temple of Koṇārka. The nāgas now form erotic couples, entwined, each pair encircling only one pilaster. Finally even the amount of Nāgas on one pilaster is enlarged up to six creatures, anthropomorphic and zoomorphic shapes artistically mixed.

The Greek historian Strabo reports observations on serpents made by Nearchos, admiral of Alexander the Great, during his campaign in India. He expresses his surprise at the multitude and malignancy of the tribe of reptiles. During monsoon floods and inundations snakes creep out of their holes and appear in the houses of the people who try to escape. Even if many snakes (Sanskrit: nāga) suffer death from the waters, since water is not their natural habitat, they are said to have been connected with the element of water in India in reports from Alexander's time (4th century BC) to our own.

The worship of serpents was a ubiquitous phenomenon in Ancient India. To some extent, this type of worship exists even today, in particular on the part of women who are longing for offspring.

One of the most informative and brilliant books on the matter is J. Ph. Vogel's "Indian Serpent-Lore", published in London 1926. The author, a Dutch professor of Sanskrit and Indian archaeology, collected the major testimonies of nāga worship in Sanskrit and Prakrit sources. In his introductory remarks he refers to other publications on the subject, in parts approving, sometimes rejecting their points of view. Highly praised is a contribution by Moritz Winternitz, professor of Sanskrit and renowned author of the "History of Indian Literature", originally published in German[1] in Prague. Vogel (1926: 6) writes: "Professor Moritz Winternitz, of Prague, likewise emphasizes the many-sided character of Indian snake-worship in the course of a very able and extensive article[2] which certainly may be regarded as the most important contribution to our knowledge of the subject".

"If we wish to explain serpent worship", Vogel points out, "we must start from the animal itself, which among a primitive population is so apt to be regarded as a demonic being endowed with magical power. The snake is unlike other animals, owing to its peculiar shape and its swift and mysterious gliding motion without the aid of either feet or wings. In addition to these most conspicuous properties the snake possesses other strange features such as the power of fascination of its eye, its forked tongue [...] and the periodical casting of its skin which is referred to in Vedic literature. The serpent is, indeed, the uncanniest of all animals. Above all things it is the deadly poison of certain snakes that causes the whole species to be looked upon as demoniacal beings which are to be dreaded and to be propitiated" (Vogel 1926: 7).

Indian literature, as Vogel demonstrates, is full of allusions to the nature and activity of snakes. The dictionary of synonyms Amarakośa contains no fewer than twenty-five synonyms for a snake (bhujaga, bhogin, uraga, etc.) which all refer to its peculiar way of moving. The snake's poison causing instantanious death was compared with the all-consuming fire in the end of a cosmic cycle. The curious way in which the snake protrudes its tongue as if licking up the air initiated the assumption that the snake feeds on the wind so becoming a model of asceticism. The practice of sloughing its skin suggested longevity or even immortality. The belief was widespread that the snake can kill by means of its sight alone (Vogel 1926: 13-15).

Snakes are also taken to be sons of the earth and – in a manner comparable to fairy tales in Greece and Germany – guardians of buried treasures. In Ajanta paintings the cobras often carry sapphires on their hoods. Their jewels not infrequently have magical power, for instance in being able to grant all wishes. Besides material objects endowed with magical properties, the nāgas know magical spells which they pass on to specially favoured mortals.

In Buddhism the nāgas are considered to be guardians of holy places (exempli gratia the stūpa of Rāmagrāma) and scriptures. The famous Prajñāpāramitā texts were kept by nāgas and delivered to Nāgārjuna, the famous Mahāyāna teacher in Nālandā (op. cit.: 23).

The story of the newly enlightened Buddha who was sheltered against heavy rains by the nāga Mucilinda was the most popular icon of the Buddha in Angkor/Cambodia (Fig. 22).[3]

In the Kathmandu Valley nāga worship and nāga decor is a trademark of the religious tra-

[1] Winternitz, Moritz (1907–1922), Geschichte der Indischen Literatur, 3 Bände, Prag.

[2] Winternitz, Moritz (1888), Der Sarpabali, ein altindischer Schlangenkult, in: Mitteilungen der anthropologischen Gesellschaft in Wien 18, p. 25ff. and 250ff.

[3] A study on the importance of the nāga motif in the tradition of Khmer art is in preparation.

diton. The day of the snake gods is the fifth day of the bright half of the month of Śrāvaṇa (nāgapañcamī), id est during the monsoon rains at the end of July or the beginning of August. Snake gods "dwell in the corners of gardens and courtyards, in drains and near water spouts, pools, springs, and streams" (Anderson 1977: 86). "In response to their omnipresence, the Newar artists have adorned with nāgas idols of gods and kings, temples and shrines, water taps, fountains, and baths, and even private homes and shops" (Gail 2004: 44).

The nāgas are a favorite motif in Indian temple art of the post-Gupta period

Of the manifold decorative motifs of Hindu temples – comparable to the alaṃkāras in poetics – a considerable number could be called floating: they occur not only on selected architectural components but can be detected on a wide range of architectural parts such as adhiṣṭhāna (plinth), vedībandha (moulded lower part of the temple wall), uttaraṅga (lintel), dvāraśākhā (door-frame), etc. Non-figurative motifs in particular, such as padma (lotus), ratna (diamond), vallī (creeper) are not bound to certain parts of the temple, but exhibit an almost ubiquitous presence.

The motif which I am going to investigate is that of male and female nāgas depicted on temples of Orissa. Mention will also be made of Buddhist monasteries. Nowhere in India was the nāga motif more fertile than in connection with the Hindu temple of Orissa, comprising both the main temple (rekhā deula, prāsāda) and the hall (jagamohana, maṇḍapa). From the time when the motif first occured on pilasters, an encounter which gave the nāgas the splendid opportunity to gracefully encircle the shafts of the pilasters, this happy event remained a distinctive feature of temple tradition in Orissa for centuries: nāgas and pilasters were bound together in a firm unity. The variations and changes which this unity undergoes are at times, to say the least, amazing. Let us, however, start from the very beginning.

The temples of the earliest group, such as the Paraśurāmeśvara, the Mohinī, and the Mārkaṇḍeyeśvara (7th/8th century AD) do not show any traces of nāga decoration.

Impressive hints at nāga worship in this early period are preserved inside the Vaitāl deula, a structure of the barrel-vaulted order (khākharā). While the temple is primarily dedicated to the Seven Mothers (sapta-mātṛkā) who are still present with a central Cāmuṇḍā in the rectangular sanctum (garbhagṛha), the temple disposes of two stone sculptures of nāgarājās (serpent-kings) which seem to indicate a contemporenous nāga worship at the site. One of them is placed almost in the middle of the southern side of the

Fig. 22 *Buddha sheltered by nāga Mucilinda, Angkor Wat Style (12th century AD), National Museum, Bangkok.*

Fig. 1 *Nāgarājā in the hall of the Vaitāl deula temple, Bhubaneswar.*

Fig. 2 *Nāgarājā in the sanctum of the Vaitāl deula temple, Bhubaneswar.*

hall (Fig. 1), the other one features, together with Bhṛṅgin (devotee of Śiva), Kubera and Śiva himself in the middle of the northern wall of the sanctum (Fig. 2). Both are seated in vajraparyaṅkāsana and are distinguished by seven-hooded cobras around their heads (sapta-phaṇa-nāga). While the nāgarājā in the hall holds a water-vessel (kumbha) with both hands in front of his chest, the other one, seated on a double-lotus (viśva-padma) holds a water-pot (kamaṇḍalu) in his left hand, while the right one seems to exhibit a wish-yielding pose. Although the torso of a nāgarājā can be found outside the Svarṇajāleśvara temple (Fig. 3), it is reasonable to assume that the figure was once housed inside the temple, similar to the arrangement in the Vaitāl deula.

The next step in the progress of the nāgas is their appearance within the outer embellishment of Hindu temples and Buddhist monasteries. The hall of the Śiśireśvara temple shows a partly destroyed nāgarājā on ist southern wall (Fig. 4). Two nāgas appear both at the entrance to the monastic complex of vihāra 1 at Ratnagiri, some 100 km to the north of Bhubaneswar, and at the entrance to its cult-chamber (Fig. 5). The style of these nāgas is very similar to those from the Hindu temples that we considered earlier.

The earliest specimen of pilasters decorated with (zoomorphic) nāgas, the most spectacular step of the overall tradition, seems to be the Kośaleśvara in interior Orissa (Donaldson 1985-87, vol. 2: 829 f.). Transformed into a half-anthropomorphic creature nāgas and nāgīs figure on the Mukteśvara and the Gaurī temples at Bhubaneswar. Where the Gauri temple is concerned, the nāga/nāgī-stambha.s appear only on the longer west side where they are inserted into the recess flanking the central projection (Mitra 1966: 43).

The Mukteśvara temple of the 10th century AD presents no less than 28 pilasters on the wall (jāṅgha) of both the main temple and the hall, each embellished by a nāga and a nāgī alternately, forming altogether 14 couples (Figs. 6 and 7). The busts of the beautiful nāgīs, each in a conspicuous attitude holding objects such as vīṇā (lute), mālā (garland), ghaṭa (pot), cāmara (fly-whisk), mukuṭa (crown), etc. appear at the lower ends of the pilaster shafts, their tails encircling the shafts upwards (Figs. 8 and 9). This device can also be seen on the shrine-front of the Buddhist monastery 1 at Ratnagiri, according to Debala Mitra a later addition to the shrine that she removed to the courtyard of the monastery (Mitra 1981, vol. 1, pls. 8 and CXXXII; here fig. 10).

From the 10th century AD onwards it was particularly the main entrance to the temple, id est to the jagamohana, where a nāga couple embellished the door-flanking pilasters. One of the best specimens is the Vārāhī temple in the village of Caurāsī (Figs. 11 and 12). This type of door-frame is repeated both on the northern and on the southern side of the hall, here flanking windows of perforated stone. The four sides of the main temple (deula)

Fig. 3 *Nāgarājā in front of the Svarṇajāleśvara temple, Bhubaneswar.*

Fig. 4 *Nāgarājā, south niche of the hall of the Śiśireśvara temple, Bhubaneswar.*

Fig. 5 *From left: dvārapāla, Mañjuśrī, cāmaradhāriṇī, nāgarājā, Ratnagiri, vihāra 1, entrance to sanctum.*

Fig. 6 *Mukteśvara temple, south side, Bhubaneswar.*

Fig. 7 *Nāga couples, ibid.*

Fig. 8 *Bust of nāgī with crown in hands, ibid.*

Fig. 9 *Bust of nāgī holding a bunch of flowers and a conch shell.*

Fig. 10 *Nāga decor of later front (11th century AD), Ratnagiri, vihāra 1.*

Fig. 11 *Eastern door-frame of the hall of the Vārāhī temple, Caurāsī.*

Fig. 12 *Nāgī-pilaster of door-frame, ibid.*

Fig. 13 *Nāga-mithuna, south-side of the hall of the Mahāgāyatrī temple, Koṇārka.*

Fig. 14 *Two nāga couples on main temple (rekhā deula), ibid.*

Fig. 15 *Nāga couples on south-side of the rekhā deula of the Rājrāṇī temple, Bhubaneswar.*

Fig. 16 *Three nāga.s on platform (pīṭha) of Padmakeśara temple, Koṇārka.*

Fig. 17 *Nāga-couple on the same level, Padmakeśara, terrace.*

Fig. 18 *Variant of fig. 16.*

– only the middle part of its east wall is connected to the hall – are decorated with four nāga couples, one on each side. The main difference in our motif, compared to its earlier design (Mukteśvara), is the direction of the movements of the serpents: they now raise their anthropomorphic upper bodies on the upper part of the respective pilaster shafts, their tails now curling donwards. This new device is preserved throughout the following periods, id est from the 10th to 13th centuries AD.

From Caurāsī let us turn to one of the proudest creations of the Orissa school of architecture and sculpture, the great sun temple at Koṇārka, the Padmakeśara, where the nāga motif celebrates a final triumph, almost an orgy. In the south-west corner of the temple compound stands the Mahāgāyatrī temple that seems to be roughly 100 years older (c. 12th century) than Narasinhadeva's masterpiece (1238-1264 AD) (Donaldson 1985-87, vol. 1: 407-410).

The nāga motif has shifted from the jāṅgha area of the wall to the vedībandha (pābhāga). The jagamohana of the Mahāgāyatrī is equipped with 16 pilasters exhibiting 16 nāga couples (mithuna Fig. 13). The rekhā deula shows pairs of pilasters below each of its three niches, and, in the same way as on the jagamohana, each pilaster is embellished with a nāga couple, one serpent upor the other (Fig. 14). This decorative arrangement of the rekhā deula can also be noticed on the 11th century Rājrāṇī temple in Bhubaneswar (Fig. 15).

The Padmakeśara reveals, for the first time, the serpents as loving creatures by placing a couple, fondling each other, on the same level (Fig. 17). Simultaneously, the nāga motif finds room not only in the recess zones but also occupies the front of the terrace. Here we find three Nāgas in two levels attached to a flat pilaster. The disfigured, entwined upper couple encircles a third nāgī on the lower half of the stambha (Fig. 18). A variant of this arrangement is the addition of a short round pilaster, the resting-place for the upper couple (Fig. 16).

We arrive now at the final blossoms or at the culmination of the nāga motif in Orissa: a nāga-mithuna in the upper level, three further nāgīs on the lowermost part of the round pilaster (Fig. 19). Furthermore, there is a kissing couple in the upper zone, a nāgī at the foot of the pilaster and separated from the couple by two theriomorphic nāgas (Fig. 20). Finally: two nāgīs, enticing a male between them, appear above two females in the lowermost zone topped by a male in añjalimudrā (Fig. 21). All these figures are limited to the lower area (vedībandha, pābhāga) of the jagamohan. Since the comparable zone of the rekhā deula has been largely destroyed, its embellishment can not be reconstructed. Jouveau-Dubreuil, the French archaeologist and connoisseur of the South Indian temple tradition, observed the particularly autonomous way in which the form of Dravidian architecture grew by almost natural evolution over a long period. He pointed out: "The Dravidian art presents to us a very interesting and very rare picture of an architecture which remained isolated for more than thirteen centuries, which borrowed nothing from foreign arts, but which varied continually by the path of natural evolution, in such a way that one could follow its modifications from one century to another" (Jouveau-Dubreuil 1972: 5). This observation holds good for the temple tradition in Orissa, including the almost organic evolution of embellishing features like the serpent-pilasters.

Summary

A few temples of Bhubaneswar (7th and 8th century AD) know the motif of the nāgarājā, a fully round sculpture inside the temple (jagamohana and rekhā deula) or a relief embellishing a niche outside the jagamohana.
From the 10th to 13th centuries AD nāga pilasters form a genuine part of the temple decor. Earlier in this period they decorate recesses (salilāntara)[4] between the wall-offsets of the jāṅgha. Later they can be found in similar zones of the vedībandha/pābhāga.
So nāga-pilasters are not just floating decorative motifs, but temple designs of structural value. The monumental sun temple of Koṇārka (Padmakeśara) uses both the moulded lower wall (vedībandha) and the platform/terrace (pīṭha) for a stupendous elaboration of the nāga-pilaster design.

[4] I avoid the term anurāhā used by Boner / Śarmā 1966: 141 and by Donaldson 1985–87: passim for these recesses, since M. A. Haky 1998: 404 and Mitra 1976: 119 use the term, by way of contrast, in the sense of offset / projection. The latter interpretation, however, seems more plausible.

Fig. 19 *Five nāga.s on one jāṅgha-pilaster, ibid.*

Fig. 20 *Three anthropomorphic and two zoomorphic nāga.s on one jāṅgha-pilaster, ibid.*

Fig. 21 *Six nāga.s on one jāṅgha-pilaster, ibid.*

All photos: Adalbert J. Gail

Bibliography

Anderson, Mary (1977), The Festivals of Nepal, London.

Boner, A. and Sarmā, S. R. (1966), Silpa Prakāsa (Medieval Orissan Sanskrit Text on Temple Architecture by Rāmacandra Kaulācār), Leiden: Brill.

Donaldson, T. E. (1985-87), Hindu Temple Art of Orissa, vols. 1-3, Leiden: Brill.

Dhaky, M. A. (1998), Encyclopaedia of Indian Temple Architecture, vol. 2, Part 3: North India, Beginnings of Medieval Idiom, c. A.D. 900-1000, New Delhi.

Gail, Adalbert J. (2004), Nagas of Kathmandu Valley, with special reference to the Licchavi period, in: Pratapaditya Pal (Ed.), Nepal – Old Images, New Insights, Mumbai: Marg Publications.

Jouveau-Dubreuil, Gabriel (1972 [1917]), Dravidian Architecture, edited with preface and notes by S. K. Aiyangar, Varanasi.

Mitra, Debala (1966, 3. ed.), Bhubaneswar, New Delhi: Archaeological Survey of India.

Mitra, Debala (1976, 2. ed.), Konarak, New Delhi: Archaeological Survey of India.

Mitra, Debala (1981), Ratnagiri (1958-61), MASI No. 80. New Delhi: Archaeological Survey of India.

Vogel, Jean Philippe (1926), Indian Serpent Lore, London: Probsthain.

REINMAR GRIMM

**KURZER BERICHT ÜBER DIE DEUTSCHE
INDIEN-EXPEDITION 1955-58, INSBESONDERE
ÜBER IHRE VÖLKERKUNDLICHE AUSBEUTE**

Abstract

The German India-Expedition 1955-58, lead-managed by Gustav Adolf Baron of Maydell, was probably the last "universal" collecting expedition which started from Hamburg, namely by order of the Zoological Institute and Museum. The main focus of the expedition was on the field of zoology, botany and ethnology. Baron of Maydell collected scientific material for quite a number of further museums, institutes and scientists within and outside Hamburg and here especially for the Zoological Garden, Wuppertal, the Linden-Museum, Stuttgart, and the Overseas Museum, Bremen.
In the field of ethnology mainly articles of daily and commercial use should be collected. Even though the ethnological yield purely quantitatively did not come up to the zoological and botanical, the expedition collected altogether 233 ethnological objects of daily, commercial and cultic use (from still very aboriginal ethnic groups, especially the Gonds and Garos) which were distributed among three well-known museums. The highlight of the ethnological collection turned out to be the Jaina altar which was turned over to the Linden-Museum.

Einführung

Die Deutsche Indien-Expedition (26. Juli 1955 bis 28. Februar 1958) unter Leitung von Gustav Adolf Baron von Maydell ist wohl die letzte „universelle" Sammelreise, die von Hamburg ausging und zwar im Auftrag des damaligen „Zoologischen Staatsinstitutes und Zoologischen Museums" (heute „Biozentrum Grindel und Zoologisches Museum"). Von Maydell sammelte – teilweise „auf Bestellung" – nicht nur für seine unmittelbaren Auftraggeber, sondern für eine ganze Reihe weiterer Hamburger und deutscher Museen, Institute und Wissenschaftler, und insbesondere für den Zoologischen Garten Wuppertal, das Linden-Museum Stuttgart und das Überseemuseum Bremen.
Die Schwerpunkte der Deutschen Indien-Expedition lagen auf dem Gebiet der Zoologie, der Botanik und der Völkerkunde.
Durch die Einwirkungen des Zweiten Weltkriegs waren große Teile der naturwissenschaftlichen Sammlungen deutscher Museen und Institute zerstört worden. Es bestand ein empfindlicher Mangel an wissenschaftlichem Material für Arbeiten auf dem Gebiet der botanischen und zoologischen Systematik. Auch die völkerkundlichen Sammlungen waren durch den Krieg stark in Mitleidenschaft gezogen worden und bedurften dringend einer Ergänzung und Aktualisierung. Vor allem fehlte es an Anschauungs- und Lehr-

material für die Ausbildung des akademischen Nachwuchses. Von Maydell selbst hatte keine abgeschlossene wissenschaftliche Ausbildung. Er hatte allerdings in verschiedenen zoologischen Gärten gearbeitet, sodass er sich selbst als Zoologe betrachtete. Als solcher hatte er umfangreiche Expeditionserfahrung. Er hatte vor der Indien-Expedition eine zweijährige, überwiegend zoologisch ausgerichtete Angola-Expedition erfolgreich durchgeführt. Bereits von dieser Expedition hatte er Material für das Hamburger Museum für Völkerkunde mitgebracht. Zur Mannschaft der Indien-Expedition gehörten weiter ein promovierter Botaniker, ein Arzt und Jäger und ein Fotograf und Präparator. Obgleich die Expedition also überwiegend naturwissenschaftlich ausgerichtet war, wollte sie auch aus Indien eine repräsentative völkerkundliche Sammlung mitbringen. Das Schicksal wollte es, dass von Maydell die reiche Ausbeute seiner Expedition nicht einmal ansatzweise auswerten konnte. Er kam ein Jahr nach seiner Rückkehr, am 28. Februar 1959, durch einen Verkehrsunfall in Hamburg ums Leben. In diesem einen Jahr hatte er eben gerade das umfangreiche Material, das die Expedition nach Hause gebracht hatte, an die verschiedenen Empfänger verteilen können: außer an Museen und Institute in Hamburg noch an weitere, über ganz Deutschland verstreute Forschungsstätten. Leider gibt es hierüber weder von von Maydell angefertigte Unterlagen, noch ist irgendwo dokumentiert, was mit dem Expeditionsmaterial weiter geschah. Dies musste anhand der wenigen Akten, die sich in der Säugetiersammlung des Hamburger Zoologischen Museums befanden, mühsam recherchiert werden.

Inzwischen konnte der überwiegende Teil der Ausbeute der Deutschen Indien Expedition aufgespürt werden, und wir sind in der Lage – nach nunmehr 51 Jahren – den längst überfälligen Bericht über diese fast vergessene Expedition zu verfassen. Ein solcher Bericht ist wichtig, denn wenn die wissenschaftliche Ausbeute der Expedition nicht noch einmal in Erinnerung gebracht und dokumentiert wird, besteht die Gefahr, dass sie gänzlich in Vergessenheit gerät und die Expedition damit eigentlich umsonst stattgefunden hat. Einfach vergessen zu werden, kann aber nicht der Sinn der groß angelegten und eigentlich sehr erfolgreichen Deutschen Indien-Expedition sein.

Die Aufgaben, die die Expedition sich stellte

In einem „Plan zur Durchführung einer zoologisch-botanisch-völkerkundlichen Sammelreise nach Indien" formuliert von Maydell die Aufgaben der Expedition.

Abb. 1 *Linden-Museum, Stuttgart. Kat. Nr. 120596: Stirnband mit Tragstricken, Garo Hills (Rongrengiri), Meghalaya.*

Abb. 2 *Linden-Museum, Stuttgart. Kat. Nr. 120597: Umflochtener Viereck-Schild, Garo Hills (Rongrengiri), Meghalaya.*

Abb. 3 *Linden-Museum, Stuttgart. Kat. Nr. 120599: Zither aus Bambusrohr, Garo Hills (Rongrengiri), Meghalaya.*

Abb. 4 *Linden-Museum, Stuttgart. Kat. Nr. 120600: Aus Bambus geflochtener Fischkorb, Garo Hills (Rongrengiri), Meghalaya und Kat. Nr. 120619: Aus Bambus geflochtener Früchtekorb, Shillong, Meghalaya.*

Allgemeine Aufgaben

Eine wesentliche Aufgabe der Expedition sah von Maydell darin, die traditionell guten Beziehungen zwischen Deutschland und Indien nach dem Krieg zu erneuern und eine Zusammenarbeit zwischen deutschen und indischen Institutionen auf verschiedenen Gebieten der Wirtschaft und der Wissenschaft neu zu beleben. Er sah sich als „Botschafter", der nicht nur sammeln, sondern auch neue Kontakte herstellen wollte. Der sicht- und messbare Erfolg der Expedition würde sich aber in der Menge und Qualität des Materials ausdrücken, das er von der Expedition mitbrachte.

Sammeltätigkeit

Im Vordergrund sollte die zoologische Sammeltätigkeit stehen, wobei das Hauptaugenmerk kleineren Säugetieren, Vögeln, Reptilien und Insekten galt. Selbstverständlich würde die Expedition im Interesse des Wiederaufbaus von zerstörten Sammlungen deutscher Museen gern auch von der Möglichkeit der Jagd auf Großsäuger im Rahmen der dortigen Gesetze Gebrauch machen. Weiterhin war es selbstverständlich, dass auch die charakteristischen Pflanzen gesammelt werden mussten. Geplant wurden das Trocknen von Pflanzen und die Anlage von Herbarien.

Von Maydell war durch das Studium englischer und indischer Arbeiten bekannt, dass gerade in manchen selten bereisten indischen Provinzen das Kulturgut der dortigen Volksstämme weitgehend erhalten geblieben war. So sollten auch völkerkundliche Fragen jeweils an Ort und Stelle bearbeitet werden. Eine Entnahme oder ein Erwerb von Kulturgütern würde streng nur mit Einverständnis der dortigen Behörden und der eingeborenen Bevölkerung erfolgen, und auch nur dann, wenn die Gegenstände in einer ausreichenden Zahl von Exemplaren vorhanden sein würden. Auf keinen Fall sollte es durch die Mitnahme von Gegenständen zu einer Minderung des kulturellen Bestandes kommen.

Spezielle Arbeiten

Einzelne deutsche wissenschaftliche Institute hatten sich gewünscht, dass im Rahmen der Expedition enger umrissene Einzelthemen bearbeitet würden. Beispielsweise wünschte das zur Bundesanstalt für Fischerei gehörende Institut für Netz- und Materialforschung dringend Unterlagen über lokale Fischfangtechniken und Materialien. Darüber hinaus suchte es nach Möglichkeiten, mit den indischen Fachleuten des gleichen Forschungszweiges zu einem Erfahrungsaustausch zu gelangen. Gleiches galt für das Bundesinstitut für Küsten- und Binnenfischerei.

Auf dem Gebiet der Botanik war eine möglichst weitgehende Erfassung der Pflanzenge-

Abb. 5 *Linden-Museum, Stuttgart. Kat. Nr. 120602: Haumesser, Garo Hills (Rongrengiri), Meghalaya.*

sellschaften charakteristischer Landschaftstypen und Lebensräume vorgesehen. Für die Untersuchung der Beziehungen zwischen Tieren und Pflanzen sollten spezielle Herbarien angelegt werden, die interessierten Instituten und Sammlungen in Hamburg und über Hamburg hinaus zugeleitet werden sollten. Farbfotos und Filme sollten das Sammlungsmaterial ergänzen und einen lebendigen Eindruck der indischen Flora vermitteln.

Besondere Aufmerksamkeit sollte den Kulturpflanzen und den von den Bewohnern genutzten Wildpflanzen entgegengebracht werden. So sollten zum Beispiel für das Agrarbiologische Institut der Universität Greifswald Nutzpflanzen und deren Wildformen gesammelt und Samenproben mitgebracht werden. Auch die von botanischen Gärten geäußerten Wünsche nach verschiedenen Samen einheimischer Pflanzen sollten berücksichtigt werden.

Herstellung von Bild- und Tonmaterial

Eine wesentliche Aufgabe sollte es sein, die wissenschaftlichen Ergebnisse durch fotografische Aufnahmen zu stützen. Es sollte möglichst jedes zoologische und botanische Belegstück im Bild festgehalten werden. Die völkerkundlichen Aufnahmen sollten unter der größtmöglichen Rücksichtnahme auf die Lebensgewohnheiten der Bewohner des Landes hergestellt werden.

Durch Filmarbeit wollten von Maydell und seine Begleiter versuchen, den Gesamtablauf der Reise im Überblick festzuhalten. Dabei sollten einzelne Themen eine besonders gründliche Bearbeitung erfahren. Er dachte dabei unter anderem an spezielle Themen über das Verhalten von Tieren, den Tagesablauf auf einer Farm, Eingeborenenjagd usw. Eng verknüpft mit der filmischen Arbeit sollten Tonaufnahmen von Menschen und Tieren sein, die eventuell später in die Filme einkopiert werden konnten. Die Filme würden von besonderem Nutzen auch als Unterrichtsmaterial für Universitäten und Schulen sein.

Der Verlauf der Expedition und ihre einzelnen Etappen

Zwei Teilnehmer verließen Hamburg am 26. Juli 1955 mit MS „Goldenfels". Von Maydell und ein weiterer Teilnehmer gingen am 27. Juli 1955 in Rotterdam an Bord. Die eigentliche Expedition begann im August 1955 von Bombay aus und führte von Maydell und seine Begleiter über folgende Etappen (die Herkunftsangaben beziehen sich auf die Tabellen 1-3):

1. Etappe: Konkan, Western Ghats und Deccan Traps (September 1955 bis März 1956)
   Herkünfte: Anshi, Goa, Kanadi b. Anshi, N-Kanara
2. Etappe: Die Siwalikketten und der westliche Zentral-Himalaya (April bis Juli 1956)
   Herkünfte: Chakrata, Dehra Dun
3. Etappe: Das Terai (August bis Mitte Oktober 1956)
   Herkünfte: Bahraich, Nishangara, Uttar Pradesh
4. Etappe: Kultursteppe beiderseits des Ganges (Ende Oktober 1956)
   Herkunft: Benares
5. Etappe: Grenzgebiete von Sikkim und Bhutan (Anfang November 1956)
6. Etappe: Meghalaya und Assam: Garo-, Khasi-, Jaintia- und Mikir-Hills
   (November 1956 bis Februar 1957)
   Herkünfte: Bengalen, Garo, Gauhati, Kaziranga, Rongrengiri, Shillong
7. Etappe: Bhutan: Tal des Sankosh River (Februar bis April 1957)
8. Etappe: Zentral-Indien, Calcutta und Port Canning (Mai bis Oktober 1957)
   Herkünfte: Kalkutta, Madhya Pradesh

Am 19. November 1957 verließ die Expedition mit MS „Freienfels" Kalkutta und kam am 28. Februar 1958 wieder in Hamburg an.

Die Gesamtausbeute der Expedition

Von Maydell verfasste noch selbst einen kurzen „Erfahrungsbericht", den diejenigen Personen und vor allem die vielen Firmen erhielten, von denen die Expedition finanziell oder durch Sachspenden unterstützt worden war. In diesem Bericht wird die Ausbeute der Expedition pauschal so geschildert:
„In Zahlen ausgedrückt wurden im Verlauf der Expedition 124 Kisten und Behälter verschickt mit ca. 600 Säugetierschädeln, Fellen, z. T. Skeletten, 900 Vögeln, 1000 Gläser mit Fischen, Amphibien und Reptilien, ca. 1000 Herbar-Exemplare neben Saat- und Fasermaterial.
Zahlreiche völkerkundliche Gegenstände (Gebrauchs- und Kultgegenstände) von noch sehr ursprünglichen Volksgruppen, besonders der Gonds und Garos. Auf dem Luftwege wurden eine umfangreiche Insektensammlung und eine beachtliche Kollektion lebender Orchideen geschickt."
Das Bildmaterial der Expedition ist leider nur noch unvollständig, das Film- und Tonmaterial überhaupt nicht mehr erhalten.

Abb. 6 *Linden–Museum, Stuttgart. Kat. Nr. 120604: Schwert, Garo Hills (Rongrengiri), Meghalaya.*

Völkerkundliches Material

Linden-Museum Stuttgart

Das Linden-Museum war das einzige völkerkundliche Museum, das von Maydell einen regelrechten „Sammelauftrag" mit auf die Reise gab. So schrieb mit Datum vom 18. Oktober 1954 der damalige Kustos Dr. J. F. Glück in einem Empfehlungsschreiben:

„Herr von Maydell hat sich auf den hinter ihm liegenden Reisen, besonders auf der Angola-Expedition der Universität Hamburg, als gewissenhafter, umsichtiger und kritischer Beobachter ausgewiesen. Das von ihm mitgebrachte Material (ethnographische Gegenstände, Bilddokumente und wissenschaftliche Aufzeichnungen) lässt erkennen, dass der Leiter der geplanten Expedition auch auf ethnologischem Gebiet einen Blick für das Wesentliche besitzt und systematisch zu arbeiten und zu sammeln versteht. Daher begrüßen wir seinen neuen Plan und insbesondere seine Absicht, neben den speziellen naturwissenschaftlichen Aufgaben in den bereisten Gebieten auch den Menschen und ihrer Kultur Beachtung zu schenken und ethnographisches Material zusammenzutragen.

Herr Baron von Maydell hat sich freundlicherweise bereit erklärt, auch für unser Museum zu sammeln. Als eines der größten ethnographischen Museen Europas sind wir sehr daran interessiert, unsere Indien-Bestände zu ergänzen und würden uns freuen, zu diesem Zweck möglichst umfangreiche Sammlungen an Kulturgut, namentlich der vorarischen Altvölker Indiens, zu erhalten. Vor allem legen wir dabei Wert auf

1. gegenständliches Material, wie Haus- und Arbeitsgerät, Waffen, Kleidung und Schmuck, handwerkliche und kunsthandwerkliche Erzeugnisse, Objekte von zeremonieller und ritueller Bedeutung;

2. Aufzeichnungen und Skizzen, die Herkunft und Funktion der unter 1 aufgeführten Objekte erläutern bzw. in den Sammlungen nicht vertretene oder materiell überhaupt nicht greifbare Kulturzüge festhalten (Angaben über Wohnung, Haus und Siedlung sowie über andere ergologische und wirtschaftliche Tatbestände, über soziale Verhältnisse und Züge der geistigen Kultur, wie Sitte und Brauch im Jahreslauf und Lebensablauf, Mythus, Ritus und Kunst).

3. Bilddokumente - Foto- und Filmaufnahmen- die den Lebensraum der untersuchten Völker erkennen lassen und das ethnologische Beobachtungsmaterial ergänzen.

4. Tonaufnahmen, die Sprache und Musik der besuchten Völker festhalten" (Q 21, S. 30f.).

Die 80 Gegenstände, die das Linden-Museum aus der Ausbeute der Indien-Expedition erhielt, sind in Tabelle 1 aufgelistet. Die Abbildungen 1 bis 12 geben einen kleinen Einblick in die Vielfalt dieser Ausbeute. Leider kann das Glanzstück der für das Linden-Museum bestimmten Sammlung – überhaupt das Glanzstück der gesammelten völkerkundlichen Ausbeute der Expedition – nicht im Bild vorgestellt werden: der hölzerne „Altar der Jaina". Der Jainismus (auch Jinismus, Anhänger des Jina) ist eine in Indien beheimatete Religion, die etwa im 6./5. Jahrhundert v. Chr. entstanden ist. Ein historisch fassbarer Gründer ist Mahavira (um 599-527 v. Chr). Dem Jainismus gehörten 2001/2002 etwa 4,4 Millionen Gläubige an, davon etwa 4,2 Millionen in Indien.

Aus den Inventarbüchern des Linden-Museums konnte die folgende Beschreibung des Jaina-Altars der Deutschen Indien-Expedition entnommen werden:

„105 cm breit, 55 cm tief, 110 cm hoch. Der Altar steht auf einem einfachen Brettersockel. Er besteht aus einem an den Rändern reich beschnitzten Dach, einer Rückwand mit einer an der Front mit horizontalen Kannelüren und pflanzlichen Motiven verzierten 9 cm hohen Sockel mit vielfach geschwungener Vorderseite, auf dem rechts und links je ein dickes Brett aufgesteckt ist, das nebeneinander auf der vorderen Seite (Schauseite) je zwei Halbsäulen, verbunden durch ein durchbrochen geschnitztes Band, aufweist. Die inneren Halbsäulen sind kürzer als die äußeren und tragen einen reich beschnitzten Türsturz für das zwischen den inneren Halbsäulen eingesetzte, oben und seitlich von einer beschnitzten Fassung gerahmte, doppeltürige Tor. Die beiden Torflügel sind oben und unten angeschlagen und werden in der Mitte durch einen einfachen Klappriegel geschlossen. Beide Türen sind in der Mitte durch einen Holzsteg horizontal geteilt, die Felder darüber und darunter sind mit einem dicken Drahtgitter versehen.

Die äußeren Halbsäulen tragen das Dach, unter einander sind sie verbunden durch einen horizontalen, beschnitzten, in der Mitte vorgewölbten Teil, der über dem vorher genannten Türsturz liegt. Zwischen Säule und Dach sind Kapitelle eingeschaltet, reich beschnitzt mit je einer Stütze nach rechts, links und vorne. Auf dem Kapitell liegt ein massiver, rechteckiger Rahmen, an der Vorderseite beschnitzt, auf dem das eigentliche Dach aufgelegt ist, dessen seitliche und Frontteile reich beschnitzt sind. Die Vorderseite des Daches wird von zwei freistehenden Säulen getragen, die auf drei Seiten vollständig, auf der vierten (hinteren) nur in den beiden oberen Dritteln beschnitzt sind. Die Säulen stehen auf dem Bretterrost, sie endigen oben in Kapitellen je vier gekreuzter Spitzen. Das vordere Kapitellende ist durch eine Art Schrägung (reich beschnitzt) unterstrichen. Ähnliche

7

8

Abb. 7 *Linden-Museum, Stuttgart. Kat. Nr. 120606: Bronzene Arm-manschette, Garo Hills (Rongrengiri), Meghalaya.*

Abb. 8 *Linden-Museum, Stuttgart. Kat. Nr. 120608: Fußring aus Bronze, Garo Hills (Rongrengiri), Meghalaya.*

Schrägen waren auch bei den übrigen Kapitellenden vorhanden, fehlen aber heute. Die beiden freistehenden Säulen sind mit einander und dem vorderen Dachbalken verbunden durch ein dreieckiges Holzstück, dessen Spitze den Dachbalken berührt und dessen Basislinie fehlt. Die Hölzer sind rechts und links schlangenförmig gewunden, weisen je zwei, etwa pagodenartige Gebilde mit Spitze nach oben und unten auf, die durch ein S-förmiges Zwischenstück verbunden sind. Zwei gleiche S-förmige, bzw. fragezeichenförmige Verbindungsstücke halten eine fünfte ‚Pagode', die die Spitze des ganzen Elements bildet.

Schnitzerei: Die Säulen und Halbsäulen zeigen umlaufende, in sich gegliederte Kannelüren, dazwischen stockwerkartige Partien mit Nischen für angeschnitten Götterbilder (menschl. Köpfe) flankiert von freistehenden Säulen. Ebenso sind die vorgenannten ‚Pagoden' gestaltet. In den unteren Teilen der Halbsäulen und Säulen sind Götterfiguren en face stehend eingeschnitzt, die gleichfalls von horizontal gegliederten Säulen flankiert werden."

Tabelle 1
Liste der völkerkundlichen Gegenstände der Deutschen Indien-Expedition im Linden-Museum Stuttgart
(Die Herkünfte sind in Kapitel 3 unter den entsprechenden Etappen der Expedition aufgeführt).

GEGENSTAND	HERKUNFT
Altar der Jaina	Indien
Stirnband mit Tragstricken	Rongrengiri
Umflochtener Viereck–Schild	Rongrengiri
Floßzither	Rongrengiri
Bambus-Rohrzither	Rongrengiri
Geflochtener Fischkorb	Assam, Garo
Hölzerne Faserpresse	Rongrengiri
Haumesser	Rongrengiri

Flaschenkürbis	Assam, Garo
Schwert mit Scheide	Rongrengiri
Bambusbogen	Rongrengiri
Bronzene Armmanschette	Rongrengiri
Paar Armringe	Rongrengiri
Fußring aus Bronze	Rongrengiri
Paar Haarnadeln aus Bronze	Rongrengiri
Bronzepfeife ohne Stiel	Rongrengiri
Hölzerne Totenfigur mit ein Paar Ohrgehängen	Rongrengiri
Regenschutz „Kurup" oder „Karup"	Shillong
2 Stück Miniatur-Regenschutz	Shillong
Bambus-Tragkörbchen	Shillong
Nackenschutz für Tragkorb	Shillong
Bambus-Flechtteller	Shillong
Reissieb aus Bambus	Shillong
Früchtekorb aus Bambus	Shillong
Tragkorb aus Bambus	Shillong
8 Pfeile	Shillong
2 Holzkämme	Shillong
Zweiteiliger Metall-Fußring	Benares
Frauenschuhe aus Leder	Benares
Sadu-Schnüre aus Fruchtsteinen	Benares
Kukri-Jagdmesser	Nishangara
Reisworfel aus Binsen	Dehra Dun
Reisworfel aus Binsen	Nishangara
Palmwedel	Chakrata
Paar Holzsandalen	Nishangara

Abb. 9 *Linden-Museum, Stuttgart. Kat. Nr. 120609: Paar Haarnadeln aus Bronze, Garo Hills (Rongrengiri), Meghalaya.*

16 Tierfiguren aus Ton	Kanadi b. Anshi
5 Tierköpfe mit Hals	Kanadi b. Anshi
Tierkopf	Kanadi b. Anshi
Pferdefigur aus Ton	Kanadi b. Anshi
4 Menschenfiguren aus Ton	Kanadi b. Anshi
9 Hanuman–Figuren aus Ton	Kanadi b. Anshi

80 Gegenstände insgesamt

Das Hamburgische Museum für Völkerkunde und Vorgeschichte
Der Direktor des Hamburgischen Museums für Völkerkunde und Vorgeschichte, Prof. Dr. Friedrich Termer, schrieb am 23. Juni 1954 in einem an keine bestimmte Adresse gerichteten Empfehlungsschreiben:
„Das Hamburgische Museum für Völkerkunde und Vorgeschichte hat mit Interesse davon Kenntnis genommen, dass die zoologisch-ethnologische Asien-Expedition 1955 ethnographische Studien in ihre Forschungsaufgaben aufgenommen hat. Es ist daher zu wünschen, dass die Expedition für diese Studien weitgehende Unterstützung und Förderung durch alle in Betracht kommenden offiziellen und privaten Institutionen, Museen und Sammlungen in Indien erhält, zumal sich daraus eine verstärkte wissenschaftliche Verbindung zwischen deutschen und indischen Fachvertretern ergeben dürfte." (Q 21, S. 32)
Es war klar, dass das Museum aus der reichen Ausbeute, die die Deutsche Indien-Expedition nach Hamburg mitbrachte, ihren Anteil erhalten würde: insgesamt 88 Objekte. Sie sind in Tabelle 2 aufgelistet.

Tabelle 2
Liste der völkerkundlichen Gegenstände der Deutschen Indien-Expedition im Museum für Völkerkunde, Hamburg
(Die Herkünfte sind in Kapitel 3 unter den entsprechenden Etappen der Expedition aufgeführt).

GEGENSTAND	HERKUNFT
Armspange (Manschette) aus Bronze	Rongrengiri
Fußring, Bronze	Gauhati
4 Haarkämme, Holz	Rongrengiri
2 Armringe, Bronze	Rongrengiri
Fruchtkorb, Bambus	Shillong
Totenpfahl, Holz, bemalt mit Halskette, männl. Garo, Rongrengiri Kima	Rongrengiri
Totenpfahl, Holz, bemalt mit Halskette, weibl. Garo, Rongrengiri Kima	Rongrengiri
Kuhglocke, Holz (12 Klöppel mit Strick)	Madhya Pradesh
Schlangenkorb, Bambus (Deckelkorb rund und zylindrisch)	Bengalen
Paar Holzschuhe mit Bast und Schnurbindung	Uttar Pradesh
Paar Holzschuhe mit Zehenknopf	Indien
Fruchtkorb, Bambus, quadratische Grundfläche, rund	Shillong
Haumesser, Bambus und Eisen	Rongrengiri
Fischreuse, Bambus Harzfügung	Madhya Pradesh
Reissieb (Worfel), Bambus	Shillong
Fächer, Bambus mit Stiel	Shillong
Sadu-Schnur, Fruchtkerne, iio Perlen	Benares
Djaru, Palmwedel, (Phoenix)	Chakrata
Tiertransportkorb, Bambus	Rongrengiri
Wassergefäß, Flaschenkürbis	Rongrengiri
Schlangenkorb, mit Deckel, rund und zylindrisches Rohr und Lehm	Kalkutta
2 Pfeile, Rohr mit Eisenspitze, Fiederung	Shillong

10

11

Abb. 10 *Linden-Museum, Stuttgart. Kat. Nr. 120612: Regenschutz „Kurup" oder „Karup", Kat. Nr. 120613 und 120614: Miniatur-Regenschutz, Shillong, Meghalaya.*

Abb. 11 *Linden-Museum, Stuttgart. Kat. Nr. 120629 und 120630: Holzkämme, Shillong, Meghalaya.*

Wassertrinkgefäß, Bambus mit Griff oben	Indien
Tragekorb, Bambus und Rohr für den Rücken	Rongrengiri
Stirnband für Tragekorb (Flechtband), Rohr	Assam
Tragekorb aus Bambus, kegelförmig, henkellos	Shillong
Schale = Kharando, wird bei Hochzeiten zum Anbieten von Süßigkeiten verwandt	Bahraich
Reisschütte, Gras mit Tierhautverschnürung	Uttar Pradesh
Zither, Rohr 2 atemeigene Saiten, 2 Stege	Rongrengiri
Schild aus Holz und Bambus	Rongrengiri
2 Stück Rückenschutz f. Tragkorb, Palmblatt und Bambus	Shillong
Hausmodell, Bambus und Gras, Firstdach (f. Geister, Opfer, Ahnen?)	Assam
Matte 80 x 55 cm	Indien
6 Kamelartige gesattelte Tiere	Goa
3 Kamelartige ungesattelte Tiere	Goa
5 Fragmente pferdeähnlicher, gesattelter Tiere	Goa
2 Fragmente pferdeähnlicher, ungesattelter Tiere	Goa
unbestimmbares (gesatteltes) Tier	Goa
3 menschenartige Wesen, Kopf und Brustteil	Goa
menschenartiges Wesen, Kopf und Brustteil mit Kopfbedeckung und Brustband	Goa
2 menschenähnliche Gestalten, unbekleidet mit Kopfbedeckung und gekreuztem Brustband	Goa
Torso (kopflos) einer Fruchtbarkeits–Göttin (?)	Goa
menschliche Gestalt mit Tierkopf, gespreizten Gliedmaßen, Geschlechtsorgan und Brustband	Goa
menschliche Gestalt mit Tierkopf, gespreizten Gliedmaßen und Brustband	Goa

3 menschliche Gestalten mit Tierkopf und gespreizten Gliedmaßen	Goa
4 menschliche Gestalten mit Tierkopf, gespreizten Gliedmaßen und Geschlechtsorgan	Goa
3 Pferdeköpfe	Goa
2 Kamelköpfe	Goa
Pferd, gesattelt und gezäumt	Goa
2 Beinfragmente (Pferd)	Goa
Kopf, Hals, Brustansatz eines tigerähnlichen Tieres (Fabel ?)	Goa
krötenartiger Vierbeiner	Goa
Lamakopf	Goa

88 Gegenstände insgesamt

Abb. 12 Linden-Museum, Stuttgart. Kat. Nr. 120638: Paar Holzsandalen, Nishangara, Uttar Pradesh.

Überseemuseum Bremen

Die Bremer Reederei „Deutsche Dampfschifffahrtsgesellschaft Hansa", über die der gesamte Transport der Expedition abgewickelt worden war, kam auf ein Versprechen von Maydells zurück, „dass wir im Zusammenhang mit den Ihnen für Ihre Expeditionsteilnehmer eingeräumten Passageermäßigungen für Ihre seinerzeitige Ausreise auf der MS „Goldenfels", uns nach Rückkehr interessante Stücke aus Ihrer Sammlung aussuchen könnten" (Q 22, S. 52). Es trat ein kleines Missverständnis auf, was die Art der Gegenstände betraf, denn von Maydell antwortete: „Sobald ich hier in Hamburg alles ordnungsgemäß untergebracht habe, komme ich persönlich nach Bremen und übergebe Ihnen verschiedene Stücke aus unserer völkerkundlichen Collection. Da es sich im Wesentlichen um Hausrat und gewerbliche Gegenstände handelt, dürften für Ihre Zwecke wohl sicher nur einige indische Miniaturmalereien sowie Bronzen in Frage kommen" (Q 22, S. 51). Von Maydell dachte wohl daran, dass diese Gegenstände als Dekoration in den Räumen der Reederei untergebracht werden sollten. Darauf die Reederei: „Für unsere Firma als solche suchen wir kein Material, sondern wir sind einzig und allein daran interessiert, besonders Hausrat und gewerbliche Gegenstände, wie von Ihnen erwähnt, für unser Bremer Überseemuseum zu erhalten" (Q 22, S. 51). Dies geschah denn auch, und in einem letzten Schreiben

vom 9. Juni 1958 bedankt sich die Reederei:
„Der Anlass unseres heutigen Schreibens ist derjenige, Ihnen den guten Empfang Ihrer an uns gerichteten Sendung mit völkerkundlichen Gebrauchsgegenständen aus dem Gebiet Ihrer Expedition anzuzeigen. Wir möchten Ihnen gegenüber nicht versäumen zum Ausdruck zu bringen, dass sämtliche Gegenstände unser volles Interesse gefunden haben, und wir dürfen Ihnen hierfür unseren verbindlichen Dank aussprechen. Die Sendung ist als Ganzes dem Bremer Überseemuseum zur Verfügung gestellt worden, und sicher wird sich Herr Dr. Wagner noch mit Ihnen direkt in Verbindung setzen". (Q 22, S. 46)
Das Überseemuseum erhielt insgesamt 65 Gegenstände von der Expedition. Sie sind in Tabelle 3 aufgelistet. Drei von ihnen können im Bild vorgestellt werden, siehe Abb. 13-15 (Copyright Gabriele Warnke, Übersee-Museum, Bremen).

Tabelle 3
Liste der völkerkundlichen Gegenstände der Deutschen Indien-Expedition im Überseemuseum, Bremen
(Die Herkünfte sind in Kapitel 3 unter den entsprechenden Etappen der Expedition aufgeführt).

GEGENSTAND	MATERIAL	HERKUNFT
Tragkorb	Bambus	Shillong
Obstkorb	Bambus	Gauhati
Zither	Bambus	Rongrengiri
Reisschwinge	Binsen	Nishangara
Getreideschwinge	Binsen	Dehra Dun
2 Reisschalen	Bambus	Gauhati
Tragkorbnackenschutz	Palmblatt, Gras	Assam
Nackenschutz	Palmblatt	Assam
Reuse	Bambus	Rongrengiri
Reuse	Bambus	Kaziranga

Sandale	Holz	Nishangara
2 Flaschenkürbisse	Flaschenkürbis	Assam
3 Armringe	Bronze	Rongrengiri
Armspange	Bronze	Rongrengiri
3 Kämme	Holz	Shillong
Vogelsteinschussbogen	Bambus	N–Kanara
Pfeil		Shillong
Wedel	Palmblatt	Chakrata
Tragstirnband		Shillong
Haspel		Rongrengiri
Haumesser		Rongrengiri
Sichel	Eisen	Nishangara
Schwert	Eisen	Rongrengiri
Fächer	Pfauenfedern	Nishangara
Tierfigur	Ton	Nishangara
26 Tierfiguren	Ton	Anshi
3 Figuren	Ton	Anshi
Figur Mensch	Ton	Anshi
3 Tierköpfe	Ton	Anshi

65 Gegenstände insgesamt

Abb. 13 *Überseemuseum Bremen, Kat. Nr. 14905: Armring aus Bronze, Garo Hills (Rongrengiri), Meghalaya.*

Abb. 14 *Überseemuseum Bremen, Kat. Nr. 14917: Haumesser, Garo Hills (Rongrengiri), Meghalaya.*

Abb. 15 *Überseemuseum Bremen, Kat. Nr. 14918: Sichel aus Eisen, Nishangara, Uttar Pradesh.*

14

Zusammenfassung

Die Deutsche Indien-Expedition 1955-58 hatte – schon auf Grund der Ausbildung und Er-fahrung ihrer Teilnehmer – ihre Schwerpunkte auf den Gebieten der Zoologie und Botanik. Sie hatte sich aber auch das Sammeln von völkerkundlichem Material und hier insbeson-dere von Gebrauchs- und gewerblichen Gegenständen als Aufgabe gestellt. Wenn auch die völkerkundliche Ausbeute rein mengenmäßig nicht an die zoologisch-botanische heran-reichte, so wurde die Expedition mit insgesamt 233 völkerkundlichen Objekten, die auf drei namhafte Museen verteilt wurden, ihrer selbstgestellten Aufgabe durchaus gerecht. Und mit dem Altar der Jaina für das Linden-Museum, einem wirklichen völkerkundlichen „Highlight", setzte sie sich selbst ein würdiges Denkmal.

Quellen

Q 21: Archiv der Deutschen Indien-Expedition, AO 1.3 Korrespondenz vor der Abreise
Q 22: Archiv der Deutschen Indien-Expedition, AO 4 Korrespondenz nach der Rückkehr

Das Archiv der Deutschen Indien-Expedition befindet sich im Biozentrum Grindel und Zoologischen Museum der Universität Hamburg, Martin-Luther-King-Platz 3, 20146 Hamburg.

13

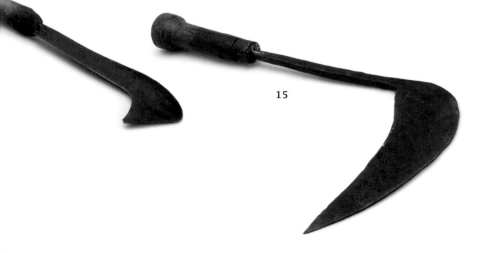

15

BUCHBESPRECHUNGEN

AFRIKA

Helga Jockenhövel-Schiecke

Soziale Reproduktion in den Zeiten von AIDS.
Waisen und ihre Familien im ländlichen Tansania.

Berlin: LIT Verlag, 2008. 184 Seiten.
ISBN 978-3-8258-1623-0.

Die Autorin behandelt in ihrem Buch die Lebenswelten von Waisen in Pangani, Tansania. Das Studienmaterial wurde 2005 im Rahmen einer dreimonatigen Feldforschung mit Hilfe qualitativer Interviews erhoben.

Nach einer ausführlichen Darstellung der Aids-Problematik und Gesundheitsversorgung in Tansania geht die Autorin auf die kindliche Lebenswelt der Schule und auf die allgemeine Situation von Waisen in Tansania ein. Sehr interessant ist in diesem Zusammenhang die ulezi-Institution, die es ähnlich in vielen Ländern Afrikas gibt. Kinder verbringen oft Abschnitte ihres Lebens bei anderen nahen Verwandten, nicht nur wenn sie Waisen sind, sondern auch auf Grund ökonomischer oder sozialer Überlegungen. Es handelt sich dabei nicht um Adoptionen sondern um meist temporäre Pflegschaften. Gerade diese ulezi-Institution ist in Zeiten von Aids ein sehr bedeutendes soziales Netz. Dadurch, dass die mittlere Generation am meisten von Aids betroffen ist, ist es auch vermehrt die Großelterngeneration, die hier miteinbezogen wird.

Im eigentlichen Hauptteil dokumentiert die Autorin sehr gut die Sichtweise und das Leben von Waisenkindern. Dabei zeigt sich, dass das Leben von ökonomischen Aspekten stark geprägt ist. Für die Kinder muss Schulgeld bezahlt werden, sie sind im Krankheitsfall zu versorgen und natürlich ausreichend zu ernähren. Das stellt für viele Familien eine große Belastung dar, die dazu führt, dass Kinder zum Einkommen beitragen müssen, im Haushalt helfen müssen und dabei nicht selten ihre schulischen Pflichten vernachlässigen. Sie lässt den Aussagen der Kinder viel Platz, beschreibt ihren oft schwierigen Alltag in den Pflegefamilien, ihr Leben in der Schule, die Arbeit, die sie zu leisten haben, ihre Zukunftsvorstellungen und ihre Erfahrungen zum Tod der Eltern.

Bei den Interviews mit Pflegeeltern oder -großeltern geht es vor allem um die Entscheidungsprozesse und Motivationen, Pflegekinder in die Kernfamilie aufzunehmen, die prekären ökonomischen Lebensumstände von Pflegemüttern und -vätern, die oft schwierige Vereinbarkeit von Kindern und Beruf, und über die unglaubliche verwandtschaftliche Solidarität, die trotz Armut in den meisten Familien herrscht.

Die Autorin geht im letzten Abschnitt schließlich auf die Lebenswelt HIV-positiver, verwitweter Mütter mit ihren Kindern ein. Auch hier ist die Armut ein zentrales Thema. Die Frauen entwickeln aber auch trotz aller Schwierigkeiten und Fährnisse einen unglaublichen Willen zum Leben und Überleben.

Das Stigma in Bezug zu HIV/Aids und das daraus resultierende kollektive Schweigen der Betroffenen, der Politik und der religiösen Institutionen ist gerade in Tansania stark präsent. Der Autorin ist es sehr gut gelungen, dieses Schweigen zumindest ansatzweise zu brechen und die sozialen, ökonomischen und emotionalen Auswirkungen von Aids auf den verwundbarsten Teil der tansanischen Gesellschaft darzustellen.

Ruth Kutalek

AFRIKA

Thomas Reinhardt

Geschichte des Afrozentrismus: imaginiertes Afrika und afroamerikanische Identität.

Stuttgart: Kohlhammer, 2007. 380 Seiten.
ISBN 978-3-17-019947-7, 3-17-019947-1.

Mit „Die Geschichte des Afrozentrismus" hat Thomas Reinhardt das erste deutschsprachige aus ethnologischer Perspektive geschriebene Buch zum Afrozentrismus vorgelegt. Das Buch umfasst insgesamt 380 Seiten und gibt neben der Auseinandersetzung mit dem Afrozentrismus einen interessanten Einblick in die Forschungsarbeit des Autors. Knapp 400 Seiten erscheinen auf den ersten Blick sozusagen als „viel Holz" für den Afrozentrismus, der erst seit den 1980er-Jahren mit dem Buch „Afrocentricity" von Molefi Kete Asante zumindest als Begriff fixiert werden kann. Natürlich aber ist der Afrozentrismus beziehungsweise eine Afrika-zentrierte Denkweise nicht im luftleeren gesellschaftlichen oder historischen Kontext entstanden. Eine Geschichte des Afrozentrismus erfordert deswegen den Blick auf programmatische Texte afrozentrischer Denker, auf die Geschichte afrikanisch-stämmiger Menschen in den USA – unmittelbar verbunden mit und nicht trennbar von der Zeit der Sklaverei. Entsprechend spannt „Die Geschichte des Afrozentrismus" den Bogen über eine jahrhundertelange Geschichte und geht auch auf aktuelle Entwicklungen des Afrozentrismus ein, wie sie sich in der Lebensweise der African Americans spiegeln.

Einen großen Raum nehmen zu Recht sowohl die Werke von Molefi Kete Asante ein als auch weitere Konzepte von African Americans, die Afrika in den Mittelpunkt des Denkens gestellt haben und stellen. Herausgearbeitet und kritisch beleuchtet werden auch afrozentrische Aussagen über den Beitrag afrikanischer Gesellschaften zur Weltgeschichte, die mal mehr und mal weniger wissenschaftlich anhand von Primärquellen belegbar sind. Der Autor zeigt außerdem, dass Afrozentrismus sozusagen unterschiedliche Spielarten hat. Es gibt einen wissenschaftlichen Zweig des Afrozentrismus ebenso wie ein Afrika-zentrisches Leben. Überraschend und auf den ersten Blick ungewöhnlich erscheint der Blick auf Haiti im dritten Kapitel des Buches. Nachgezeichnet wird der Freiheitskampf der schwarzen Sklaven anhand wichtiger Protagonisten der haitianischen Revolution und in den Kontext seiner Bedeutung für die Situation und die Entwicklung in den USA gestellt. Nun ist diese Überraschung jedoch in dem Sinne klar, als die haitianische Revolution weder für die europäische Geschichtsschreibung noch für entsprechende Diskurse eine besondere Rolle spielt, geschweige Teil eines allgemeinen historischen Wissens ist. Die Sicht des schwarzen US-Amerika auf die Revolution in Haiti unter den Vorbedingungen der Sklaverei gehört deswegen zu den interessantesten Kapiteln des Buches – auch und gerade für diejenigen, die sich bereits intensiv – aus welcher wissenschaftlichen Perspektive auch immer – mit dem Afrozentrismus und der Geschichte der African Americans auseinandergesetzt haben. Vor allem mit diesem Kapitel eröffnet der Autor eine neue und erweiterte Perspektive auf die Geschichte der African Americans.

Neben der „vergessenen" haitianischen Revolution wird ein Teil der Geschichte des Afrozentrismus anhand bedeutender Personen der afroamerikanischen Geschichte der USA nachgezeichnet. So kommen wichtige Denker, wie DuBois oder Douglass ebenso zu Wort, wie Personen aus der Zeit der Sklaverei im Zusammenhang mit dem je vorhandenen Bild von Afrika. Deutlich wird, dass quasi mit Ausbleiben neuer Sklaven der afrikanische Kontinent teilweise mystifiziert, glorifiziert und imaginiert wurde. Ein Prozess, der vielleicht logisch ist, wenn gleich ein ganzer Kontinent in den Blick rückt und nicht nach einzelnen afrikanischen Kulturen differenziert wird. Dies war bei den eurozentrischen Denkern nicht anders als es heute bei zumindest einigen, wenn nicht sogar den meisten Afrozentristen ist. Und ist im Übrigen auch bei denen nicht anders, die aus romantischen Gesichtspunkten heraus nach „Afrika" fahren – auch wenn hier die Beweggründe natürlich andere sind als für African Americans, bei denen eine Reise nach Ghana den Charakter einer Pilgerfahrt annimmt. Afrika-zentrisch, auch dies zeigt der Autor, erschöpft sich aber nicht darin. Afrika-zentrisch meint auch, das Hören afrikanischer Musik, Tragen afrikanischer Kleidung sowie die Annahme eines afrikanischen Vornamens bis hin zu einem eigenen Festkalender, mit Kwanzaa als wichtigstem Fest. Hinzu kommen Ausprägungen des Afrozentrismus, die durchaus einen religiösen Impetus tragen; sie werden ebenso, wie eine organisierte Gruppenreise von African Americans, die der Autor begleitete, in diesem Werk behandelt. An dieser Stelle hätte ich als Leserin gerne mehr gewusst und zwar sowohl über die Motivation der Teilnehmer als auch über die Reaktion der ghanaischen Bevölkerung. Allerdings ist dies ebenso wie der damit zusammenhängende, durchaus auch religiöse Charakter zumindest einiger afrozentrischer Vorstellungen, ein sehr großes Fass.

Der Autor zeigt, dass eine afrozentrische Betrachtungsweise – ebenso wie eine eurozentrische – für sich in Anspruch nimmt, die einzig legitime und „wahre" Beschäftigung mit „Afrika" zu sein. Sie nimmt also das gleiche Recht für sich in Anspruch, wie zumindest frühere europäische Wissenschaftler, auf die afrozentrische Denker regelmäßig verweisen. Insofern hält der Afrozentrismus der europäischen Geschichtsforschung und -schreibung einen Spiegel vor – auch wenn sich diese in den letzten Jahrzehnten weitgehend von einer Deutung, in welcher der afrikanische Kontinent nur eine marginale Rolle spielt, wenn nicht sogar rassistische Konnotationen trägt, weitgehend abgewandt hat.

Kann und sollte man die Wahrheitsfrage aber überhaupt stellen? Eine interessante Frage. Was ist Wissenschaft beziehungsweise ab wann ist etwas Wissenschaft? Eine ebenso interessante Frage, die auch den Autor beschäftigt. Beginnt sie dort, wo es Lehrstühle und ein universitäres Umfeld gibt? Dann ist Afrozentrismus mit Fug und Recht eine, denn „Black Studies" hat Einzug in die US-amerikanische Hochschulbildung genommen. Bedeutet Wissenschaft eine möglichst neutrale Haltung und auch, die eigenen Ergebnisse in einem – auch kontrovers zu führenden Diskurs – immer wieder aufs Neue zu überprüfen und der Diskussion zu stellen? In diesem Sinne mag Afrozentrismus keine Wissenschaft sein. Die Frage wäre aber, ob in diesem Sinne zum Beispiel Theologie eine Wissenschaft ist, die mithin auch an Universitäten gelehrt wird.

Afrozentrismus (in seiner wissenschaftlichen „Spielart") hat einen wissenschaftlichen Anspruch und muss sich entsprechend auch der wissenschaftlichen Kritik stellen, um gleichberechtigt zu sein. Dies ist eine der Ausgangsthesen des Autors. Wie der Autor richtig schreibt, verschwimmen aber im Afrozentrismus die Grenzen zwischen historischer Möglichkeit und historischer Wirklichkeit an den Stellen, wo die Afrika-zentrische Wissenschaft (ausschließliche) Verdienste des afrikanischen Kontinents für die Entwicklung von Kultur und Zivilisation behauptet. Zu nennen ist hier eine Kernvorstellung des Afrozentrismus, die des „schwarzen Ägypten". Der Anspruch des Afrozentrismus ist eine spezifisch „schwarze" Geschichtsschreibung, also eine Geschichtsschreibung aus „afrikanischer" Perspektive. Diese Perspektive ist sicherlich genauso wenig „ergebnisoffen", wie es die europäischen Perspektiven waren, die mit Fug und Recht als eurozentrisch bezeichnet werden können. So ist die Geschichte des Afrozentrismus auch eine Geschichte von Deutungshoheiten, wobei afrozentrische Denker sich meist auf diejenigen europäischen Denker beziehen, die den afrikanischen Gesellschaften und mithin ganz Schwarzafrika weder Rolle noch Relevanz in und für die Weltgeschichte zubilligten. Dem Buch ist sozusagen der wissenschaftliche Eiertanz anzumerken, der das Thema Afrozentrismus hervorruft. Eine „Geschichte des Afrozentrismus" zu schreiben, ist kein leichtes Unterfangen, wenn man den wissenschaftlichen Anspruch des Afrozentrismus beim Wort und damit ernst nimmt – erklärtes Ziel des Autors (S. 20). Selbstverständlich kann man in einer wissenschaftlichen Diskussion andere wissenschaftliche Ansätze kritisieren – auch hart an der Sache. Vielleicht ist dies im Fall des Afrozentrismus besonders schwer. Dies führt der Autor beispielhaft aus, wenn er schreibt, dass Afrozentristen Kritik als quasi typisch eurozentrisch wiederum selber kritisieren. Dennoch bedingt eine wissenschaftliche Auseinandersetzung auch mit dem Afrozentrismus eine durchweg wissenschaftliche Sprache. Diese Ebene verlässt der Autor an einigen Stellen leider, wenn er gewisse Passagen beziehungsweise Ergebnisse afrozentrischer Werke als „bizarr" (S. 20, 26) oder „grotesk" (S. 241) bezeichnet. Hier hätte ich mir eine neutralere Haltung gegenüber dem Forschungsgegenstand gewünscht, also mehr „Geschichte" und weniger „Bewertung".

Wäre Afrozentrismus unter den Nachfahren der ehemaligen Sklaven in Brasilien oder auf Kuba möglich? Ob und welche Zusammenhänge bestehen zwischen dem Afrozentrismus im Umfeld des US-amerikanischen Protestantismus? Um solche Fragestellungen geht es in diesem Buch nur am Rande und dies ist auch legitim. Auf diese Fragen sollte eine weitere Erforschung des Afrozentrismus ihr Augenmerk richten und dies wird und sollte sowohl Aufgabe von Ethnologen als auch Religionswissenschaftlern sein. In dem Kanon einer ethnologischen und religionswissenschaftlichen Erforschung der African Americans in den USA wird das Werk in jedem Fall seinen festen Platz einnehmen. Es gehört aus meiner Sicht zur Pflichtlektüre für alle, die sich nicht nur mit der Geschichte des Afrozentrismus und der African Americans beschäftigen wollen, sondern generell mit der US-amerikanischen Geschichte.

Kerstin Probiesch

Josef Drexler

Öko-Kosmologie – Die vielstimmige Widersprüchlichkeit Indioamerikas.

Ressourcenkrisenmanagement am Beispiel der Nasa (Paéz) von Tierradentro, Kolumbien. Ethnologische Studien Bd. 40, Berlin: LIT Verlag, 2009. 314 Seiten. ISBN 978-3-8258-1926-2.

Bei der vorliegenden Studie handelt es sich um eine Habilschrift, die an der Universität München eingereicht wurde. Sie basiert auf langjährigen Feldforschungsaufenthalten des Verfassers in Kolumbien. Erforscht wurden sowohl indigene Völker des nördlichen Tieflandes (Zenú) als auch des südlichen Hochlandes (Paéz) sowie Campesinos und afroamerikanische Gruppen der Karibikküste. Die Nasa (Paéz) stehen im Focus des Buches, die Erfahrungen und Erkenntnisse aus den vorhergehenden Feldforschungen fließen jedoch selbstverständlich mit ein, was immer wieder eingeflochtene Vergleiche auch verdeutlichen. Der Verfasser ist ein ausgewiesener Kenner Kolumbiens, seiner indigenen Gruppen und nicht zuletzt seiner schwierigen politischen Verhältnisse, die den dort forschenden Wissenschaftler vor besondere Herausforderungen stellen. Die politischen Spannungen sowie die abwechselnde Präsenz von Paramilitärs, Mitgliedern der FARC (Fuerzas Armadas Revolucionarias de Colombia) und nicht zuletzt des kolumbianischen Militärs sind ständiger Begleiter des Forschers. Sie sind darüber hinaus aber vor allem prägend für das Leben der Kolumbianer, insbesondere der Landbevölkerung. War zunächst beabsichtigt, den aus seiner ersten Feldforschung hervorgegangenen „kognitiv-kosmologischen Ansatz einer neuen Wirtschaftsethnologie" weiter zu entwickeln, so stellte sich sehr schnell heraus, dass „Theorie und Praxis" nicht nur extrem weit auseinanderklafften, sondern teilweise explizit widersprüchlich waren. Konkret: Die aus der Kosmologie abgeleitete Nutzung der Ressourcen prallt auf eine harte, durch zunehmenden Land- vor allem aber Wassermangel geprägte Realität. Ein Faktor, der sich in den nächsten Jahrzehnten im gesamten Andengebiet deutlich bemerkbar machen wird. Wie jedoch wirken sich die zum Überleben notwendigen Anpassungen und damit Übertretungen der Regeln auf die dialektische Weltsicht der Nasa aus, die auf einer Philosophie der Harmonisierung zwischen den Polen links/rechts, heiß/kalt basiert? Auf die Weltsicht, die durch ihr agrar-öko-kosmologisches Denken die Lebens- und Handlungsweise der Nasa strukturieren

sollte? Wie können die Schamanen die ständig durch die Übertretungen erzürnten Gottheiten noch besänftigen?
Um diese Problematik zu verdeutlichen, werden verschiedene Beispiele aus dem Kontext der Nasa, ein Bauernvolk, herangezogen. So bildet das „Säen" ein kulturelles Schlüsselkonzept der Nasa, bedeutet es doch nicht nur Aussaat, sondern grundsätzlich „lebensnotwendige Bedingungen" herzustellen. Die Grundlage der Nasa-Subistenz war bislang der Brandrodungsfeldbau. Lohnarbeiten außerhalb der *comunidad* waren nicht anerkannt. Der zunehmende Bevölkerungsdruck sowie sich verschärfende ökologische Bedingungen (Wassermangel, Erosion) führten jedoch zu starken Ertragsrückgängen, sodass auf andere Mittel zur Subsistenzsicherung zurückgegriffen werden musste – unter anderem auch auf Drogenanbau, was neue Probleme generierte. Hinzu kamen starker Druck von Seiten des kolumbianischen Staates und der Indianerbehörde. Das uralte Muster, mit dem indigene Gemeinschaften um ihr Land gebracht wurden, griff auch hier: Nur bestelltes Land ist genutztes Land, die brach liegenden Flächen werden anderweitig verteilt. Dem stellt der Autor mittels analytischer Betrachtungen der Ursprungsmythen und einer Darstellung des Natur-Konzeptes die Kosmologie der Nasa gegenüber. Berücksichtigt werden dabei auch die Einflüsse

der evangelikalen Missionierung. Die Essenz des Kapitels bilden schließlich die Gegenstrategien: Retraditionalisierung, Reinventio und schamanische Rituale einer „Territorialhygiene". Hierbei kommt der Heiß-Kalt-Dichotomie eine große Bedeutung zu. Die Schamanen reagieren zumeist mit Kühlungsritualen auf die als „heiß" angesehenen Schäden. Besonders beeindruckend ist hier das Beispiel der Brandrodung. Der Autor zeigt hier an einigen Beispielen auf, dass eine beabsichtigte Wiederaufforstung teilweise nicht funktioniert. Die als kühlend, Wasser bringend angesehenen endemischen Baumarten sollen die „heißen" Baumarten Pinie und Eukalyptus ersetzen. Dennoch werden neu angelegte Areale niedergebrannt und zum Feldbau benutzt. Der Glaube an die früheren Gottheiten, die Respekt vor der Erde verlangten, ist verschwunden. Die Erde ist nicht mehr heilig, sie ist profan. Warum sollte man Götter respektieren, an die man nicht mehr glaubt? „ [...] die Sakralisierung lebenswichtiger ökologischer Naturreserven, ein grundlegendes Moment indianischen Denkens und Handelns wird aufgehoben, ein Regelverstoß bedeutet keine Transgression, kein Überschreiten eines sakralen Verbotes mehr, alles ist erlaubt [...]" (S.144). Möglicherweise ist dies ein Resultat langer Missionierungsversuche oder aber der Traditionen der Nasa, bei deren Brandrodungsfeldbau ein Wiederaufforsten nicht vorgesehen ist. Der zweite Teil des Buches bietet ein Resümee sowie einen Vergleich mit den Zenú. Die Schlussfolgerung des Autors geht letztlich in die Richtung, dass „die Zeit der traditionellen Dorf- und Stammesmonographien" vorbei ist. Die zahlreichen Fallbeispiele, gründlich analysiert und auf äußere Einflüsse „abgeklopft", untermauern diese These. „Die Indigenen" gibt es nicht mehr (gab sie es je?), der Forscher stößt auf eine schon beinahe „atomisierte" Gesellschaft, uneinig in sich selbst, verschiedenen Richtungen folgend, von verschiedenen Seiten beeinflusst, vereinnahmt, unter Druck gesetzt. Ein Bild, das nicht nur die Nasa bietet. Dem Autor ist die schwierige Aufgabe gelungen, dieses zersplitterte Bild einzufangen, aufzubereiten, in einen theoretischen Rahmen zu stellen. Verbunden damit ist eine profunde Kritik an bereits bestehenden Studien. Ein umfangreiches Glossar erleichtert den Zugang zum Text. Ein Buch, das deutlich macht, welchen Faktoren sich ein Ethnologe „im Feld" heutzutage stellen muss. Es steht zu befürchten, dass dieses „atomisierte" Bild indigener Völker zumindest in Südamerika eher die Regel als die Ausnahme bilden wird. Wir Ethnologen werden mit neuen Fragestellungen darauf reagieren müssen.

Doris Kurella

Astrid Erhartt-Perez Castro

Tlatel – Die Stadt am Müll.
Müll als Ressource für eine nachhaltige Stadtteilentwicklung in Mexiko-Stadt.

Tlatel – la ciudad en la basura. Basura como recurso para un desarrollo urbano sostenible en la Ciudad de México. In der Reihe Investigaciones – Forschungen zu Lateinamerika, Bd. 10. Herausgegeben von der Arbeitsgemeinschaft Österreichische Lateinamerika-Forschung. Wien: LIT Verlag, 2009. 185 Seiten. ISBN 978-3-8258-1781-7 (Deutschland).

Die Fallstudie der österreichischen Architektin Astrid Erhartt-Perez Castro fokussiert auf die Bedeutung von Müll für die Entwicklung eines Stadtteils im Großraum Mexiko-Stadt. Sie verarbeitet die Ergebnisse eines halbjährigen Forschungsaufenthaltes 2005 in Mexiko. Der komplette Text ist zweisprachig Deutsch-Spanisch verfasst und somit bleiben die Ergebnisse der ihm zugrunde liegenden Diplomarbeit erfreulicherweise auch den Personen im Untersuchungsland zugänglich. Die Arbeit ist in drei Teile gegliedert. Zunächst betrachtet die Autorin die allgemeinen Bedingungen der Stadtentwicklung von Mexiko-Stadt und die

ökologische, wirtschaftliche und soziale Bedeutung von Müll in Städten. Beginnend steht ein kurzer geschichtlicher Abriss zur vorkolonialen Gründung und dem zunehmend rasanten Wachstum von Mexiko-Stadt seit der Eroberung. Dass die vorspanischen Ereignisse in aller Kürze abgehandelt werden, ist der Art der Arbeit sicher angemessen, dass die Autorin hierbei aber – auch an späteren Textstellen, die sich zum Beispiel auf das aztekische Stadtmanagement beziehen – auf konkrete Quellenangaben verzichtet, ist schade. Sie leitet dann über zu den heutigen Umweltproblemen einer Megastadt, unter die auch das Müllproblem gefasst wird. Müll führt die Autorin im Folgenden aber auch als wichtige wirtschaftliche und soziale Ressource ein, um die sich ein ganzer Kreislauf mit Müllsammlern, Müllsortierern, Zwischenhändlern, Wertstoffzentren etc. entspannt. Schließlich geht die Autorin kurz auf die konkreten Akteure auf den Müllhalden in Mexiko-Stadt ein und stellt diese als informelle Unternehmen dar. Ein *líder*, auch mit dem vorspanischen Begriff *cacique* bezeichnet, kontrolliert die ihm unterstehenden Müllsortierer, *pepenadores*, in wirtschaftlicher, sozialer und politischer Hinsicht. Die *pepenadores*, auf die im weiteren Verlauf der Arbeit auch der Hauptaugenmerk der Autorin fällt, arbeiten nicht nur im Familienverbund auf den Müllhalden, sondern wohnen dort auch in informeller

Weise, so dass sich eine Gesellschaft mit eigenen Regeln, Gesetzen und Werten auf und um den Müll bildet, die den Müllhalden immer weiter an den Stadtrand folgt. Der zweite Teil stellt eine Stadtteilanalyse des Viertels Tlatel-Xochitenco am Rande von Mexiko-Stadt im Gebiet des ehemaligen Texcoco-Sees dar. Das Viertel wurde durch (erzwungene) Umsiedlung von *pepenadores* von einer entfernt liegenden Müllhalde zusammen mit der Ansiedlung zweier anderer Interessensgruppen gebildet. Da von Anfang an ein starker Kampf um die Landparzellen bestand, konnte sich keine solidarische Stadtteil-Gemeinschaft bilden. Die Autorin schildert knapp die Bebauungsart, die soziale Infrastruktur sowie die Wohnstruktur, die sich als sehr beengt und nicht sehr nachhaltig erweisen. Das dominierende Element des Stadtviertels ist die hier nach der Besiedlung in unmittelbarer Nachbarschaft entstandene neue Müllhalde, die optisch, vom Gestank und als Arbeitsstätte das Viertel prägt. Die Einstellung der Bewohner zu ihrem Viertel sowie ihre Wünsche und Bedürfnisse erhebt die Autorin in Interviews mit Erwachsenen sowie Malworkshops und Fotoprojekten mit Kindern. Leider werden die methodischen Fragestellungen, die dem zugrunde liegen, in der Publikation kaum ausgeführt.

Im dritten und letzten Teil entwirft Erhartt-Perez Castro aufgrund der Schlussfolgerungen aus Teil 2 ein städtebauliches Entwicklungskonzept für den Stadtteil Tlatel-Xochitenco. Ziel ist die Verbesserung der Lebensqualität, dabei wird die Müllhalde als Potenzial genutzt. Aufgrund ihrer Analysen in Teil 2 hat sie das Grenzgebiet zwischen Müllhalde und Stadtviertel als „Ort der Intervention" gewählt. Die vormals negative oder fehlende Identifikation mit dem Stadtviertel aufgrund der Müllhalde möchte sie durch die Bebauung des Grenzstreifens mit einem multifunktionalen Werkstätten-, Bildungs- und Kulturzentrum zu einer positiven Stadtteilidentifikation umbilden. Die Ressourcen der Müllhalde sollen für die Werkstätten genutzt werden, in denen die Bewohner durch kostenlose Kurse neue (handwerkliche) Fähigkeiten erwerben, die sie längerfristig in eigene kleine Handwerksbetriebe investieren können. Eine Biogasanlage soll langfristig die organischen Abfallstoffe in Energie umwandeln, die für die Werkstätten und den Stadtteil genutzt werden kann. Die bemängelten fehlenden Freizeitmöglichkeiten würden durch Bibliothek, Kulturräume, Grünflächen und Spielplätze kompensiert. Leider geht sie an dieser Stelle nicht noch einmal auf die politisch soziale Struktur der *lideres* und anderer Gruppen im Stadtteil ein, deren Einbindung sicher für das Zustandekommen eines solchen Projektes auch wichtig wäre. Diese Publikation wirft ein interessantes Schlaglicht auf eine wenig berücksichtigte Gruppe in der Stadt, eine umfassende soziologische oder ethnografische Studie kann sie – und will sie vermutlich – nicht sein. Die Zusammenhänge werden aber nicht zuletzt durch die eingängigen grafischen Darstellungen der Akteure und Beziehungen sehr plastisch aufgearbeitet.

Katrin Kobler

Martin van Bruinessen
& Julia Day Howell (Hg.)

Sufism and the ‚Modern' in Islam.

London: I. B. Tauris, 2007. 367 Seiten. Mit
Beiträgen von: Martin Bruinessen, Julia Day
Howell, Rachida Chih, Brian Silverstein,
Matthijs van den Bos, Benjamin F. Soares,
Izchak Weismann, Yoginder Sikand, Michael
Laffan, Leonard A. Villalón, Pnina Werbner,
Patrick Haenni und Raphael Voix, Celia Genn,
John O. Voll.
ISBN 978-1-85043-854-0.

Catharina Raudvere & Leif Stenberg (Hg.)

Sufism Today.
Heritage and Tradition in the
Global Community.

London: Tauris, 2009. 259 Seiten.
Mit Beiträgen von: Catharina Raudvere, Leif
Stenberg, Paul L. Heck, Andreas Christmann,
Ron Geaves, Simon Stjernholm, Heiko Henkel,
Paulo G. Pinto, Uzma Rehman, Margaret J.
Rausch, Oluf Schönbeck, Sören Christian
Lassen, Gritt Klinkhammer.
ISBN 978-1-8451-1762-7.

Angesichts der medienvermittelten Dominanz von Themen wie Fundamentalismus, Islamismus oder „Dschihad" im Zusammenhang mit dem Islam gerät die
zentrale und sogar zunehmende Bedeutung des Sufismus weltweit oftmals aus
dem Blick.
Dies gilt jedoch nicht nur für den Me-
diendiskurs. Auch wissenschaftlich ist
festzustellen, dass sich noch vergleichsweise wenige Arbeiten dem zeitgenössischen Gesicht – beziehungsweise den
„Gesichtern" – des Sufismus widmen.
Noch in den Anfängen befinden sich vor
allem Versuche, den neuen Realitäten
auch theoretisch zu begegnen und diese
anhand vergleichender Studien zu be-
leuchten. Wissenschaftliche Konferenzen
und daraus entstehende Publikationen
sind deshalb von zentraler Bedeutung für
die Erschließung einer komplexen Thematik, die nicht zuletzt vom Austausch
spezialisierter Fachwissenschaftler lebt.
Zwei Sammelbände leisten einen wichtigen Beitrag: „Sufism and the ‚Modern' in
Islam", herausgegeben von Martin van
Bruinessen und Julia Day Howell, basiert
auf den Vorträgen einer Tagung in Bogor,
West Java, vom 4. bis 6. September 2003,
die für die 2007 erschienene Publikation überarbeitet wurden. „Sufism Today"
(2009), herausgegeben von Catherina
Raudvere und Leif Stenberg, geht auf
eine Arbeitstagung im Rahmen des Projekts „Exile and Tradition. Transnational

Contemporary Sufism" der Universitäten
Kopenhagen und Lund (2006) zurück.
„Sufism and the ‚Modern'" ist klar ge-
gliedert und fasst die Beiträge unter
verschiedenen thematischen Gesichtspunkten zusammen. Im ersten Teil des
Bandes sind Aufsätze zur Ausgestaltung
sufischer Organisation und Praxis der Gegenwart versammelt. Behandelt werden
Ägypten (Rachida Chih zu Khalwatiyya-
Zweigen), die Türkei (Brian Silverstein zur
Iskenderpasha-Linie der Naqshbandiyya-
Khalidiyya), Iran (Matthijs van den Bos
zu schiitischen Orden), Mali (Benjamin
F. Soares zu neuartigen „Sufis und Heili-
gen") und Indonesien (Martin van Bruinessen) und damit – wie im gesamten Band
– verschiedenste Regionen der islamisch
geprägten Welt. Die Autoren erarbei-
ten Besonderheiten und Veränderungen
im Zusammenhang mit gesellschaftli-
chem Wandel, vor allem bezogen auf
die Organisationsformen der Orden und
sich verändernde Autoritätsstrukturen.
Für Indonesien, Schwerpunktregion des
Bandes, analysiert Herausgeber van
Bruinessen „Heilige, Politiker und Sufi-
Bürokraten" für die Zeit der „Neuen Ord-
nung" unter Suharto. In dieser Zeit sind
synkretistische Tendenzen des Sufismus
zunehmend durch einen orthodoxen Islam ersetzt worden. Im Zuge der gesellschaftlichen, wirtschaftlichen und politischen Veränderungen entwickelten die
Sufi-Orden einen „Scharia-orientierten"

Sufismus. Gleichzeitig gewannen sie an sozialer und politischer Bedeutung und entwickelten neue, formellere Organisationsformen bis hin zu explizit politischen Organisationen. Andererseits spielen charismatische Sufis mit besonderen spirituellen Gaben weiterhin eine wichtige Rolle, nicht zuletzt in ihrer Bindung an politische Akteure. Die erfolgreichsten Sufis sind Charismatiker und moderne Organisatoren in einem.

Der zweite Teil des Werkes behandelt das Verhältnis von Sufismus und islamischer Reform. Was traditionell als einander diametral entgegengesetzte, konfliktive Tendenzen angesehen und beschrieben wurde, sieht in der Realität oft anders aus. Wegweisend für Strömungen, die beide Richtungen verbinden, waren muslimische Reformer in Indien. Dem tragen gleich zwei Aufsätze Rechnung (Izchak Weismann über den „Sufi-Fundamentalismus" zwischen Indien und dem Mittleren Osten und Yoginder Sikand über die Anfänge der Tablighi Jama'at unter den Meo in Mewat), gefolgt von Beiträgen über Indonesien (Michael Laffan zu den Zeitschriften „Salafy" und „Sufi") und Senegal (Leonard A. Villalón zu „Sufi Modernities in Contemporary Senegal"). Im dritten Teil schließlich geht es um gänzlich neue Erscheinungsformen sufischer Religiosität. „Breaking out of the mould: Sufism in new settings" beinhaltet zwei Beiträge, die sich auf die Situation in westlichen Gesellschaften beziehen (Pnina Werbner zu translokaler Verbundenheit unter südasiatischen Sufis in Großbritannien und Celia Genn im abschließenden Beitrag zu einem „modernen westlichen Sufismus" für Australien), einen weiteren Artikel über Indonesien (Julia Day Howell zu neuen indonesischen Sufi-Netzwerken) sowie einen Beitrag zu Marokko (Patrick Haenni und Raphael Voix zu „New Age"-Eklektizismen und Sufismus).

In der Untersuchung von neuartigen Ausprägungen sufischer Religiosität ähnelt dieser dritte Teil auch der Schwerpunktsetzung des zweiten hier besprochenen Bandes „Sufism today".

Nach Pnina Werbner bringen die neuartigen sozialen Beziehungen durch Sufi-Netzwerke in Großbritannien Menschen ganz unterschiedlicher Hintergründe miteinander in Verbindung. Gleichzeitig finden sich an ein und denselben Orten Sufi-Zirkel verschiedenster Orientierung. Schließlich hegen Menschen auch individuell ganz unterschiedliche Erwartungen an ihre spirituellen Führer, was eine weitere Differenzierung der Analyse notwendig macht. Werbners Feldforschungen unter zwei Gruppen in Manchester beleuchtet aber auch die erstaunlichen Ähnlichkeiten zwischen sehr unterschiedlichen Gruppierungen, vor allem in Bezug auf das Gemeinschaftserlebnis und die Bindung an den Scheich.

Julia Day Howell, Mit-Herausgeberin des Bandes, behandelt einen weiteren Aspekt des indonesischen Sufismus: die neue Begeisterung seitens indonesischer muslimischer Eliten. Für diese halten die Orden und kommerziell orientierte islamische Bildungseinrichtungen ein reiches Kursangebot bereit. Solche Institutionen sind zentrale Knotenpunkte der neuen urbanen Sufi-Netzwerke. Damit einher geht die Reinterpretation des Sufismus als mit der Orthodoxie kompatibel, allerdings bei gleichzeitiger Hinwendung auch zu einer neuen, „experimentellen" Spiritualität.

Für Marokko berichten Haenni und Voix von „New Age"-Eklektizismen unter dem marokkanischen Bürgertum, die durch eine Neuentdeckung sufischer Orientierungen als islamisch verstanden und ausgestaltet werden. Eine besondere Rolle spielt hierbei die aus der Qadiriyya hervorgegangene Budshishiyya, wobei aber die gleichzeitige Zugehörigkeit zu mehreren Orden weit verbreitet sei. Damit individualisiert sich die sufische Praxis weiter in Richtung auf partikulare Eklektizismen.

Abschließend beschreibt Celia Genn eine Öffnung des Sufismus gegenüber Nicht-Muslimen und die daraus entstehenden Entwicklungen anhand der internationalen Sufi-Bewegung Hazrat Inayat Khans in Australien. Sie beschreibt die Entstehung der Bewegung und die Entwicklung hin zu einer transnationalen Organisation, die sich von einer streng muslimischen Identität emanzipiert und moderne soziale Formen angenommen hat, die neue Möglichkeiten der Kommunikation erfolgreich nutzen. Allerdings entstehen in diesem Zusammenhang auch verstärkt interne Konflikte.

Den drei Teilen angefügt ist ein theoretischer Beitrag John O. Volls, der Überlegungen um theoretische Ansätze zum Verständnis sufischer Religiosität, speziell der Orden, in der Gegenwart, zur Debatte stellt. Er schlägt drei Rahmenthemen zur Analyse vor: „Volksislam und Popkultur", tariqas und Globalisierung bzw. „Globalisierung" sowie „zeitgenössischer Sufismus und Post-Materialismus" und formuliert den Wunsch nach einer verstärkten Beachtung gerade der Sufi-Orden auch in der Wissenschaft.

Der Band „Sufism Today" ist nicht vergleichbar unterteilt, die zwölf Beiträge des Bandes stehen unverbunden nebeneinander. Das der Publikation zugrunde liegende Forschungsprojekt „Exile and Tradition" legte den Schwerpunkt auf muslimische Alltagspraktiken in der Diaspora – entsprechend liegt auch in „Sufism Today" ein Akzent auf den Sufi-Gemeinschaften im Westen, der sich nicht nur an einem leichten quantitativen Übergewicht der entsprechenden Beiträge, sondern auch an der aus der Vergleichbarkeit entstehenden theoreti-

schen Dichte des Themenschwerpunkts festmachen lässt.

Allerdings fehlt eine Zusammenfassung der einzelnen Beiträge, auch die Einleitung gibt keine kurzen Hinweise auf die einzelnen Artikel. Dafür übernimmt sie die Funktion theoretischer Reflektionen zum Thema und zu relevanten Konzepten, wie etwa „Diaspora", „Transnationalismus" und „Translokalität", und stellt einen Analyserahmen vor, der für die Teilprojekte von „Exile and Tradition" entwickelt wurde und sich auf vier Bereiche sufischer religiöser Ausdrucksformen bezieht („discourses, practices, communities and institutions").

Neben den Artikeln zum Sufismus in der Diaspora schließt der Sammelband auch Fallstudien aus der islamisch geprägten Welt mit ein: Paul L. Heck schreibt zu „The politics of Sufism" am Beispiel der Geistlichen Muhammad al-Habash (Syrien) und Abd al-Salam Yasin (Marokko); Andreas Christmann zur „Transnationalisierung" persönlicher und religiöser Identitäten am Beispiel der Nach- und Neudichtung des kurdischen sufischen Werks „Mem u Zin" durch den arabisierten Geistlichen al-Buti in Syrien; Paulo G. Pinto zur Tariqa Qadiriyya in Aleppo, Uzma Rehman zu den Heiligtümern (mazar) von Saiyid Pir Waris Shah und Shah 'Abdu'l Latif Bhitai, wobei sie sich in der Analyse maßgeblich auf das Konzept des „sacred exchange" Pnina Werbners (siehe

oben) bezieht. Von Heiko Henkel kurz vorgestellt wird auch in „Sufism Today" die „Iskender-Pasha"-Linie der türkischen Naqshbandiyya in ihren erfolgreichen Bemühungen, ein an den religiösen Quellen orientiertes Sufitum mit aktivem Engagement in der heutigen Gesellschaft zu vereinbaren. Im Vergleich mit dem Beitrag Brian Silversteins zum gleichen Orden in „Sufism and the ‚modern'" ist dieser Aufsatz, allein schon aufgrund des geringeren Umfangs, als Überblicksartikel zu werten. Die Tatsache, dass sich in beiden Bänden ein Beitrag zum Thema findet, verweist allerdings auf dessen hohe Relevanz. Von Interesse sind der Wandel und die Anpassung der Ordenslinie an die neuen politischen und gesellschaftlichen Gegebenheiten: Statt der unio mystica stehen nunmehr die Disziplinierung des Selbst und die moralische Entwicklung im Vordergrund, hervorzuheben ist aber auch „sohbet" als wichtige „Übung", die neben dem spirituellen Gespräch unter dem Meister auch eine Aktualisierung von Gemeinschaft bedeutet. Dies geschieht institutionell in „Stiftungen" und „Gemeinschaften". In einem solchen, von Silverstein hervorgehobenen „Stiftungs-Sufismus" kommt nicht zuletzt dem Dienst am Nächsten (hizmet) Bedeutung zu, der für den „Fuß in der Welt" (Titel des Henkelschen Beitrags) steht.

Der erste Beitrag im Band, der sich des

Diaspora-Sufismus annimmt, ist ein Überblick über die Forschungen der Herausgeberin, Catharina Raudvere, zu bosnischen Muslimen in Malmö / Schweden. Sie basiert auf Feldforschungen sowohl in Schweden als auch in Bosnien-Herzegowina. Die Notwendigkeit von Recherchen auch in Bosnien selbst hängt mit einer nach wie vor sehr starken Bindung an „Heimat" und Familie unter bosnischen Muslimen zusammen. Für die Situation des Sufismus in Bosnien hält die Autorin acht wesentliche Charakteristika fest, die von nach wie vor wichtigen, historisch bedingten Besonderheiten bis zu internationalen Einflüssen und Beziehungen reichen.

Dies weist auf die Komplexität der Entwicklungen hin, die sich für die Diaspora-Situation in Schweden noch verstärken. Hier gibt es direkte Einflüsse aus Bosnien, andererseits sind für viele Muslime auch transnationale Gruppierungen von großem Interesse – in denen man bereits Schwedisch spricht. Sie nennt die Naqshbandiyya-Halidiyya und die Bewegung Fethullah Gülens, in deren Zusammenhang wie in Bosnien auch die Beziehungen zur Türkei relevant werden. Schließlich und vor allem ist aber auch die Relevanz von privaten und semiprivaten Räumen für das religiöse Leben zu betonen – damit steht die Situation in Malmö für die Komplexität des transnationalen muslimischen Lebens in Europa.

Im Anschluss daran stellt Ron Geaves ein faszinierendes Beispiel von „Kontinuität und Wandel" des Sufismus am Beispiel eines Naqshbandi-Ordens in Großbritannien vor. Pir Wahhab Siddiqi (Coventry), Naqshbandi-Sufi in Barelwi-Tradition, starb 1994. 1997 wurde sein Leichnam von der ursprünglichen Ruhestätte an einer Moschee an die von ihm konzipierte islamische Bildungsinstitution überführt, bei der ihm ein prachtvolles Museum errichtet wurde. Damit ist eingetreten, was für unwahrscheinlich gehalten worden war – im Gegensatz zur nach wie vor wichtigen Bindung südasiatischer Muslime an Schreine in Pakistan beziehungsweise Indien steht nun ein „heiliger Ort" in Großbritannien selbst zur Verfügung. Allerdings hat sich nach Beobachtungen des Autors in den letzten Jahren viel verändert. Der Nachfolger des Scheichs sieht die Institution „pir" an Bedeutung verlieren, der Komplex College-Mausoleum-Moschee hat ein zunehmend britisches Äußeres und eine weltlichere Orientierung angenommen.

Simon Stjernholm widmet sich den Naqshbandi-Haqqani in London als einer translokalen Sufi-Bewegung. Die Naqshbandi-Haqqani-Linie ist weltweit eine der wichtigsten sufischen Bewegungen. Sie konzentriert sich auf den charismatischen Shaykh Nazim, zunehmend allerdings auch auf dessen engste Anhängerschaft, die bereits führende Positionen und Gestaltungsspielraum innehaben. In London ist die Verantwortung des „Khalifa" Kabbani gestiegen – und damit auch eine neue Beziehung zwischen Shaykh und Nachfolgern, die im Gegensatz zur unbedingten Autorität Nazims durchaus von Kritik geprägt ist. Der Popcharakter großer Veranstaltungen, etwa mit dem Sänger Chico, liegt nicht jedem langjährigen Nazim-Anhänger. Translokalität bestimmt den Orden, da Shaykh Nazim noch lebt und seine Präsenz oder Absenz das Ordensleben mit bestimmt. Allerdings haben in diesem Zusammenhang auch die Möglichkeiten des Internet an Bedeutung gewonnen, das etwa die Übertragung von „sohbet"-Ritualen ermöglicht.

Wie wichtig für die sufische Religiosität der Gegenwart das Internet ist, zeigt auch Margaret J. Rausch („Encountering Sufism on the Web") anhand zweier Halveti-Jerrahi-Richtungen in den USA, die das Netz gleichermaßen nutzen, obwohl sie in vieler Hinsicht differieren. Mindestens ebenso wichtig ist jedoch die Erkenntnis, dass sich, zumindest in diesem speziellen Fall, die grundsätzlichen Unterschiede zwischen den Gruppierungen im Netz widerspiegeln, womit die hohe Relevanz des Internet auch als wissenschaftliche Quelle deutlich wird (die allerdings dennoch mit anderen Zugängen zum Thema verbunden werden sollte).

Sören Christian Lassen stellt in „Strategies for Concord" die Transformation der sudanesischen Tariqa Burhaniya in Europa, speziell in Deutschland vor und beschreibt den erfolgreichen Dialog dieses an sich recht orthodoxen Ordens mit einer neuen Umwelt. Die damit zusammenhängende Flexibilität ermöglichte etwa eine Lockerung von Bekleidungsvorschriften und allgemein eine Stärkung weiblicher und junger Mitglieder. Allerdings bestehe eine unauflösbare Dichotomie zwischen „geborenen" Muslimen und Konvertiten, die eine religiöse Führungsrolle für die Sudanesen sichere. Doch erwartet der Autor Veränderungen in dem Maße, in dem die aktuell junge, im Orden aufgewachsene europäische Generation an Einfluss gewinnen wird.

Gritt Klinkhammer untersucht im abschließenden Beitrag des Bandes die Mevlevi-Tradition in Deutschland. Die Rezeption des Sufismus in Deutschland sieht sie von Ausgangsbedingungen geprägt, die nicht mit der Situation in vielen anderen westlichen Staaten vergleichbar seien: Vor allem sei ein „kontextualisierter" Sufismus unter den muslimischen Bevölkerungsgruppen mit Migrationshintergrund vergleichsweise wenig relevant. Für diese Kontextualisierungen beschreibt die Autorin unterschiedliche Tendenzen: So weist sie auf die Popularität eines individuell „konsu-

mierbaren" Sufismus hin, der auch auf eine Konversion des Interessierten oder Adepten verzichten kann. Weniger populär, aber dennoch vorhanden sind Mevlevi-Ordensgemeinschaften in Deutschland, denen der Beitrag gewidmet ist. Klinkhammer nennt zum einen den kleinen „Ableger" der internationalen Mevlana-Stiftung unter Shaykh Süleyman Wolf Bahn Efendi, zum anderen den Mevlevi-Orden unter Shaykh Abdullah Halis, den sie ausführlicher vorstellt. Diese nicht anerkannte Seitenlinie sei – vielleicht aufgrund ihrer Betonung der intellektuellen und religiösen Bildung unter einem „teaching shaykh" – nur für wenige interessant.

Über mehr Anhänger verfügen demgegenüber charismatische, als authentisch angesehene Shaykhs durch die sich aus der Bindung zu ihnen ergebenden spirituellen Erfahrungen. Dabei fällt auf, dass Anhänger verschiedenster anderer Orden durchaus auch an Abdullah Halis' Kursen teilnehmen – ohne sich an ihn zu binden.

In seiner Schwerpunktsetzung auf Diaspora Sufi-Gemeinschaften betont der Band, dass diese Gemeinschaften inzwischen zentral für die Dynamik kulturell-religiöser Entwicklungen im Islam weltweit sind. Verschiebungen in Bezug auf einen verstärkten Frauenanteil und zahlreiche junge Menschen in den Gemeinschaften hängen hiermit zusammen. Die

Beiträge zeigen außerdem, wie sich sufische Praxis zunehmend außerhalb der Orden vollzieht und unabhängiger in Bezug auf traditionelle Autoritäten geworden ist.

Beide Sammelbände machen in überzeugender Weise deutlich, dass der Sufismus nach wie vor höchst relevant ist. Entgegen früherer Annahmen, der Sufismus werde mit zunehmender „Modernisierung" der Gesellschaften den Rückzug antreten, hat dieser nicht an Bedeutung verloren und behauptet sich trotz der Angriffe wie sie etwa vom Salafi-Islam vorgenommen werden. Auch wird einmal mehr deutlich, dass die Dichotomie zwischen „Sufismus" und „Volksreligiosität" einerseits, schriftbasiertem Islam andererseits nicht zu halten ist. Dabei ist sufische Religiosität von großer Vielfalt geprägt. Diese erschließt sich gerade in der Lektüre beider Bände, die zusammen gelesen ein breites Spektrum von Entwicklungen vorstellen. In „Sufism and the ‚Modern' in Islam" finden sich dabei vergleichsweise ausführliche Beiträge. Sie sind fest in regionalspezifischen Debatten verankert, öffnen sich aber einer überregionalen Perspektive.

In jedem Fall geben beide Bände Hinweise, wie dem „Sufismus" wissenschaftlich gerecht zu werden ist. „Sufism Today" warnt allerdings – speziell im Beitrag von Oluf Schönbeck zum Sufismus in den USA –

vor einer „Essentialisierung" des Sufismus. Dies entspricht ganz dem Ansatz des zugrunde liegenden Forschungsprojekts, „Sufismus" im Kontext der muslimischen Religiosität allgemein zu behandeln. Dennoch gibt es auch Raum und Bedarf für spezialisierte Detailstudien, für die John O. Volls Grundlagenartikel in „Sufism and the ‚Modern'"eine Orientierungshilfe darstellt. Die nächsten Jahre werden eine Zunahme unseres Wissens und eine stetig zunehmende Tiefe der theoretischen Durchdringung zeigen.

Annette Krämer

SIBIRIEN

Sew'jan I. Weinshtein

Geheimnisvolles Ruwa. Expeditionen in das Herz Asiens.

Oststeinbeck: Alouette Verlag, 2005. 264 Seiten. ISBN 3-924324-11-5.

Als Sew'jan Weinshtein im Oktober 2008 starb, hinterließ der „Verdiente Wissenschaftler der Russischen Föderation", „Ehrenwissenschaftler der Republik Tuwa" und Professor am Institut für Ethnologie und Anthropologie der Russischen Akademie der Wissenschaften ein umfangreiches und vielschichtiges Lebenswerk. Abgeschlossen und gekrönt wird es von seiner hier besprochenen Publikation, die 2005 noch vor der russischen Ausgabe (2009) auf Deutsch erschien. Es handelt sich dabei um keine jener wissenschaftlichen Monographien über das Nomadenleben in Südsibirien, die den Altmeister Weinshtein vor allem berühmt gemacht haben: „Geheimnisvolles Tuwa" nähert sich – wie schon der Titel suggeriert – auf persönliche Weise den Menschen- und Geisterwelten, in denen er sich während seiner langjährigen Forschungen bewegte. Der Autor nimmt den Leser mit in die Landschaf-

ten, Alltags- und Sakralräume Tuwas (heute Tyva), die von Nomaden und Jägern, Kehlkopfsängern, Märchenerzählern und Schamanen bevölkert sind. Die Erforschung der tuwinischen Kultur bildete den Kern seiner unermüdlichen wissenschaftlichen Arbeit, und wie kein anderer war Weinshtein mit dem Land, seinen Menschen und seinen Geschichten vertraut. Ihm ist es in großen Teilen zu verdanken, dass zu fast allen Aspekten der Archäologie, der Geschichte, der Kunst, der Wirtschaftsweisen und der Religion jener zwischen Altai- und Sajangebirge eingebetteten Steppenrepublik detaillierte Aufzeichnungen vorliegen. Seine auch auf Deutsch und Englisch veröffentlichten Hauptwerke „Die Nomaden Südsibiriens" und „Die Welt der Nomaden im Zentrum Asiens" ermöglichen eine umfassende Einsicht in die Lebenswirklichkeit der Nomaden, die vom Umgang mit einer als beseelt empfundenen Natur geprägt ist. Die Forschungsreisen, auf denen Weinshtein in unzähligen Gesprächen, Begegnungen und Beobachtungen die Unterlagen für seine wissenschaftlichen Aufzeichnungen sammelte, bilden nun zusammen mit Tagebucheintragungen den erzählerischen Rahmen seines letzten Buchs.

Nachdem S. I. Weinshtein 1950 sein Ethnologiestudium an der Universität Moskau abgeschlossen hatte, brach er in das damals nahezu unbekannte Tuwa auf, um dort den südlichen Zweig der Keten zu erforschen. Mit dieser Ethnie beschäftigte er sich seit seinen ersten Forschungsreisen (1948, 1949), welche er am Oberlauf der Steinigen Tunguska durchgeführt hatte. Während seiner Jahre als wissenschaftlicher Leiter am staatlichen Museum Aldan Maadyr und am Institut für Geschichte, Sprache und Literatur in Kyzyl führte der Gelehrte unzählige Forschungsreisen durch, oft unter anstrengendsten Bedingung auf Pferde- oder Rentierrücken, auf Kamelen oder zu Fuß. Nach seiner Rückkehr 1959 nach Moskau widmete sich Weinshtein weiterhin unablässig der Erforschung südsibirischer Nomadenkulturen, vor allem hinsichtlich ihrer Ethnogenese und bezüglich der asiatischen Völkerwanderungen. Obgleich seine Untersuchungen auch die Kulturen der Altaier, Burjaten, Tofalaren und Keten umfassten, kehrte er bis in die 1990er Jahre jährlich zu Feldforschungen nach Tuwa zurück.

An diesen abenteuerlichen Unternehmungen lässt der Erzähler Weinshtein nun den Leser in fesselnder Sprache teilhaben: So dicht, persönlich und teilnahmsvoll sind seine Schilderungen, dass man glaubt, mit am Feuer zu sitzen, Eichhörnchenfleisch zu schmausen und die Taiga mit den Augen des Jägers zu lesen lernt. Ob in Jurte oder Rindenchum, die Beschreibungen Weinshteins sind von Achtung und Anteilnahme für seine Gegenüber geprägt: So nennt er die Namen seiner Gesprächs- und Arbeitspartner – die sonst meist im Meer der unzähligen „Informanten" unsichtbar zu verschwinden drohen – und lauscht ihnen voll Neugier Einsichten und Weisheiten ab. Diese reichen vom Universum der Alltagsgestaltung bis hinein in die unsichtbare Welt der Geister, in der die Schamanen walten. So führt zum Beispiel der alte Jäger Kotschaga ähnlich wie einst Dersu Usala[1] den wissbegierigen, aber noch unkundigen jungen Forscher in die Lesart der Taiga und ihrer Gesetze ein (S. 46), während Viehzüchter, Schamanen und Musiker Einblicke in andere Bereiche des tuwinischen Lebens gewähren. Dabei fällt auf, dass es vor allem männliche Gesprächspartner sind, mit denen sich Weinshtein unterhält; die Welt der Frauen ist ihm geschlechtsbedingt eher verschlossen. Ihr nähert er sich vor allem über Beobachtungen aus dem Alltagsleben (zum Beispiel der Kindererziehung oder der vielfältigen Weisen der Milchverarbeitung).

Trotz all seiner wissenschaftlichen Ambitionen und Genauigkeit wählt der Autor in „Geheimnisvolles Tuwa" die mitreißende Sprache eines aufmerksamen Geschichtenerzählers und kommt dabei ohne ethnologische Fachtermini aus. Diese kraftvolle, bildreiche Sprache ermöglicht eine vergnügliche Lektüre und regt auch fachfremde Leser an, ein tieferes Interesse für die mittlerweile vor allem durch Kehlkopfgesang und Schamanismus bekannten Tuwiner zu entwickeln. Durch die differenzierte Darstellung der nomadischen Lebenswirklichkeit lernt der Leser viel, und die scheinbar willkürliche Anordung der Themen und Fragestellungen behindern weniger, als dass sie eine ganz neue Art der Streifzüge durch die tuwinische Kultur eröffnen. Weinshteins schier unendlicher Schatz an Geschichten wird noch bereichert durch ergänzende Fragmente aus tuwinischen Liedern, Gedichten und Weisheiten, die zu Beginn der Kapitel stehen und mit stilisierten Details aus Felszeichnungen und Trommelbemalungen unterlegt sind. Diese Symbole mögen aus dem gesamtsibirischen Raum zusammengetragen worden sein, ergänzen die Gestaltung des Erzählten jedoch in sehr passender, archaisch anmutender Weise. Weinshtein ist ein Meister der genauen Beobachtung und Beschreibung vor Ort, er fühlt sich ein in die Menschen und ihre Anliegen und nur an einigen wenigen Stellen lässt er sich zu generalisierenden Behauptungen hinreißen, die als solche ohne genaue Herleitung oder Quellenangabe etwas fragwürdig erscheinen (zum Beispiel die voreheliche, sexuelle Freiheit als „Relikt" aus der Urzeit, das die „gesamte Menschheit" (S.70) einst praktiziert haben soll). Auch hat die Filzjurte der Nomaden wohl nie in Japan Einzug gehalten, da die dazu gehörige Kultur der schafzüchtenden Nomaden fehlte und die Behausungen eher einem chum als einer Jurtenkonstruktion glichen (S.146). Dies fällt jedoch in der Gesamtkomposition seiner lehrreichen Sammlung kaum ins Gewicht, da neben fachlichen Informationen der persönliche Hintergrund des Forschenden im Mittelpunkt steht und so auch als Erzählperspektive mitgedacht werden kann.

Dass Weinshteins letzte Publikation zuerst in Deutsch erschienen ist, mag unter anderem dem stark angewachsenen westlichen Interesse am Schamanismus geschuldet sein. Neben Kehlkopfgesang sind es nämlich vor allem die „neuen Schamanen" (S. 196) und die durch sie gestaltete Wiederbelebung und Neuerfindung des Schamanentums, welche Tuwa seit den frühen 1990er Jahren bekannt gemacht haben. Auf Kongressen, Workshops, im Kontext von Forschungen, künstlerischen Kollaborationen und populären Publikationen verhandeln die Akteure die Revitalisierung eines Phänomens, das durch die Sowjetzeit hindurch verboten und – in früheren Publikationen sogar von Weinshtein selbst – als verschwunden betrachtet worden war. Umso spannender ist in „Geheimnisvolles Tuwa" die Schilderung einer Begegnung mit dem letzten „Großschamanen" Sontschur-cham, den der Autor 1963 endlich traf, nachdem er ihm schon lange auf Pferde- und Rentierrücken auf den Fersen gewesen war. In einer „Gleichzeitigkeit des Ungleichzeitigen" schildert Weinshtein die beeindruckende Begegnung mit Sontschur-cham als letzte Gelegenheit, einem Vertreter der alten, schamanischen Weltsicht sowohl als Wissenschaftler als auch als Mensch gegenüber zu treten: So lässt er seine Rückenschmerzen in einer kamlanie behandeln, in deren Rahmen der alte Schamane die gefahrvolle Reise in die unsichtbaren oberen und unteren Welten antritt, in Zeremonialkleidung mit den Geistern ringt und für die Zuschauer unfassbar verjüngt sein anstrengendes, nächtliches Amt verrichtet. Im Anschluss daran verkauft Sontschur-cham dem überraschten Forscher seine „Arbeitskleidung" für das Museum[2], da er sich zur Ruhe setzen und „für immer von den Geistern trennen" (S. 205) will. Auch die anschließend geschilderte Unterredung mit der alten Schamanin Deshit Doshu gibt den Persönlichkeiten, ihren Lebenswegen mit Schamanenwerdung und eigenen Arbeitsstilen genügend Raum, hinter dem ebenfalls von Weinshtein erläuterten Phänomen des Schamanismus individuell hervorzutreten. Dass Weinshtein neben aller persönlichen Anteilnahme sowohl den trickreichen Ausführungen der schamanischen Performance in der Vergangenheit (mit Bauchreden etc., S. 211-212) als auch dessen zeitgenössischen Nachfolgern in der Gegenwart (S. 196, 255) skeptisch gegenübersteht, mag die Tatsache zeigen, dass er den „großen" Schamanen in Anführungszeichen setzt (S. 197-213) und sich so einen Abstand der Ungläubigkeit einräumt. Tatsächlich sind gerade im Bereich der Revitalisierung des Schamanismus in Tuwa weitere Forschungen wichtig, da sich die schamanische Gegenwart seit der erstmaligen Wiederbelebung und Etablierung durch Mongusch Kenin-Lopsan (S. 194-196) in ständigem, schillerndem Übergang befindet. Der packend erzählten Sammlung eines langen Gelehrtenlebens, deren erster Veröffentlichungsimpuls bereits 1964 von Thor Heyerdahl an Weinshtein herangetragen wurde (S. 254), liegt außerdem eine DVD mit dem Titel „Genähte Pfeile" bei. Was sich im Titel auf die textilen, Kraft tragenden Anhänger eines Schamanengewandes bezieht, ist das Ergebnis einer engen Zusammenarbeit zwischen S. I. Weinshtein und Leonid Kruglow, der als Mitarbeiter des Labors für audiovisuelle Anthropologie die Erinnerung des Gelehrten visuell umsetzt beziehungsweise um eigene Erfahrungen erweitert. So zeigt „Genähte Pfeile" den Altmeister in einem imaginären Briefwechsel mit Richard Feymann[3], bei dem ihn seine Gedanken zu Episoden seiner Forschungsaufenthalte in Tuwa tragen. Wertvolles historisches Bildmaterial wie zum Beispiel Aldochins Aufzeichnung des Rituals von Sontschur-cham mischen sich collagenartig mit Aufnahmen aus dem heutigen Tuwa, die Kruglow vor allem 1998 während einer Expedition zu einem Quellheiligtum in den Sajan-Bergen drehte. Weinshtein selbst war der Besuch dort nicht möglich gewesen, und auch die von Kruglow unternommenen Dreharbeiten rufen immer wieder die bis heute bestehende Unwegsamkeit Osttuwas sowie die damit verbundenen Strapazen in Erinnerung. Dass die „seltsame Macht der Wälder" (Zitat aus dem Film) und die Wirkung der als beseelt betrachteten Landschaft jedoch mit einer Mischung aus Kehlkopfgesang, Didgeridooklängen und sonderbaren „wilden" Lautmalereien verstärkt werden, steht allerdings in eigenartigem Gegensatz zu der von Kruglow beschworenen Stille und Erhabenheit der Landschaft. Die als „Märchenwelt" geschilderte Bergtundra und ihre Bewohner – nomadische Rentierhalter von Todsha – werden mit Kruglows inneren Erlebnissen und Eindrücken verknüpft, die leider oft nicht genau abgegrenzt mit Weinshteins Erfahrungen und Begegnungen verschmelzen. Anders als in Weinshteins Erzählungen kommen die Einheimischen dabei kaum selbst zu Wort, die Dreharbeiten illustrieren sowohl die von Weinshtein erforschten Themen wie auch vor allem Kruglows eigene Assoziationen. Der Regisseur trägt dann am Rande eines expressiven Nacht-rituals sogar selbst ein Schamanengewand, während die „neuen" Schamanen Tuwas und die von ihnen kollektiv betriebenen „Schamanenkliniken" ebenfalls zu sehen sind. In diesem Kontext ist noch das bemerkenswerte Detail eines „Schamanenbuchs" mit reichen Illustrationen zur Geisterwelt zu erwähnen, das ein „neuer" Schamane verfasst hat und während eines Interviews im Film präsentiert als hochinteressante Festschreibung und Fortsetzung einer schriftlosen, in höchstem Maße individuellen Weltvorstellung. Insgesamt erlaubt die DVD als „ergänzende Illustration" (S. 256) zum Buch landschaftlich herrliche Ausblicke und berührende historische Aufnahmen aus der Zeit von Weinshteins Forschungsaufenthalten in Tuwa, in Tiefe und Empathie kommt der Film jedoch in keinster Weise an die dichten Texte des Autors heran.

Ulrike Bohnet

Anmerkungen: [1]Arsenjew, Wladimir K. (1923), Der Taigajäger Dersu Usala, Moskau. Hier begleitet der Nanai Dersu Usala den russischen Geographen W. K. Arsenjew bei dessen Erschließung des Ussuri-Gebiets in Ostsibirien – er verblüfft den Forschungsreisenden durch seine Jagdfertigkeit und Kunst des Spurenlesen und lässt ihn die indigene Weltsicht von einer all-verbundenen, beseelten Natur ahnen.

[2]Das beschriebene Gewand erlebte ich 2003 während eines Aufenthalt in Tuwa „in Aktion": Der damalige Leiter des Schamanenzentrums „Dungur" trug es als zeremonielle Arbeitskleidung während Heilungsritualen, Beratungen und Fotosessions – ein interessanter Aspekt der Wiederbelebung, wie sie für Weinshtein wohl kaum vorauszusehen war!

[3]Der amerikanische Physiker träumte lebenslang von einem Besuch in jenem, ihm nur von Briefmarken bekannten geheimnisvollen Steppenland Tuwa. Er korrespondierte 1981 mit Weinshtein über die Beschaffung eines Visums, starb jedoch vor der Erfüllung seines Traums. Der amerikanische „Friends of Tuva"-Freundeskreis wurde im Andenken an seine unerfüllte Sehnsucht gegründet und ist heute als virtuelle Tuwa-Plattform rege und bekannt.

SÜDASIEN

Muhammad Azam Chaudhary

Cultural Analysis of Politics, Law and Religion in Pakistan.

Some Essays in Interpretative Anthropology.
Köln: Rüdiger Köppe Verlag, 2008. 219 Seiten.
ISBN 978-3-89645-411-9.

Muhammad Azam Chaudharys „Cultural Analysis of Politics, Law and Religion in Pakistan. Some Essays in Interpretative Anthropology", zwölfter Band der von Irmtraud Stellrecht (Universität Tübingen) herausgegebenen Reihe „Culture Area Karakorum Scientific Studies", begeistert und enttäuscht zugleich. Er begeistert, denn er verspricht nicht weniger als eine kulturwissenschaftliche Analyse pakistanischer Politik und gesellschaftlicher Praxis – eine im Regionalkontext bisher kaum gewagte Perspektive – und hält zudem mit einem Kapitel zur Feldforschung des Autors in einer deutschen Gemeinde, zahlreichen Verweisen auf Erfahrungswerte des Autors, die auf seinen mehrmaligen Deutschlandaufenthalten beruhen, und einem Kapitel zur Selbstreflexivität in der Feldforschung sowohl ein interessantes Vergleichsmoment, als auch eine Positionierung des Autors als

pakistanischer Anthropologe in indigenen wie fremden Forschungskontexten parat. Dieses Vorhaben erscheint aus ethnologischem Blickwinkel umso vielversprechender, da der Schwerpunkt der vorliegenden Essaysammlung auf der kulturwissenschaftlichen Analyse gesellschaftlicher Praxis im pakistanischen Tiefland, insbesondere im Punjab, liegt. Chaudhary greift damit eine Perspektive auf, die in der ethnologischen Beschäftigung mit Pakistan mit ihrer Fixierung auf die Bergregionen beziehungsweise -völker eher selten anzutreffen ist. Konsequenterweise stellt der Band auch eine Art „Ausreißer" in der dem Kulturraum Karakorum gewidmeten Reihe dar, was aber an sich kein Problem wäre, da gerade die Berücksichtigung einer „Tiefland-Perspektive" angesichts der existierenden kulturellen Verflechtungen von Hochland und Tiefland zusätzliche Interpretationsräume eröffnet und zudem der analytische Fokus auf die Wechselwirkung von Kultur, Politik, Religion und Gesellschaft im pakistanischen Tiefland, insbesondere im Punjab, für ein Verständnis der politischen Entwicklungsgeschichte des Landes sowie aktueller politischer und gesellschaftlicher Entwicklungen und Ereignisse unersetzlich ist – wie im Herausgeber-Vorwort auch zutreffend angemerkt wird.

Der vorliegende Band enttäuscht aber, denn er erhebt den Anspruch, einer For-

schungsagenda der interpretativen Ethnologie verpflichtet zu sein (Kapitel 1: „Introduction"), den er nur ansatzweise einlöst, da die einzelnen Essays in keinen klar erkennbaren übergeordneten interpretativen Zusammenhang eingeordnet sind, die verschiedensten theoretischen Erklärungsansätze munter miteinander verbinden und zum Teil einer ausschließlich anekdotenhaften Beweisführung verhaftet sind. Zudem gelingt die Verknüpfung von kulturellen Prädispositionen und sozial-strukturellen Eigenheiten auf lokaler Ebene mit politischen und gesellschaftlichen Entwicklungen auf regionaler und nationaler Ebene nur unzureichend und die vielen sprachlichen Ungenauigkeiten und Rechtschreibfehler stören den Lesefluss. (Hier hätte ein gründliches Lektorat dem Band gutgetan!)

Dabei lassen sich in den einzelnen Kapiteln, die eher als eigenständige und unabhängige Beiträge zu verstehen sind, durchaus fruchtbare Inwertsetzungen des interpretativen Paradigmas à la Clifford Geertz finden, erfolgreiche Versuche des Aufspürens und „Übersetzens" signifikater (im Gegensatz zu signifikanten) Sachverhalte(n) und Bedeutungswelten der pakistanischen beziehungsweise Punjabi-Gesellschaft, des Herauslösens von Symbolgehalten sozialer Welten, die eine bestimmte Lebenswelt beziehungsweise die Perzeption dieser Lebenswelt durch die in ihr Beheimateten manifestieren. Das heißt, es gelingt Chaudhary bisweilen sehr überzeugend, einen Zugang zur Gedankenwelt des Dorfbewohners, des Mullahs oder des Pilgers zu erschließen, der Rückschlüsse auf verschiedenste politische und gesellschaftliche Phänomene im modernen Pakistan wie zum Beispiel Wählerverhalten, Korruption oder religiöse Praxis erlaubt.

Im Mittelpunkt des zweiten Kapitels („Cultural Basis of Pakistani Politics: Case Studies of two Villages about Local Politics in the Pakistani Punjab") sowie eines Großteils der übrigen Beiträge steht der Einfluss der biradari, einer patrilinearen Abstammungsgruppe (Clan) und zentralen Einheit sozialer Organisation in Pakistan beziehungsweise dem Punjab, auf lokale und regionale beziehungsweise nationale politische Zusammenhänge. Chaudhary verfügt ohne Zweifel über eine ausgeprägte Beobachtungsgabe, die er bei der Analyse des Zusammenhangs von verwandtschaftlichen Beziehungen und Lokalpolitik in zwei Dörfern des Zentral-Punjabs gewinnbringend einsetzt. Sein Fazit mag für den westlichen Beobachter ernüchternd erscheinen: Sozialer Wandel findet zwar statt und sozialer Aufstieg ist möglich, nach wie vor bestimmen aber primordiale, auf der biradari-Zugehörigkeit beruhende Identitäten und Loyalitäten das Wählerverhalten. Wenn es aber an die Verknüpfung

der Dorfstudien mit dem regionalen und nationalen Kontext geht, verlieren sich die genauen Beobachtungen auf der lokalen Ebene in einem Sammelsurium an common-sense-Argumenten zum Nexus von kultureller Prädisposition und Korruption sowie politischer Entscheidungsfindung. Vielleicht hätte sich Chaudhary in diesem Zusammenhang an das Diktum des Altmeisters der interpretativen Ethnologie, Clifford Geertz, halten sollen, demzufolge die Essenz „dichter Beschreibung" nicht darin besteht, allgemeine Aussagen anzustreben, die sich auf verschiedene Fälle beziehen, sondern nur Generalisierungen im Rahmen eines Einzelfalles.[1]

Kapitel 3 ("Muslim Religious Shrine as a Cultural System. A Case Study of Bari Imam in Islamabad") widmet sich dem Zusammenhang von Religion und Kultur in Pakistan. Der Fokus liegt dabei auf dem Sufismus im Punjab, der anhand einer Fallstudie des Pilgerwesens rund um den Sufi-Schrein Bari Imam in Islamabad untersucht wird, dessen Markenzeichen es ist, dass er eine besondere Anziehungskraft auf marginalisierte soziale Gruppen hat. Die detaillierte Analyse der verschiedenen Pilgertypen und religiösen Praxis ist dabei in zwei theoretisch abgeleitete Argumentationsstränge eingebettet: 1. Die Prominenz des Sufismus im Punjab und der Deobandi-Tradition in mehrheitlich von Paschtunen bewohn-

ten Gebieten Pakistans entspricht der Gegenüberstellung einer hierarchisch organisierten Punjabi-Kultur und -sozialstruktur und einer egalitären, individualistischen Paschtunen-Kultur. Die jeweilige kulturelle Ausprägung hat die je spezifische Glaubensform angenommen und überformt. Der Sufismus zeichnet sich dabei 2. eher durch Flexibilität und Toleranz aus und erlaubt so eine Zusammenführung von orthodoxen und heterodoxen Glaubensvorstellungen, von lokaler Glaubenspraxis und islamischer Welt, die eine integrative Funktion erfüllt. Die Kompatibilität von Religion und Kultur, von Sufismus und Punjabi-Identität auf der einen Seite und von Deobandi-Tradition und Paschtunwali auf der anderen Seite, wirkt dabei einer Ausbreitung des jeweils anderen Glaubens in der jeweils anderen Kultur entgegen. Implizit hält Chaudhary somit eine drohende „Talibanisierung" oder Islamisierung des Punjabs oder Sindhs für wenig wahrscheinlich – die Entwicklung der letzten Jahre spricht aber eine andere Sprache.

Allerdings hält Chaudhary auch eine differenziertere Interpretation der Rolle und Wahrnehmung von Mad ris und Mullahs im Punjab bereit, die er im vierten Kapitel („Religion as Cultural System – The Mullahs. An Anthropological Perspective on the ,Lebenswelt' and worldview of Punjabi Mullahs") darlegt und die auf zahlreichen Interviews mit Mullahs verschiedener Glaubensrichtungen beruht. Mullahs sind laut Chaudhary Produkte einer spezifischen Lebenswelt, die durch familiären Hintergrund, die Madrasa-Ausbildung und gegenwärtige Arbeitsbedingungen und Lebensumstände geprägt ist, sich durch soziale Benachteiligung auszeichnet und den Mullah dazu verleitet, Religion zum Zwecke seines sozialen Aufstiegs und Broterwerbs zu instrumentalisieren. Ihr Weltbild unterscheidet sich ansonsten nämlich nicht wesentlich vom gesellschaftlichen Mainstream, beinhaltet zum Beispiel auch eine Wertschätzung moderner Erziehungsmethoden, und sie unterliegen genauso wie jeder andere menschlichen Bedürfnissen, insbesondere dem Bedürfnis der Abgrenzung von anderen, was sich beispielsweise in ihrer Kritik gegenüber Mullahs anderer Glaubensrichtungen oder sogar aus den eigenen Reihen äußert. Aus der Position des Mullahs als Repräsentant des Islam heraus aber, der über menschliche Makel erhaben zu sein hat, resultiert laut Chaudhary ihr geringes Ansehen in der Gesellschaft. Die Kritik am Amtsträger, an seinem menschlichen Verhalten, erspart dabei die Religionskritik. Zudem wurde der „schlechte Ruf" des Mullahs durch einen Strategiewechsel des pakistanischen Staates im Anschluss an den 11. September 2001 herbeigeführt, als sich die frühere Förderung und das Wohlwollen gegenüber den

Mullahs und dem Madrasa-Wesen in eine Verurteilung des von ihnen propagierten Extremismus und Fundamentalismus umkehrte. In vielem ist Chaudhary dabei zuzustimmen, seine rationalistische und instrumentalistische Betrachtungsweise des Mullahs hat allerdings nicht mehr allzu viel mit Geertz' Vorstellung von Religion als kulturellem System zu tun, nach der Religion „[...] (1) ein Symbolsystem [ist], das darauf zielt, (2) starke, umfassende und dauerhafte Stimmungen und Motivationen in den Menschen zu schaffen, (3) indem es Vorstellungen einer allgemeinen Seinsordnung formuliert und (4) diese Vorstellungen mit einer solchen Aura von Faktizität umgibt, dass (5) die Stimmungen und Motivationen völlig der Wirklichkeit zu entsprechen scheinen."[2] Die Interpretation gesellschaftlicher Praxis als kulturellem System gelingt in den nächsten beiden Kapiteln besser. Kapitel 5 („Cultural Dimensions of Practiced Law in Pakistan") beleuchtet das Nebeneinander von kulturell bedingtem informellem Gewohnheitsrecht und offizieller Rechtskultur in der pakistanischen Rechtspraxis. Auf dem Papier herrschen legal-bürokratische Rechtsnormen britischer Prägung vor, in der Praxis dominieren aus einer spezifischen Sozialisation erwachsene kulturelle Wertvorstellungen die Rechtsprechung. Chaudhary verweist zu Recht darauf, dass das Rechtssystem in Pakistan ein Amalgam aus verschiede-

nen Rechtstraditionen ist, das sich aus indigenem Gewohnheitsrecht, islamischem Recht (Sharia) und westlichen beziehungsweise britischen Rechtsnormen speist. Die Darstellung der Dominanz traditioneller Gewohnheitsrechtsnormen in der pakistanischen Rechtspraxis mag etwas überspitzt sein, entspricht aber der Geertzschen Logik der Determiniertheit von Recht durch kulturell geprägte Rechtsnormen, was – wie Chaudhary am Beispiel seiner Heirat mit einer Deutschen veranschaulicht – zu Konflikten führen kann, wenn zwei unterschiedliche Rechtskulturen aufeinanderprallen. Allerdings stößt Chaudharys Argumentation, stößt der interpretative Ansatz an seine Grenzen, wenn es darum geht, kulturellen Wandel zu erklären. Dies wird am Beispiel der Anwaltsbewegung deutlich, die nicht nur einen gesamtgesellschaftlichen Konsens zur Wiedereinsetzung des vom Militärpräsidenten Musharraf entlassenen Obersten Richters Iftikhar Muhammad Chaudhary herbeiführte, sondern auch eine Sehnsucht nach der Durchsetzung allgemeingültiger und kulturunabhängiger Rechtsnormen zum Ausdruck brachte. Kapitel 6 („Parent and Children Relations as Socialization in the Pakistani Punjab: A Case of Marriage and Inheritance") greift das Thema der kulturellen Determiniertheit sozialer Beziehungen am Beispiel der Eltern-Kind-Beziehung in

Punjabi-Familien wieder auf. Chaudhary unterscheidet in diesem Zusammenhang zwischen der informellen Sozialisation in der Familie beziehungsweise durch Verwandschaftsbeziehungen und der formellen Sozialisation in Schule oder Madrasa. Letztere kennzeichnet ihr vertraglicher Charakter und bestimmt berufliches Fortkommen, erstere dominiert aber nach wie vor Familienleben und gesellschaftliches Miteinander. Die informelle Sozialisation zeichnet auch für die Dominanz der Bruder-Schwester-Beziehung im Punjabi-Familienverband gegenüber der geringeren Bedeutung der auf vertraglicher Basis beruhenden Ehemann-Ehefrau-Beziehung und die engeren Eltern-Kind-Bande im Vergleich zu westlichen Familienmodellen verantwortlich. Zur Veranschaulichung des Einflusses informeller Sozialisation auf die Eltern-Kind-Beziehung stellt Chaudhary das Generationenverhältnis in Punjabi-Familien demjenigen in deutschen Familien gegenüber.

Die letzten beiden Kapitel von Chaudharys Essaysammlung sind die interessantesten, denn sie verlassen zum einen das gewohnte Terrain der „eigenen Gesellschaft", Pakistans, des Punjabs – Forschungskontext und Heimat zugleich –, und gewähren zum anderen einen Einblick in das „Innenleben" des Ethnologen Chaudhary, in seine Reflexionen zur „Gebundenheit" des Feldforschers und

seiner Wissensproduktion an die eigene Herkunft und Identität und die damit verbundenen Implikationen. Kapitel 7 („The National, the Local and the Individual in the Local politics in Germany: A Case Study of the ‚Gemeinde Unterrheinbach'") spiegelt die Erfahrungen einer elfmonatigen Feldforschung Chaudharys in einer kleinen Gemeinde im Rheinland mit dem fiktiven Namen Unterrheinbach wider, in der er sich in erster Linie der Beschreibung und der Interpretation der Lokalpolitik widmete. Chaudhary interessieren dabei vor allem der politische Prozess und die politischen Akteure, weniger die politischen Institutionen oder Politikinhalte. Seine Aufmerksamkeit und Beobachtung gilt der Dimension des Politischen, die im Englischen mit dem Begriff politics im Gegensatz zu polity (Institutionen) und policy (Politikinhalte) umschrieben wird. Und er führt mit seinem „pakistanischen" Blick neben Altbekanntem auch Erstaunliches zu Tage: Deutsche Lokalpolitik und -kultur, wie sie sich beispielsweise im Vereinsleben manifestiert, wird in erster Linie durch staatliche und rechtliche Vorgaben geprägt. Unter der Oberfläche des offiziellen Regelwerks und Institutionenarrangements bestimmen aber vielfach noch primordiale beziehungsweise parochiale Identitäten den politischen Prozess und jenseits formeller politischer Entscheidungsfindungsstrukturen regeln infor-

melle Aushandlungsmuster den lokalpolitischen Prozess. Auch wenn die Analyse vielfach redundant ist und zum Teil unvollständig bleibt, das Verhältnis von primordialen beziehungsweise parochialen Identitäten und Loyalitäten und persönlichen materiellen Interessen zum Beispiel kaum hinterfragt wird, verrät der „Blick von außen" doch viel über tatsächliche Ablaufprozesse deutscher Lokalpolitik und Gemeinsamkeiten mit gesellschaftlichen Eigenarten in anderen, fremden Regionalkontexten wie zum Beispiel Pakistan, auf die der „Einheimische" immer wieder gestoßen werden muss.

Kapitel 8 („Contrasting Reflexive Positionality in the ‚Native' Pakistani and the ‚Afar' German Fieldworks") beschließt Chaudharys Essaysammlung und offenbart die Schwierigkeiten, die mit der Rolle der Identität des Feldforschers in unterschiedlichen Feldforschungskontexten verbunden sind. Auch wenn man mittlerweile von einem eigenen Genre der reflexiven Ethnographie mit all ihren Koketterien und Eitelkeiten sprechen kann, gelingt Chaudhary an dieser Stelle ein sehr offenherziger, von persönlichen Erfahrungen gesättigter und zugleich differenzierter Bericht über die Einflussnahme seiner Herkunft und Identität auf seine Feldforschungen in unterschiedlichsten Regionalkontexten, der die Möglichkeit und bisweilen auch Notwendigkeit der Perspektivität in der ethnologischen Forschung jenseits des Ethnozentrismus deutlich zum Ausdruck bringt. In den Worten Muhammad Azam Chaudharys (S. 186): „I am of the view that there may be a difference of degree rather than of kind as far as the issue of reflexivity in the ‚native' and the ‚foreign' field is concerned. This could be compared to the degree of difference between what has been defined as ‚other' in the sense of ‚foreign', ‚afar' in contrast to ‚own', ‚native' or ‚at home'."

Clemens Spiess

Anmerkungen: [1]Geertz, Clifford (1997) [1973], Dichte Beschreibung: Beiträge zum Verstehen kultureller Systeme, Frankfurt: Suhrkamp.
[2]Geertz (1997), S. 48.

SÜDASIEN

Tina Otten

Heilung durch Rituale.
Vom Umgang mit Krankheit bei den Ronā im Hochland Orissas.

Indus. Ethnologische Südasien-Studien. Bd. 9. Berlin: LIT Verlag, 2006. 412 Seiten. ISBN 3-8258-9395-2, ISBN (13) 978-38258-9395-8.

Der Süden des indischen Bundesstaates Orissa ist ein Gebiet, in dem bislang nur wenige Ethnologen geforscht haben. Zu den im District Koraput lebenden Ronā, die sprachlich wie kulturell den Desiā zuzurechnen sind, sind bislang sogar nur wenige Seiten publiziert. Schon allein dies geändert zu haben, ist ein Verdienst der Autorin, die von 1999-2002 in drei aufeinander folgenden Wintern insgesamt 15 Monate bei den Ronā geforscht hat.

Sie lebte dabei in zwei verschiedenen Dörfern und hatte in jeder Feldforschungsepoche eine andere Mitarbeiterin an ihrer Seite, „die Englisch und Desiā sprach und willens war, in einem Dorf zu wohnen" (S. 22). Dazu kamen mindestens zwei männliche Mitarbeiter, die nicht nur die Interviews der Feldforscherin transkribierten und übersetzten, sondern sie

auch anderweitig unterstützten sowie ein engagierter Fahrer (S. IX, 25). Dabei scheint der Aufenthalt in dem ersten Dorf (einem vorher ausgesuchten Dorf der Kond) sehr beschwerlich gewesen zu sein (schwer alkoholisierte Heilspezialisten sowie verbale und physische Attacken (S. 21)), sodass sich die Autorin zu einem Nachbarort umorientierte. In wie vielen Dörfern sie jedoch genau geforscht hat, wird leider nicht gesagt, auch erklärt sie mit keinem Wort, warum sie keinen vollständigen Jahreszyklus in Orissa verbrachte beziehungsweise warum sie dreimal in derselben Jahreszeit forschte und wer entschied, dass sie „vor allem Rituale beobachten sollte" (S. 21). Die im Text eingestreuten Hinweise auf andere Ethnologen in der Umgebung zeigen, dass sie vermutlich Teil einer Gruppe war (vgl. auch S. XI).

Die Arbeit gliedert sich nach einer Einleitung (S. 7-48) in sieben Kapitel mit Schlussbetrachtung, Anhang und einer 310 Titel umfassenden Literaturliste.

In den ersten Kapiteln stellt die Autorin die soziale Organisation und die gesellschaftsstrukturierenden Werte der Ronā (S. 49-74) und die „Aspekte des Kosmologie, Zeit- und Raumkonzepte" vor (S. 75-86), bevor sie sich ab Kapitel 3 ihrem eigentlichen Thema widmet. Sie beginnt mit der Aufzählung und Charakterisierung der verschiedenen indigenen Heilspezialisten und ergänzt dies um die

Darstellung weiterer medizinischer Angebote. Die Heilspezialisten unterscheiden sich nicht nur in Art ihrer Diagnose und der von ihnen durchgeführten Therapie voneinander, sondern sie nehmen innerhalb der Gemeinschaft auch einen unterschiedlichen Status ein, wobei die unterschiedliche „Aufgabenteilung mit (den) Unterschieden im gesellschaftlichen Status korrespondiert" (S. 338).

Im vierten Kapitel werden die jeweiligen „Diagnoseverfahren und die Kategorisierung(en) von Krankheitsursachen" behandelt (S. 107-143). Die Autorin arbeitet acht hierarchisch geordnete Haupursachen heraus, die sich auf fünf verschiedene und ebenfalls hierarchisch geordnete Verursacher zurückführen las-sen. Daraus leitet sich der Status einer Krankheit ab, welcher wiederum mit dem Status des Heilspezialisten korrespondiert (S. 339). Dieses hierarchische Muster erinnert zudem an die gesellschaftliche Struktur der Ronā. Das Vorhandensein der statusniedrigen Ursachenkategorie ist „besonders wichtig, um Phänomene des sozialen Wandels sinnhaft im eigenen kulturellen Ideengebäude zu verankern und sich Neuerungen und fremden Erklärungen von Krankheiten zu öffnen" (S. 340).

Im Kapitel 5 (S. 144-191) werden acht verschiedene „kurative Verfahren und therapeutische Rituale" ausführlich beschrieben. Ziel der therapeutischen Rituale ist es, zu erreichen, dass nicht erwünschte Wesen (wie zum Beispiel Dämonen) einen Ort oder eine erkrankte Person wieder verlassen.

In Kapitel 6 werden in zehn Unterkapiteln die „prophylaktischen Rituale und Verfahren", die den Lebenslauf begleiten, beschrieben. „Nur die Abfolge der rituellen Praxis zur auspiziösen Zeit am richtigen Ort mit Heilern und Ritualexperten, die im affinalen Verhältnis zu der Person stehen, für die das Ritual ausgeführt wird, gewährleistet einen prophylaktischen Schutz vor Krankheit" (S. 341). Hier wird sichtbar, dass die „soziale Person" erst durch Lebenszyklusrituale erschaffen wird und „mit der Bildung und Festigung der sozialen Person durch Lebenszyklusrituale schwindet die Krankheitsanfälligkeit" (S. 344). Oder mit den Worten der Ronā: „Wenn wir unsere (Ritual)-arbeit nicht ausführen, werden wir krank" (S. 1, 337).

Kapitel 7 (S. 310-336) gibt das Ritual der „Weg-Heirat" wieder, in dem sich therapeutische und prophylaktische Elemente verbinden.

Die gesamte Arbeit zeigt, dass religiöse und medizinische Vorstellungen der Ronā aufs Engste miteinander verknüpft sind. Wie bei vielen anderen Kulturen – auch außerhalb von Indien – ist „der Umgang mit Krankheit [...] Teil eines größeren, ganzheitlichen, auf Harmonie und Ausgleich basierenden Konzeptes von Person, Körper und Gesellschaft" (S. 342). Durch die verschiedenen Arten von Ritualen versuchen die Ronā, eine aus dem Gleichgewicht geratene Balance wieder herzustellen oder von vornherein zu vermeiden. Die Vorstellung von Krankheit und Gesundheit steht dabei in einem engen Zusammenhang mit den gesellschaftsstrukturierenden Ideen. Hier ist vor allem das Senioritätsprinzip mit seiner Ausprägung statushöher – statusniedriger hervorzuheben, das Konzept der alternierenden Generationen und die Opposition der angrenzenden Generationen. Eine zentrale Bedeutung kommt dabei der affinalen Verwandtschaft zu. Ihre Bedeutung fasst die Autorin mit den Worten zusammen: „Die, die einander heiraten, kränken und heilen" (S. 346).

Bei den vielen detailreichen Beschreibungen vermisste die Rezensentin bis auf wenige Ausnahmen eine Angabe der Dauer des jeweiligen Rituals. Auch gibt es in dem Buch keinen Hinweis darauf, ob die Autorin nach jahreszeitlich bedingten Varianten der Rituale gefragt hat, ob es prophylaktische Zeremonien für das Wohlergehen des gesamten Dorfes gibt und ob es gesundheitsfördernde Rituale an den festen Schreinen der Dorfgöttin beziehungsweise der Herrin der Ländereien gibt.

Als gewöhnungsbedürftig empfand die Rezensentin, das Inhaltsverzeichnis zwischen Glossar und Bibliographie zu finden.

Ein anderer Punkt, der das Lesen und Verstehen des Textes des Öfteren störte, sind die sprachlichen Ungenauigkeiten, die sich im Wesentlichen in drei verschiedene Gruppen zusammenfassen lassen:

1.) unklare bis widersprüchliche Mengenangaben (gibt es jetzt einen oder mehrere Nabelschnursteine, vgl. S. 218, 219),

2.) Beschreibungen, die den beigefügten Fotos widersprechen (jemand, der laut Text „fast vollständig im Wasser sitzt", hat auf dem Photo lediglich seine Füße im Bach, vgl. S 175, 176),

3.) unsinnige/nichtreflektierte Formulierungen (so beugen die Dorfbewohner wohl nicht „gegen das Essen der Hexen" vor, sondern gegen das Gegessenwerden der Lebensenergie durch die Hexen (S. 129) und statt „Informationen des Todestages" (S. 276) sind wohl eher Informationen zum Todestag gemeint). In diese Gruppe gehören auch die Fremdwörter, deren Bedeutung man besser noch einmal überprüft hätte (vgl. S. 142, Postmenopause statt des verwendeten Begriffes der Menopause; „analogisches Denken" (S. 35) oder analoges Denken?). Und vermutlich geht auch der sehr häufig im Text zu findende Ausdruck „auspiziös" auf eine direkte Übertragung des Begriffes aus dem indischen Englisch ins Deutsche zurück.

Bei vielen Beschreibungen der Rituale fließen Interpretationen in den Text mit ein. Leider ist dabei nicht immer klar, wessen Interpretation hier wiedergegeben wird, die der Ronā oder die der Autorin.

All dies sind formale Kleinigkeiten, die vor der Drucklegung hätten behoben werden können.

Dann wäre sicherlich auch aufgefallen, dass der Titel „Heilung durch Rituale" nicht hält, was er verspricht, zumal sich die Autorin ausdrücklich „*nicht* mit der [...] nachweisbaren Wirksamkeit" (kursiv im Original) der beschriebenen Heilverfahren beschäftigt (S. 36). Daher wäre nach Meinung der Rezensentin ein Titel wie „Rituale zur Heilung" angemessener gewesen.

Claudia Kalka

SÜDASIEN

Elisabeth Schömbucher

Wo Götter durch Menschen sprechen.
Besessenheit in Indien.

Berlin: Reimer Verlag, 2006. 461 Seiten.
ISBN 3-496-02792-4.

Das Phänomen der Besessenheit in Indien hat schon die frühen Reisenden und Missionare im 18. Jahrhundert fasziniert und zu ausführlichen Beschreibungen geführt, doch erst in jüngerer Zeit gibt es ernsthafte wissenschaftliche, auf langjähriger Feldforschung beruhende Arbeiten dazu. Die ethnographische Monographie über die weiblichen Medien bei den Vadabalija an der Küste Orissas von Elisabeth Schömbucher zeichnet sich vor allem dadurch aus, dass die Autorin diese kulturelle Praxis nicht nur als ein psychosoziales Phänomen betrachtet, sondern auch als ein sprachliches: Sie nimmt die von den Medien gesprochenen Worte ernst und ermöglicht damit einen Einblick in die Erfahrung von Besessenheit, wie man ihn bislang selten bekommen hat. Die Arbeit ist deshalb nicht nur für die Südasienwissenschaft, sondern für die Ethnographie der Besessenheit generell richtungsweisend. Im ersten Teil gibt die Autorin einen kompetenten Überblick über die Geschichte der Besessenheitsforschung und zeigt, wie sich der Gegenstand im Laufe der Zeit mehrfach grundlegend gewandelt hat. Ausgehend von einigen bekannten Fällen, wie jene von Jeanne des Anges und Anneliese Michel, zeigt Schömbucher wie die kulturellen Konzepte der jeweiligen Beschreibungen auch in die wissenschaftliche Betrachtung eingeflossen sind. Während in den indigenen Berichten von der Einwirkung „böser" Mächte ausgegangen wurde, setzte sich diese negative Einschätzung noch in der wissenschaftlichen Pathologisierung des Phänomens fort. Diagnosen wie Hysterie und Schizophrenie ersetzten zwar den Glauben an teuflische Wesen, doch behandelten sie die Besessenheit als krankhaft und somit nach wie vor als etwas Gefährliches. Erst später wurde Besessenheit als eine kulturelle Metaphorik erkannt, die Teil von rituellen Performanzen und in sich durchaus sinnvoll ist. Diese wissenschaftsgeschichtliche Entwicklung zeigt die Autorin dann im zweiten Teil an der Besessenheitsforschung in Südasien auf: Die Untersuchung volksreligiöser Praktiken hat gezeigt, dass Besessenheit in dieser Region etwas völlig Normales ist, wenngleich sie auch in sehr unterschiedlichen Formen vorkommt. Generell ist die Präsenz einer Gottheit in einem Körper nichts Ungewöhnliches

oder Bedrohliches, sondern oft geradezu etwas Glückverheißendes, das auch für die Gemeinschaft genutzt werden kann. Eine solche Situation wird nun in der eigentlichen ethnographischen Studie im dritten und vierten Teil dargestellt. Zunächst wird die Situation der Vadabalija, einer Fischer-Kaste in Puri, die eigentlich aus Andhra Pradesh stammt, vorgestellt und ihre eigentümliche Position im lokalen Kontext der bekannten Pilgerstadt mit ihrem großen Jagannath-Tempel deutlich gemacht. Für die Vadabalija ist Jagannath zwar der Souverän der Region, für sie selbst sind jedoch andere Hochgottheiten aus dem Süden und diverse lokale Göttinnen von größerer Bedeutung. Diese, und vor allem auch die deifizierten Verstorbenen können die Medien in Besitz nehmen, durch diese sprechen und dadurch einen „göttlichen Diskurs" zum Ausdruck bringen. Die von der Autorin ausgewählten Medien werden anschaulich als Individuen mit je eigenem Charakter, Lebensgeschichte und speziellem Bezug zu „ihrer" Gottheit beschrieben. Dabei wird besonders auf die von den Akteurinnen selbst verwandte Sprache Wert gelegt.
Der mit über 250 Seiten weitaus längste Teil 4 untersucht nun ausführlich ein Korpus von oralen „Texten" der Besessenheit, geordnet nach den jeweiligen Gottheiten, die „sprechen". Dies ist somit das Kernstück der Arbeit und bietet eine

einzigartige Sammlung von Besessenheitsdiskursen, sowohl in der Originalsprache (Telugu) wie auch der deutschen Übersetzung. Diese Texte sind freilich keine einfache Lektüre (es handelt sich um Ausschnitte aus einer Vielzahl von Séancen), aber mithilfe der jeweils folgenden Textanalyse bekommt man ein gutes Verständnis für die Anliegen des Fragen stellenden Publikums und die Antworten der durch die Medien sprechenden Gottheiten. Dabei wird deutlich, dass die Séancen keine isolierbaren Ereignisse, sondern selbst wieder in einer Reihe von vorausgegangenen Sitzungen eingebettet sind. Der „göttliche Diskurs" knüpft daran an und hat somit eine eigene, langfristige Zeitlichkeit. Dies wird in besonders eindrücklicher Weise deutlich in dem Beispiel der Séancen, in denen es um den angenommenen Kinderwunsch der Ethnographin geht, der in den Augen der Fischerfrauen das Interesse an den Medien erklärte und der dann tatsächlich in Erfüllung geht, so dass der Sohn nach zwei Jahren der Gottheit präsentiert werden kann.
Die Methode der Arbeit steht in der Tradition der philologisch orientierten Südasienkunde, sie ist aber vor allem durch die Ethnographie des Sprechens, das heißt der linguistischen Anthropologie, geprägt. So widmet die Autorin nicht nur dem eigentlichen „Text", sondern auch den verschiedenen performativen Aspek-

ten ihre Aufmerksamkeit. Dies schließt die Beschreibung von paralinguistischen Merkmalen (wie lautes Atmen, Rülpsen, Gestikulieren) und pragmatischen Partikeln (wie lexikalischen Anfangsmarkern, Füllwörtern, Interjektionen etc.) mit ein. Somit werden die Texte durchgehend als Teil der sozialen wie performativen Kontexte „gelesen". Darüber hinaus aber werden die Texte als poetische Konstrukte betrachtet, die zum Beispiel unterschiedliche parallelistische Formen enthalten. Wichtig ist dabei, dass neben feststehenden Formeln auch immer wieder neue Passagen geschaffen werden, denn die Texte sind keineswegs fixiert. Auf diese Weise zeigt die vorliegende Monographie auf exemplarische Weise die kreative sprachliche Kompetenz von Medien, die gerade obwohl sie die Autorenschaft ihres Sprechens einer Gottheit zuschreiben in sonst nicht möglicher Weise schöpferisch sind.

Martin Gaenszle

SÜDASIEN

Herwig Zahorka

The Sunda Kingdoms of West Java.

From Tarumanagara to Pakuan Pajajaran with the Royal Center of Bogor. Jakarta: Yayasan Cipta Loka Caraka, 2007. 65 Seiten.

1995 erschien im Verlag Philipp von Zabern in Mainz ein reich bebilderter Katalog des Hildesheimer Roemer- und Pelizaeus-Museums unter dem Titel „Versunkene Königreiche Indonesiens" mit einer gut dokumentierten Darstellung der Geschichte des alten Indonesiens. An diesem von dem leitenden Direktor des Museums Arne Eggebrecht herausgegebenen 688 Seiten umfassenden Band hatten 17 sachkundige Verfasser aus dem In- und Ausland mitgearbeitet, die den Forschungsstand zu den verschiedenen Epochen und Gebieten der Entwicklung des alten Indonesiens in übersichtlich gegliederten und gut lesbaren Beiträgen vorstellten. Natürlich konnte dabei nicht allen Gebieten der Inselwelt die gleiche Aufmerksamkeit geschenkt werden, im Mittelpunkt der Erörterung standen, wie zu erwarten, die bedeutenderen Reiche und Religionen, die bekannteren Tempelanlagen

mit den berühmten Reliefs sowie die wichtigeren Sprachen und Kunstformen. Auffällig allerdings war, dass die aus Westjava dem Namen nach bekannten Reiche wie üblich nur in einem oder zwei Sätzen erwähnt wurden, weil eine systematische Erforschung der Folgen der indischen Einflüsse auf diese Region, im Gegensatz zu Mittel- oder Ostjava, bislang noch immer aussteht. Das hängt wahrscheinlich damit zusammen, dass in Westjava nach der Islamisierung seit dem 16. Jahrhundert die Spuren der „heidnischen" Vergangenheit konsequenter vernichtet worden waren als im stärker synkretistisch orientierten restlichen Java, und dass die „geretteten" Relikte, die zum Beispiel im Nationalmuseum in Jakarta eine neue Bleibe fanden, oder sich noch in der Region selbst befinden, bisher nicht systematisch erfasst und auf ihren Aussagewert zu den früheren Königreichen untersucht worden sind. Diese Lücke könnte die von Herwig Zahorka verfasste und hier zu besprechende Publikation schließen. Der Verfasser ist von seiner Ausbildung her weder Archäologe noch Historiker, er ist Forstfachmann, gehörte lange dem deutschen Entwicklungsdienst als Berater an und hatte im Laufe der Zeit begonnen, sich stärker für die ihm zunächst fremden kulturellen Besonderheiten in den Regionen, in denen er eingesetzt war, zu interessieren. 1995 ließ sich Zahorka als Ruheständler in Bogor in Westjava nieder und begann aufgrund vieler archäologischer Funde schon bald mit der Erforschung der lokalen Geschichte. Es war das Jahr des Erscheinens des Bandes „Versunkene Königreiche Indonesiens", aus dem er offensichtlich Anregungen für seine eigenen Untersuchungen gewann. In der Bibliographie seiner insgesamt 65 Seiten umfassenden Schrift sind neben einer Vielzahl anderer Arbeiten zur historischen Entwicklung Westjavas in vorislamischer Zeit sämtliche auf seine Region Bezug nehmenden Beiträge in dem Katalog vermeldet. Aber, wie schon angedeutet, viel war daraus für Westjava nicht zu entnehmen.

Sicherlich, Tarumanagara, das erste quellenmäßig in Westjava belegte Königreich (Mitte des 4. bis Mitte des 5. Jahrhunderts), sein berühmtester König Purnavarman (395-434) und die ihn preisenden Prasasti oder Stein-Inschriften werden selbst in kurzen Übersichten erwähnt. Aber, was konkret seine Verdienste ausmachte und worauf seine Machtfülle beruhte, das war bisher weniger bekannt. Zahorka hat jetzt mit dem Einsatz moderner technischer Mittel, nicht zuletzt mit gestochen scharfen Fotografien, zumindest die Möglichkeit geschaffen, diesen Mangel zu beheben.

Sein Interesse beschränkt sich nicht auf das Königreich Tarumanagara, sondern umfasst auch seine westjavanischen Vorläufer und Nachfolger, soweit sie identifiziert werden können. Sein Spürsinn für wichtige Nuancen in Artefakten, Stelen, Terrakottafiguren und Inschriften, ob auf Stein eingemeißelt oder in Bronzeplatten eingraviert, sowie die Feststellung der Herkunftsorte einzelner Fundstücke, mit genauen Angaben über Flussverläufe und Topografie des Gebiets, eröffnen der Forschung jetzt durchaus neue Möglichkeiten. Dazu gehören auch früher bekannte, aber wieder vergessene Berichte chinesischer Reisender, oder die Westjava betreffenden Abschnitte in Tomé Pires' berühmter „Suma Oriental" aus dem frühen 16. Jahrhundert, die ausführlicher zitiert werden. Besonders für das letzte vorislamische westjavanische Königreich vom 14. bis 16. Jahrhundert, Pakuan Pajajaran mit seinem Herrschersitz in Bogor, wird von dem Verfasser viel Material vorgelegt. Seit der Islamisierung der Region hatte es keine große Beachtung mehr gefunden.

Der Niedergang dieses letzten westjavanischen Königreiches begann mit dem Freundschaftsvertrag seines Königs Prabu Surawisesa mit dem König von Portugal aus dem Jahre 1521, in dem letzterem Vorteile im Pfefferhandel zugesagt wurden, wenn er in Sunda Kelapa, im Gebiet des heutigen Jakarta, ein Fort errichten würde, um das Königreich Pajajaran vor dem stärker werdenden Druck der islamischen Nachbarn an der javanischen Nordküste (Demak, Cirebon) zu schützen. Bevor die Portugiesen jedoch mit dem Bau des Forts beginnen konnten, war der wichtige Hafen bereits von islamischen Truppen erobert worden. Wenige Jahre später traf Bogor das gleiche Schicksal. Die Zeit der indisierten sundanesischen Königreiche auf Java gehörte damit der Vergangenheit an.

Das Buch in seiner vorliegenden Form ist ein bemerkenswerter Versuch, auf das Problem aufmerksam zu machen, dass ein bedeutender Teil der javanischen Geschichte nur unzureichend in der Literatur berücksichtigt wird. Dies gelingt dem Verfasser durch das sorgfältige Aufarbeiten, Datieren und die Reproduktion wichtiger Quellen (Inschriften, Stelen, Artefakte, Berichte von Reisenden usw.). Wissenschaftliche Ansprüche erhebt die Arbeit jedoch nicht. Der Verfasser schreibt im Klappentext, die Publikation sei in erster Linie für die Bevölkerung Sundas gedacht, zur Begeisterung der Jugend und zur Zufriedenheit (consolidation) der Älteren. Deshalb verzichtet er auch auf Belege für seine Aussagen. Er erklärt:

„To allow uninterrupted and pleasant reading no direct references were made to the original historical sources within the text. Instead, all literature sources are listed in the bibliography." Das bedeutet, dass sich der für den wissenschaftlichen Wert einiger Interpretationsversuche des

Verfassers interessierende Leser die Belege selbst aus der Literatur zusammensuchen muss. Und das dürfte in einigen Fällen nicht so einfach sein, denn es gibt widersprüchliche Aussagen in dem Text, zu denen der historisch interessierte Leser gerne die Belegstelle einsehen würde. Wenn der Verfasser zum Beispiel gleich im ersten Kapitel bei der Diskussion der „Ciaruteum Inscription" (auf der die Fußabdrücke Purnawarmans mit denen des Gottes Wishnu verglichen werden) folgert, die Erwähnung von Wishnu „leads to the conclusion, that Hindus populated the west of the Tarumanagara Kingdom" (S.16), dann wird von ihm zum Beispiel ganz offensichtlich ignoriert, dass der Forschungsstand zur Indisierung Indonesiens inzwischen die Immigration einer größeren Zahl von Indern in die so genannten „indisierten" Gebiete Südostasiens praktisch ausschließt. An anderer Stelle (S. 35) findet man dann aber den aufgrund der erwähnten „conclusion" eher erstaunlichen Satz, frühere Funde indischer Keramik und Perlen schienen zu bestätigen „that the first Hindu-Kings of West Java had not come from India but were all leaders of the local aristocracy who were eager to increase their authority and reputation by adopting elements of Indian culture, including Hinduism." Das stimmt mit dem heutigen Forschungsstand schon eher überein, steht aber im Widerspruch zur ersten Aussage, wonach die indische Kultur durch Scharen eingewanderter Inder verbreitet worden sei. Solcher Unstimmigkeiten gibt es mehr in dem kleinen Band, zum Beispiel findet man widersprüchliche Aussagen zu der Frage, ob Buddhisten oder Hindus die Kultur Tarumanagaras prägten oder es wird sogar erwogen, ob früh-vedische Einflüsse in dessen Staatsreligion festzustellen seien (S. 22, 23). Letztere gab es in Indien bekanntlich um 1000 v. Chr., also 1.500 Jahre vor der hier behandelten Zeit. Zeitliche Unterschiede scheinen für den Verfasser ohnedies nicht zu existieren, so bezeichnet er zum Beispiel die europäische Renaissance glatt als „the period known as the age of enlightenment" (S. 39). Ärgerlich sind auch die vielen Druckfehler in der Arbeit, wobei es freilich auch amüsante Varianten gibt, wie zum Beispiel auf S. 23, wo von der „statue of the goodness Durga" statt von der der „goddess Durga" die Rede ist.

Trotz dieser Unstimmigkeiten oder zum Teil auch nur Flüchtigkeitsfehler bleibt es ein Verdienst des Verfassers, mit seiner Publikation eine mit Vorsatz verdrängte (?) oder zumindest in Vergessenheit geratene Periode der vorislamischen westjavanischen Geschichte wieder ins Bewusstsein zurückgerufen zu haben. In beeindruckender Recherche hat er in seiner neuen Heimat wichtige Teilstücke zusammengetragen, die wie in einem Puzzle zur Entstehung eines neuen Bildes von den sundanesischen Königreichen Westjavas benötigt werden. Diese Teilstücke müssen jetzt allerdings noch sinnvoll zusammengesetzt und unter sorgsamer Berücksichtigung des neuen Forschungsstandes interpretiert werden, auch wenn dies auf Kosten eines „uninterrupted and pleasant readings" geschieht. Dann können die Früchte der Arbeit des Verfassers sowohl der sundanesischen Bevölkerung als auch der wissenschaftlichen Erkenntnis zu gute kommen.

Bernhard Dahm

Redaktion und Autoren dieser Ausgabe

Bohnet, Ulrike M.A. Kirchheimer Straße 93, D-70619 Stuttgart

Clados, Dr. Christiane University of Wisconsin-Madison, 5401 Sewell Social Science Bldg., 1180 Obervatory Dr, Madison, WI 53706 / USA

Dahm, Bernhard über Linden-Museum Stuttgart, Hegelplatz 1, D-70174 Stuttgart

Dreyer, Anatol Linden-Museum Stuttgart, Hegelplatz 1, D-70174 Stuttgart

Faller, Susanne M.A. Linden-Museum Stuttgart, Hegelplatz 1, D-70174 Stuttgart

Forkl, Dr. Hermann Linden-Museum Stuttgart, Hegelplatz 1, D-70174 Stuttgart

Fromm, Prof. Dr. Martin Universität Stuttgart, Lehrstuhl für Pädagogik, Azenbergstraße 16, D-70174 Stuttgart

Gaenszle, Prof. Dr. Martin Institut für Südasien-, Tibet- und Buddhismuskunde, Bereich Südasienkunde, Spitalgasse 2-4, Uni Campus AAKh, Hof 2.1, A-1090 Wien, Österreich

Gail, Prof. Dr. Adalbert Spessartstraße 10 b, D-14197 Berlin

Grimm, PD Dr. Reinmar Quälkampsweg 95, D-22880 Wedel

Hahn, Prof. Dr. Dr. h.c. Roland Gesellschaft für Erd- und Völkerkunde zu Stuttgart e.V., Hegelplatz 1, D-70174 Stuttgart

Heermann, Dr. Ingrid Linden-Museum Stuttgart, Hegelplatz 1, D-70174 Stuttgart

Höfling, Elfie Linden-Museum Stuttgart, Hegelplatz 1, D-70174 Stuttgart

Kalka, Dr. Claudia Manhagener Allee 64, D-22926 Ahrensburg

Kalter, Prof. Dr. Johannes Lange Rötterstraße 90, 68167 Mannheim

Kobler, Katrin M.A. Linden-Museum Stuttgart, Hegelplatz 1, D-70174 Stuttgart

Krämer, Dr. Annette Linden-Museum Stuttgart, Hegelplatz 1, D-70174 Stuttgart

Kurella, Dr. Doris Linden-Museum Stuttgart, Hegelplatz 1, D-70174 Stuttgart

Kutalek, Dr. Ruth Institut für Geschichte der Medizin, Währingerstraße 25, A-1090 Wien, Österreich

Luttmann, Ilsemargret Karpfangerstraße 5, D-20459 Hamburg

Mönch, Dr. Winfried Schurwaldstraße 76, D-70186 Stuttgart

Otto-Hörbrand, Martin M.A. Linden-Museum Stuttgart, Hegelplatz 1, D-70174 Stuttgart

Porcaro, Sophia Linden-Museum Stuttgart, Hegelplatz 1, D-70174 Stuttgart

Probiesch, Kerstin Kantstraße 10/19, D-35039 Marburg

Schierle, Dr. Sonja Linden-Museum Stuttgart, Hegelplatz 1, D-70174 Stuttgart

Spiess, Dr. Clemens Ruprecht-Karls-Universität Heidelberg, Südasien-Institut, INF 330, D-69120 Heidelberg

Thurm, Mannsfeld über Linden-Museum Stuttgart, Hegelplatz 1, D-70174 Stuttgart

Werlich, Dr. Uta Linden-Museum Stuttgart, Hegelplatz 1, D-70174 Stuttgart